Sendas literarias:
España

Sendas literarias: España

David H. Darst
Florida State University

Pamela A. Evans
Coordinating Editor

Random House New York
This is an EBI book.

First Edition
9 8 7 6 5 4 3 2 1

Copyright © 1988 by Random House, Inc.

All rights reserved under International and Pan-American Copyright Conventions. No part of this book may be reproduced in any form or by any means, electronic or mechanical, including photocopying, without permission in writing from the publisher. All inquiries should be addressed to Random House, Inc., 201 East 50th Street, New York, N.Y. 10022. Published in the United States by Random House, Inc., and simultaneously in Canada by Random House of Canada Limited, Toronto.

Library of Congress Cataloging in Publication Data

Sendas literarias : España / David H. Darst [compilador] ; Pamela A.
  Evans, coordinating editor.
     p.   cm.
  Includes index.
  ISBN 0-394-36495-3
  1. Spanish literature.   2. Spanish language—Readers.   I. Darst,
David H.   II. Evans, Pamela A.
PQ6172.S45 1988
468.6'421—dc19   87-26839
                                        CIP

Manufactured in the United States of America

Text and cover design by Naomi Schiff
Map by Mark Ong

The lion ornament that appears on the cover of this text and that forms part of the interior design is based on an authentic Spanish **reja** (iron grillwork screen) of the type commonly used in churches in Spain during the Middle Ages and Renaissance. The technical name for the process used to manufacture the figure is *repoussé* (metal hammered out from the back).

Permission to reprint the following literary selections is gratefully acknowledged.

Miguel de Unamuno, "El marqués de Lumbría," by permission of the heirs to Miguel de Unamuno
Antonio Machado, "A orillas del Duero," by permission of the heirs to Antonio Machado
Juan Ramón Jiménez, "El viaje definitivo," "Inteligencia," "Criatura afortunada," by
   permission of the heirs to Juan Ramón Jiménez
Federico García Lorca, "Antoñito el Camborio," "Canción de jinete," "La casada infiel," by
   permission of the heirs to Federico García Lorca
Vicente Aleixandre, "Mano entregada," "En la plaza"
Ana María Matute, "El ausente"
Fernando Arrabal, *Pic-nic*
Camilo José Cela, "El sentido de la responsabilidad o un reloj despertador con la campana de
   color marrón"

CONTENTS

PREFACE   vii

INTRODUCTION TO SPANISH LITERATURE   1

MEDIEVAL LITERATURE   7

    Don Juan Manuel: «De lo que aconteció a dos hombres que fueron muy ricos», de *El conde Lucanor*   12

    Romances   17

        Anónimo: «El prisionero», «La misa de amor», «Una fatal ocasión», «El infante Arnaldos», «Rodrigo el último godo», «Álora, la bien cercada»   20

    Jorge Manrique: «Coplas por la muerte de su padre»   29

GOLDEN AGE LITERATURE   41

    Anónimo: *El Abencerraje*   45

    Renaissance Poetry   70

        Garcilaso de la Vega: «En tanto que de rosa y azucena»   71

        Santa Teresa de Jesús: «Véante mis ojos»   72

        Anónimo: «A Cristo crucificado»   73

        Miguel de Cervantes: *El retablo de las maravillas*   75

    Baroque Poetry   89

        Luis de Góngora: «Mientras por competir con tu cabello»   91

        Francisco de Quevedo: «Enseña cómo todas las cosas avisan de la muerte», «Significa la propia brevedad de la vida, sin pensar y con padecer, salteada de la muerte»   92

        Lope de Vega: «Soneto de repente»   94

THE AGE OF ROMANTICISM   99

    Ángel de Saavedra, Duque de Rivas: «Un castellano leal», «El faro de Malta»   104

    José de Espronceda: «Elegía a la patria», «Canción del pirata»   116

    Pedro Antonio de Alarcón: «El afrancesado»   122

    Gustavo Adolfo Bécquer: «Rimas IV, XVI, XXI, LIII»   130

THE AGE OF REALISM   137

    Ramón de Campoamor: «La opinión», «¡Quién supiera escribir!», «Cosas del tiempo»   140

    Leopoldo Alas: «Clarín»: «¡Adiós, Cordera!»   144

    Vicente Blasco Ibáñez: «En el mar»   154

TWENTIETH-CENTURY LITERATURE   165

    Los hermanos Quintero: *Mañana de sol*   168

        Miguel de Unamuno: «El marqués de Lumbría»   180

Modern Poetry   196

    Antonio Machado: «A orillas del Duero»   199

    Juan Ramón Jiménez: «El viaje definitivo», «Inteligencia», «Criatura afortunada»   203

    Federico García Lorca: «Antoñito el Camborio», «Canción de jinete», «La casada infiel»   207

    Vicente Aleixandre: «Mano entregada», «En la plaza»   212

Modern Fiction   217

    Ana María Matute: «El ausente»   219

    Fernando Arrabal: *Pic-nic*   225

    Camilo José Cela: «El sentido de la responsabilidad o un reloj despertador con la campana de color marrón»   240

VOCABULARY   247

PREFACE

The selections in this anthology are designed to introduce some of the masterpieces of Spanish literature to students at the second-year college or advanced high school level. For most of these students, this text will be their first exposure to an organized survey of Spanish fiction, so the introductions to the readings are basic and fairly brief. The primary considerations in selecting the readings have been their relative linguistic ease of comprehension and their enduring popularity with Spanish people. Many of the pieces, such as the fable from **El conde Lucanor** and **El Abencerraje,** have been continuously in print for over 400 years. Others, such as the **Doloras** of Campoamor, were immensely popular with contemporary audiences and are still read by Spanish schoolchildren, though modern critics have ceased to focus on them.

The selections also reflect the Spanish "character," and each displays at least one of the major traits of Spanish literature as a whole, as seen by this author. A short introduction to the readings outlines some of these universal characteristics, and will help to orient the student.

Although the language of the older literature in this anthology has been modernized and brought into line with that of the other works, all of the selections are uncut. The criterion of length necessitates and explains the absence of many great masterpieces: **El poema de mío Cid, El libro de buen amor, La Celestina, Lazarillo de Tormes, Don Quijote,** and all other full-length dramas and full-length novels. The author's rationale is that a fragment does injustice to a masterwork and does not give students a true picture of the entire work. It is hoped that the masterworks will eventually be taught at a higher level to those students who decide to continue their study of Spanish. Furthermore, instructors can always supplement this anthology with single-volume editions of longer literature of their choice, thereby extending the use of the text to a full year of college work.

This anthology is by no means intended to be a history of Spanish literature. It does, however, attempt to give the middle-level student an introduction to the ways in which Spanish literature has evolved and the kinds of literature that were most typically read in each time period. It therefore follows a strictly chronological order and attempts to describe in brief the major genres and movements within Spanish literature discussed by modern critics. Spanish civilization and culture, inseparable from literary issues, are also described when appropriate and enriched by relevant photographs. An equal amount of space — and classroom time — is given to the early centuries as to present-day literature. There are thus five typical college hours devoted to the Medieval period, ten to the Golden Age, ten to the Nineteenth Century, and fifteen to the Twentieth Century. The selections become longer as one advances through the book, to complement students' growing reading proficiency.

Features of the Text

The selection introductions precede each major period of literature (Medieval, Golden Age, Romanticism, Realism, and Twentieth Century); shorter essays introduce significant genres within those eras. Taken together, they present the students with a general outline of the development of Spanish fiction plus some critical tools with which to properly appreciate the selection at hand. They are in English to encourage students to read them and not to consider them homework.

Preceding the first poetry selection of **romances** is a section titled **A Word About Spanish Verse,** which introduces the student to Spanish scansion. Poetic rhymes and rhythms can cause profound problems for beginning readers, and some instructors may prefer to skip the involved explanations needed to clarify the intricacies of Spanish versification, as well as exercises that ask them to analyze such elements.

Each selection of literature is followed by **Ejercicios de comprensión,** intended to prompt students to read the selection more closely for vocabulary meaning and general comprehension. In general, these exercises do not ask for answers to questions but rather require students to use certain vocabulary, order a series of terms or events, or coordinate different parts of the text. They therefore do not require any writing or speaking ability beyond the students' level, nor do they expect them to know any extratextual material, since the answers are for the most part included in the exercise itself. Writing and discussion exercises follow in a section titled **Consideraciones;** here students are asked to think about a specific aspect of the reading and to develop an answer. Though all exercises are in Spanish, many teachers may find that students will better understand the literature if classroom discussion is in English, followed by a homework assignment to write a brief answer in Spanish. More general questions, the **Preguntas generales,** follow each major period division of the text. They are similar to the **Consideraciones** in requesting oral or written responses, but ask students to compare or contrast literary pieces within the period or between two or more epochs. The text by definition has no grammar exercises, since they would draw time and attention from the appreciation of the literature and the acquisition of a reading knowledge of Spanish. This text can always be supplemented by a grammar review, if the teacher so desires, which would extend its use to a year-long course.

The readings are heavily glossed with translations for the words and phrases that second-year college students or fourth-year high school students would not be expected to know. Clearly, students will have to look up a number of words for each selection (the vocabulary at the back of the text contains all the words in the readings and exercises except for cognates and close derivatives), but the necessity of searching for those words that have a unique historical sense, are linguistically rare, or present specific difficulty has been eliminated.

Finally, all the features in this text serve the purpose of making the acquisition of a reading knowledge of Spanish both profitable and enjoyable for North American students. The author and editors believe that this can be accomplished best by first presenting the student with uncut, time-tested literature annotated to the students' level of reading ability, then by challenging them with comprehension exercises that allow them to manipulate the language of the readings in a creative way, and last by asking them to consider certain literary or linguistic aspects of the readings in a discursive fashion. We hope this basic anthology of Spanish literature will meet the needs of both teachers and students by being an enjoyable text, one that fosters a desire to continue in Spanish to levels at which anthologies and annotations are no longer necessary.

INTRODUCTION TO SPANISH LITERATURE

Archeological Museum of Madrid · © Mary Evans Picture Library/Photo Researchers  · National Gallery of Art, Washington

Left, La dama de Elche. *This 2400-year-old stone bust of a female priestess or deity shows the high artistic level of the native Iberian civilization before successive conquests by the Romans and Visigoths imposed a more European stamp on Spanish culture.* Center, Fernando and Isabel, **los Reyes Católicos,** *united the kingdoms of* **Castilla** *and* **Aragón** *in 1479 to form the unified nation of Spain.* Right, "The Tragedy" (1903), by Pablo Picasso (1881–1973). *One of the earliest works of Spain's most famous twentieth-century painter, this is from Picasso's "Blue" period. Like much of his production at that time, it captures the hardships and deprivations suffered by Spain's rural populace over the centuries.*

Some years ago the Spanish Office of Tourism launched a very successful advertising campaign to bring foreign visitors to the country, based on the motto **España es diferente.** Indeed, Spain is quite different from the other countries of Europe. Geographically it is higher and drier, yet it has tropical beaches in the south and fog-shrouded forests in the north. Its 200,000 square miles of land (somewhat smaller than Texas) make it the second largest country in Europe, yet its population of 34 million makes it the most sparsely populated European country. Madrid, the capital, has a moderate population of 4 million, and the only other large cities — Barcelona, Valencia, and Sevilla — each have scarcely over 1 million people.

Spain has been settled, sacked, or conquered by virtually every Western race: Phoenicians, Greeks, Carthaginians, Romans, Goths, and Arabs. The comings and goings of all these racial groups have resulted in a blending and homogeneity of physical features, beliefs, and lifestyles, yet paradoxically more languages are spoken in Spain — Spanish, Catalan, Basque, and Galician — than in any other European country. Spain also has a long history of separatist movements in Catalonia and the Basque provinces, where the people consider themselves to be distinct from the Castilians to the south. Another disjunctive element is its Gypsies, who comprise a racial subculture with customs, dress, and beliefs totally different from Spanish ones.

Other nations, particularly the Protestant countries to its north, have continually stereotyped Spain as the most religious country in Europe, where Catholicism supposedly reigns supreme and is practiced fanatically by all. Yet for almost 800 years Muslims and Jews inhabited a large part of the country, and during most of that time the three religious groups lived together in relative peace. Not until 1492 did the government finally oust the rival cultures and impose the Inquisition to hinder their return. Perhaps as a result of that repression, Spanish politics — and literature — to this day have been stridently anticlerical. So, even though piety is more obvious in Spain than in some other Western cultures, it has its obverse side as well.

Of most importance, perhaps, is that Spain's inhabitants are different in excruciatingly paradoxical ways. They are gregarious and friendly; they are affectionate and gentle with children and animals; they love to eat and drink in public places (Spaniards eat out more than any other nationality); they take pride in their dress and appearance; they are scrupulous about cleanliness and personal hygiene; and they greatly respect the family unit, which includes uncles, cousins, nephews, and godchildren. Yet they also consider work demeaning and take frequent breaks and holidays from it; their separation and divorce rate is the same as that of other countries; they can be — especially to American sensibilities — noisy and pushy people; they emigrate to America or go off to work in northern Europe at a higher rate than other nationalities; and they can be callous about death, an attitude perhaps best typified by the continued popularity of bullfighting, still called **la fiesta nacional.** In short, it is more than true that **España es diferente.**

The literature of Spain expresses all of these paradoxes within its people. Some eighty years ago the famous historian Ramón Menéndez Pidal attempted to list some of the **caracteres primordiales de la literatura española,** as he called them. His list, composed from a conservative and moralistic viewpoint on Spanish letters, included (1) sobriety and simplicity, (2) spontaneity and improvisation, (3) pragmatism, (4) poetry with irregular beat and rhyme, (5) populist literature for the masses, (6) an overabundance of anonymous writings, collaborations, reworkings, and collective enterprises, (7) moral austerity and traditionalism, (8) realism, (9) a scarcity of marvellous and fantastic elements, and (10) late fruits, in that most of the masterpieces were written at the end of their authors' careers.

To these ten characteristics we can add five more based on the personality of the characters presented in Spain's literature.

1. *Open social relations.* There are very few loners in Spanish literature. The characters are typically extroverted and not introspective, egalitarian and not exclusive, and depend for their existence on interaction with other persons.

2. *The autonomy of the individual before social, legal, or moral authority.* The characters are independent-minded and when necessary protest vehemently against external restraints on their individual autonomy.

3. An *obvious nonreligious mentality.* Spanish literary characters are almost unanimously unconcerned with religious beliefs or customs, and seldom recognize the authority of the Church over their lives.

4. *A conscious sense of life as a dramatic performance.* The characters, despite their sense of individual autonomy, consciously try to appear to be what they think others think they should be. This leads to characters play-

4 · *Introduction to Spanish Literature*

ing roles, pretending to be what they aren't, wearing disguises of all types, and generally trying to deceive their compatriots about who or what they really are.

5. *An attitude of active confrontation to life.* The characters seldom passively contemplate their milieu or social surroundings; rather, they live in them, participating physically in the action of life. Story line thus prevails over description, action over commentary, words over thoughts, happenings over situations.

As you read the selections of Spanish literature in this text, record in a notebook any examples of these characteristics that you find. If some selections differ from your general notion of what Spanish literature should be like, make note of that, too, and think about how and why they differ from the other works in this text. Finally, compare your model literary character with any Spanish persons you know personally to see if there is a resemblance. By the time you finish these readings, you should have a good idea of how a culture different from your own expresses its self-concept through literature.

MEDIEVAL LITERATURE

The first prose fiction in Spain was actually Arab fiction. King Alfonso X **el Sabio** *(1221 – 1284) had a keen interest in Arab culture and established a school of translators in Toledo to transcribe the great scientific and literary works of North Africa and the Near East. The Spanish monasteries also had their copyists, who transmitted Latin works from Roman culture throughout the Middle Ages. To them we owe the preservation of the few early works of original Spanish literature by Gonzalo de Berceo, the Archpriest of Hita, and the anonymous singers of epics and ballads.*

The birthdate of Spain as a literate nation was 38 B.C., when the Iberian peninsula was finally conquered by Roman legions. A vernacular literature took more than another thousand years to appear, and is usually associated with the year 1085, a date used as the starting point of the Spanish Middle Ages because it marks the taking of Toledo from the Arabs by the Christian king Alfonso VI. The Muslim invaders, called by the Spaniards **moros** (Moors), had entered Spain in 711, displacing the Germanic Visigoth rulers who had controlled the peninsula for almost 300 years. For the next three centuries, Christian Spain consisted of a thin strip of territory on the northern side of the Pyrenees and the Cantabrian mountains. In the second half of the eleventh century, however, the Christian population finally swept onto the high plain of Castile and began to take large extensions of land from the Moors.

It was at this time that Spain's early vernacular literature came into being. Before, written documents were exclusively in Latin, and Spanish was solely an oral vehicle of communication. This early vernacular literature found its expression in much the same genres as did other European languages. First there was a strong epic tradition: long poems about historical and legendary figures, generally transmitted orally. The only one to survive in near-complete form has been **El poema de mío Cid**. It exists in a single copy from the early thirteenth century, unknown to most of the world until 1779, when it was published in Madrid. Rodrigo Díaz de Vivar, the hero of the epic poem, was a very well known person acknowledged throughout the Middle Ages in chronicles and popular literature as one of the heroes of the Spanish reconquest.

El poema de mío Cid is different from other epics of its time in one important way: its strong sense of realism and human empathy. The Cid is a believable hero who experiences pain and sorrows similar to those we often feel. The poem is quite long and cannot be summarized in a few sentences, but the first lines suffice to show Rodrigo's humanity. He has been exiled from

Castile by Alfonso VI, who suspects him of stealing tribute money collected from the Moors. The poem begins as Rodrigo sadly leaves Vivar, his birthplace, to begin a period of lonely exile.

>De los sus ojos tan fuertemente llorando,
>tornaba la cabeza y estábalos catando.
>Vio puertas abiertas y uzos sin candados,
>alcándaras vacías sin pieles y sin mantos
>y sin halcones y sin azores mudados.
>Suspiró mío Cid, que mucho había grandes cuidados.
>Habló mío Cid, bien y tan mesurado:
>«Grado a ti, Señor Padre, que estás en alto!
>Esto me han vuelto míos enemigos malos.»
>
>Allí piensan de aguijar, allí sueltan las riendas.
>A la exida de Vivar hubieron la corneja diestra,
>y entrando a Burgos hubiéronla siniestra.
>Meció mío Cid los hombros y engrameó la tiesta:
>«Albricias, Alvar Fáñez, que echados somos de tierra!
>Mas a gran honra tornaremos a Castiella.»

(With tears streaming from his eyes, he turned his head and looked at his houses. He saw doors ajar and gates left open, empty perches without fur coats and cloaks, without falcons and molted hawks. My Cid sighed, for he had many great worries. My Cid spoke, carefully and restrained: "Thank you, Lord Father on high! My evil enemies have brought this on me." There they make ready to ride, there they loose the reins. On the outskirts of Vivar they had a crow flying on the right, and on entering Burgos they had it on the left. My Cid shrugged his shoulders and nodded his head: "Take heart, Alvar Fáñez, for we are now banished from our homeland! But we will return to Castile with great honor.")

The verse form used in this poem is typical of virtually all popular narrative poetry in the Middle Ages. The lines, ranging in length from fourteen to sixteen syllables, have assonantal rhyme, in which the vowels of the last two syllables in each line carry the rhyme (in this case, *a-o* and *ie-a*). There is also usually a strong caesura, or pause, in the middle of each line.

Another typical genre is erudite poetry, called in Spain **mester de clerecía** to distinguish it from the popular poetry called **mester de juglaría.** The **mester de clerecía** was all written in fourteen-syllable, four-line, consonantal rhyme called **cuaderna vía,** in which the last two syllables in every line of each stanza are the same. A lot of this narrative verse has been preserved, because it was written in monasteries where there were good libraries and plenty of copyists. The earliest pieces are by Gonzalo de Berceo (1200?–1250?), the first Spanish poet whose name we know. His long religious poems to the Virgin and several local saints are written in a pleasantly naive and matter-of-fact style that has impressed many modern critics. Far more popular in its time was a little book of secular and religious verse by Juan Ruiz, the Archpriest of Hita (1280?–1350?). His semiautobiographical **Libro de buen amor** (1330–1343) is a collection of various poems, both lyrical and narrative, that run the gamut from purely hedonistic love to devout religious adoration of the Virgin. Consider, for example, the following lines of **cuaderna vía** verse that lightly satirize the traditional notions of the power of **buen amor**:

> El amor haz sutil al hombre que es rudo,
> hácele hablar hermoso al que antes es mudo,
> al hombre que es cobarde hácelo atrevudo,
> al perezoso hace ser presto y agudo.
>
> El que es enamorado, por muy feo que sea,
> otrosí su amiga maguer sea muy fea,
> el uno y el otro no ha cosa que vea,
> que tan bien le parezca ni que tanto desea.
>
> El babieca, el torpe, el necio y el pobre,
> a su amiga bueno parece y rico hombre,
> más noble que los otros: por ende todo hombre,
> como un amor pierde, luego otro cobre.
>
> Una tacha le hallo al amor poderoso,
> la cual a vos, dueñas, yo descubrir no oso,
> porque no me tengades por decidor medroso,
> es ésta: que el amor siempre habla mintroso.

(*Love makes the crude man refined, makes he who was dumb speak beautifully, makes the cowardly man brave, makes the lazy person quick and sharp. . . . He who is in love, no matter how ugly he may be, even if his girlfriend is very ugly, the one and the other, no matter what they see, nothing seems as nice nor as desirable. The drooler, the laggard, the fool, and the penniless—each seems good and rich to his girlfriend, more noble than others: for this reason any man, if he loses one girlfriend, should always get another. . . . I can find only one fault with all-powerful Love, which to you, ladies, I dare not discover; but so that you won't consider me a timid narrator, it is this: that Love always tells lies.*)

The Middle Ages also witnessed the birth and development of a third literary genre: vernacular drama. In Spain, as elsewhere, organized theater died out with the Roman Empire, and drama became another of the oral modes of entertainment in the form of mime, puppet theater, and small groups of wandering minstrels who would perform skits and farces. A more sophisticated type of drama eventually appeared in the twelfth and thirteenth centuries as an outgrowth of the liturgical services of the Catholic church, especially of the Gospel narratives at Christmas and Easter. Spain's only — and therefore earliest — relic of this liturgical drama is the late–twelfth-century **Auto de los reyes magos** from the Cathedral of Toledo.

There was in addition a huge amount of didactic prose written during the Middle Ages, beginning with the court of Alfonso X **el Sabio** (1221–1284) in Toledo and continuing through the second half of the fifteenth century. It took the form of histories, chronicles, treatises, and handbooks on everything from friendship to birds to chess to how to govern a household, and — of greatest importance — popular exemplary tales from Near Eastern sources about daily life and comportment. These **ejemplos**, as they were called, appeared in a myriad of Latin versions throughout Spain and Europe in the twelfth century and received substantial impetus around 1250 when Alfonso had a number of collections translated directly from the Arabic into Spanish. The most enduring group of such tales has been the collection of don Juan Manuel, nephew of Alfonso, titled **El conde Lucanor.** One of the tales is included in this anthology.

The fifth major genre of medieval literature is the lyric. This vast body of popular poetry was sung or recited by minstrels, troubadours, young lovers, shepherds in the fields, women at the washtub, boys and girls at play, soldiers at war, and pilgrims on the road to Santiago de Compostela, the great religious center in northwestern Spain thought to be the burial place of the Apostle James. It is the largest and most indigenous genre of Spanish literature, but also the least preserved, because it was transmitted orally. A small selection is included in this survey.

Finally, by the end of the Middle Ages Spain was producing a fairly large amount of written verse, poetry that was composed by a single conscientious individual. It was meant to be read and pondered upon by other individuals, so it was always directed to at least those urban citizens who could read and write. The best example of this artistic poetry is the classic **"Coplas por la muerte de su padre"** by Jorge Manrique, which is printed here in its entirety.

12 · Medieval Literature

The Spanish Middle Ages are considered to have ended by 1492, when King Fernando de Aragón and Queen Isabel de Castilla finally united the country by gaining control of the Arab kingdom of Granada. This was the same year, of course, that Columbus discovered America and thereby changed the direction of world history.

DON JUAN MANUEL

The short tale that follows is one of fifty in the book *El conde Lucanor,* a collection of stories and anecdotes taken from Arabic sources and translated into Spanish. All the tales begin with Count Lucanor asking advice from his wise counselor Patronio, who in every case uses an exemplary tale to illustrate the advice that Count Lucanor ultimately follows to a successful conclusion. The author of these "framing" tales was the Infante don Juan Manuel (1282–1349), nephew of Alfonso X **el Sabio** and tutor to the future King Alfonso XI. He was a very influential figure in Spanish politics and wrote a

Don Juan Manuel belonged to the seigneurial class of feudal lords who saw their principal obligation to be the care of their own lands and vassals. They had their own retinue of warriors, collected their own taxes from their citizens, and exercised their own form of justice within their often extensive domains. The character of Count Lucanor is a classic embodiment of the feudal mentality, as are the **dos hombres que fueron muy ricos** *in Patronio's tale.*

number of books that preach the seigneurial and feudal virtues that guided his life: *El libro de la caza, Tratado de las armas, Libro del caballero y el escudero,* and *Libro de los Estados.* These books and the tales in *El conde Lucanor* depict a society of three sharply divided social classes. The defenders (**defensores**) controlled and set the standards for the clergy (**oradores**) and peasantry (**labradores**). Peace was preserved by contracts among nobles not to encroach on one another's fiefdoms, and social and agricultural stability was the key to prosperity. This kind of system required a great deal of self-control, mutual respect, perseverance, and confidence in long-term, stable systems of governance. In *El conde Lucanor,* the people (invariably members of the upper class) who display those traits are the winners and heroes, while those who are greedy, indecisive, or untrustworthy always lose.

"De lo que aconteció a dos hombres que fueron muy ricos" is representative in many ways of medieval prose in general. It is a universal "example," applicable to other contexts, as don Juan Manuel makes clear by appending a little moral tag. It presents, in a straightforward way, how we should behave when everything is going against us. The particular case of a rich man who has lost his fortune does not apply to most of us, but the general observation — that there is always someone worse off than we are — does indeed apply, whether our problem is monetary, physical, or psychological.

Don Juan Manuel wrote in a conservative style replete with the repetition of words, phrases, and structures (such as the prolific use of *and* to connect sentences) to unify his language and style. The vocabulary is also conservative; reading it will be difficult if you have not learned the **vosotros** forms of Castilian Spanish (**os, vos,** and the characteristic **-áis** and **-éis** verb endings). The medieval forms are grammatically the same as the modern ones, but in earlier times **vosotros** (**vos**) was used where today one hears the formal, third-person singular **usted** (which is derived from **Vuestra Merced**).

«De lo que aconteció a dos hombres que fueron muy ricos», de *El conde Lucanor*

El conde Lucanor habló otro día con Patronio en esta manera:
— Patronio, bien conozco que Dios me ha hecho muchas mercedes[1] más que yo le podría servir,[2] y en todas las otras cosas entiendo que está mi hacienda[3] bastante bien y con honra; pero algunas veces me acontece estar tan afincado de pobreza[4] que me parece

[1] *favors*
[2] *que... than I could ever deserve from him*
[3] *estate*
[4] *afincado... poverty-stricken*

que querría tanto la muerte como la vida, y ruego que algún consuelo me deis para esto.

— Señor conde — dijo Patronio — para que os consoléis cuando tal cosa os acaezca,[5] sefa bien que sepáis lo que aconteció a dos hombres que fueron muy ricos. Y el conde le rogó que le dijese[6] cómo fue aquello.

— Señor conde — dijo Patronio — de estos dos hombres, el uno llegó a tan gran pobreza que no tuvo en el mundo cosa que pudiese comer. Y aunque hizo mucho por buscar alguna cosa que comiese, no pudo hallar cosa sino una escudilla de altramuces.[7] Y acordándose de cuán[8] rico solía ser y que ahora con hambre y con mengua[9] comía altramuces (que son tan amargos y tan de mal sabor), comenzó a llorar muy fieramente;[10] pero con la gran hambre comenzó a comer los altramuces. Y comiéndolos estaba llorando, y echaba las cortezas de los altramuces en pos de sí.[11] Y él estando en este pesar y en esta cuita,[12] sintió que estaba otro hombre en pos de él. Y volvió la cabeza, y vio un hombre cabe sí[13] que estaba comiendo las cortezas de los altramuces que él echaba en pos de sí. Y cuando él vio aquél que comía las cortezas de los altramuces, le preguntó por qué hacía aquello, y él dijo que supiese que fue más rico que él y que ahora había llegado a tan gran pobreza y tan gran hambre que le placía mucho cuando él hallaba aquellas cortezas que él dejaba. Y cuando esto vio el que comía los altramuces se consoló, pues entendía que otro había más pobre que él y que había menos razón por serlo él. Y con este consuelo se esforzó, y le ayudó Dios, y cató manera cómo saliese de aquella pobreza,[14] y salió bien de ella.

— Y vos, señor conde Lucanor, debéis saber que el mundo es así, y a Dios nuestro señor le tiene por bien que ningún hombre tenga cumplidamente todas las cosas, mas de todas cosas os hace Dios merced, y estáis con bien y con honra. Si alguna vez os faltan dineros y estáis en alguna necesidad, no desmayéis por ello,[15] y creed por cierto que otros más honrados y más ricos que vos están tan necesitados que se tendrían por pagados si pudiesen dar a sus gentes aun muy menos de cuanto vos dais a los vuestros.[16]

Y al conde le plugo[17] mucho esto que Patronio le dijo y se consoló y se ayudó, y le ayudó Dios, y salió muy bien de aquella queja[18] en que estaba. Y entendiendo don Juan que este ejemplo era muy bueno, lo hizo poner[19] en este libro, y hizo estos versos, que dicen así:

Por la pobreza nunca desmayéis,
pues que otro más pobre que vos veis.

---

[5]cuando... *when such a thing should befall you*
[6]*the imperfect subjunctive -se form is used throughout Old Spanish literature*
[7]una... *a bowlful of wild lupine (fruit)*
[8]*how*
[9]*poverty*
[10]muy... *very strongly*
[11]en... *behind him*
[12]en... *in this sadness and in this grief*
[13]cabe... *next to him*
[14]cató... *he observed a way how he could get out of that poverty*
[15]no... *don't give up because of it*
[16]están... *are so needy they would consider themselves recompensed if they could give their people even much less than what you give yours*
[17]placer (*pret.*)
[18]*bad situation*
[19]lo... *he had it put*

EJERCICIOS DE COMPRENSIÓN

1. ¿Cuál es el «problema» que presenta Juan Manuel?
   a. el hambre   b. la pobreza   c. la honra   d. la enfermedad

2. ¿Cuál es la «solución» que propone?
   a. una escudilla de altramuces
   b. la paciencia
   c. resignación ante la mala fortuna
   d. el trabajo manual

3. ¿Para qué, según Patronio, necesita el conde Lucanor mucho dinero?
   a. para comer bien
   b. para dárselo a sus gentes
   c. para comprar más tierras
   d. para pagar sus deudas

4. ¿Cuál es la moraleja de este cuento?
   a. No gaste Ud. más dinero del que tiene.
   b. Sepa sufrir las adversidades con resignación.
   c. Aprenda a pasar hambre cuando no tenga dinero.
   d. No se queje de las comidas que le den.

5. Un cuento típico de Juan Manuel tiene cinco partes: (1) la introducción, (2) el ejemplo, (3) la aplicación, (4) la resolución y (5) la moraleja. Empareje los siguientes resúmenes con cada parte del cuento.

   _____ Patronio le aconseja que se resigne cuando le falta dinero porque hay otros más pobres que él.

   _____ Debemos conformarnos con nuestro estado en la vida, porque siempre hay otros que están en condiciones peores.

   _____ El conde Lucanor se encuentra en la pobreza y le pide consejo a Patronio.

   _____ El conde Lucanor se resigna a su adversidad y luego sale bien de sus problemas.

   _____ Patronio le cuenta una fábula al conde Lucanor para consolarle.

CONSIDERACIONES

1. Patronio le aconseja al conde Lucanor que aprenda a sufrir las adversidades con resignación. ¿Es, en realidad, apropiado este consejo?
2. Se ve un ejemplo de la actitud feudal que hay en el cuento cuando Patronio nota que el conde Lucanor necesita dinero para «dar a sus gentes». ¿Puede Ud. dar por lo menos un caso más en que se note esta actitud feudal?
3. ¿Cuántas de las diez «características primordiales» de que habla Ramón Menéndez Pidal (enumeradas en la sección **Introduction to Spanish Literature**) pueden ser aplicadas a este cuento de don Juan Manuel?
4. ¿Cree Ud. que este ejemplo de Patronio tenga una verdadera aplicación en la vida real de hoy en día? Explique.

ROMANCES

Spanish **romances** (so called because they were in the "romance," or vernacular, tongue of Spanish rather than in Latin) are popular narrative ballads that existed throughout the Middle Ages but that did not attain written form until the sixteenth century. They all have the same verse form of sixteen syllables broken into two half-lines of eight syllables apiece, with uniform assonantal rhyme throughout the poem. **Romances** have a narrative format based on historical or semihistorical content. They also characteristically have a highly dramatic tone with a lot of dialogue, and a mysterious ending — the "left unsaid" — that makes it seem as if the end of the poem has been chopped off. The latter is a poetic device unique to the **romance.**

As an independent poetic form, the earliest ballads date from the fourteenth century. By the sixteenth century Spaniards had come to consider the **romances** as authentic historical documents, and published hundreds of them in collections called **romanceros**. In the seventeenth century the form was widely imitated by literary-minded poets, and there was yet another surge of interest in it during the Romantic period, so that today there exist literally thousands of these ballads.

The selections that follow here, all anonymous and all popular before the Renaissance, exemplify two different kinds of ballads. The **romances líricos** are the least historical, but nevertheless have a solid narrative vein. They feature lower-class, country folk and express a strong resentment of the ruling classes associated with urban society. Specifically, they identify emotionally with society's underdogs ("**El prisionero**"), parody Church rites ("**La misa de amor**"), and protest the feudal code of conduct ("**Una fatal ocasión**"). Such topics and attitudes are typical of anonymous folk ballads. The **romances histórico-legendarios** are more cultured and reflect an allegiance to the chivalric system. "**El infante Arnaldos**" is totally legendary, and owes its beauty to the air of suspense and mystery created by its truncated ending. Rodrigo, the last Goth, was indeed the king of Spain when the Arabs invaded in 711, but the circumstances of the ballad "**Rodrigo el último godo**" are a dramatic fabrication to justify his overthrow and demise. This ballad also uses the "left-unsaid" ending. "**Álora, la bien cercada**" relates a contemporary event of the epoch and, in the mouths of wandering minstrels, would have had newsworthy appeal for listeners; its directness and explicit narrative realism hence have the special purpose of faithfully relating circumstances of the **Adelantado**'s death.

As you read all the **romances** that follow, keep in mind their initial non-literary, oral nature. They were originally sung or recited by common, usually illiterate folk, so they have traits that facilitate memorization of the lines.

A Word About Spanish Verse

In reading the **romances** and the other poetry included in this anthology, you will find it helpful to know how to analyze and classify Spanish verse; at times you will be asked to identify one or more elements of the poems' versification. All of the poetry in this book has a specific meter, which is determined by the number of syllables per line and the rhythm, or beat, of stressed syllables in the line. In order to count syllables, you'll need to understand the phenomenon of synalepha; to be able to assess the beat, you must know something about the classification of verse forms. Finally, your reading will be enhanced by a knowledge of the basic types of rhyme.

Synalepha. When counting poetic syllables, it is not sufficient merely to count grammatical syllabic units, for a very simple reason. You know that spoken Spanish tends to run together adjacent vowel sounds at the end of one word and the beginning of another. The same phenomenon occurs in versification, and is called *synalepha*; when it occurs, two — and sometimes three — syllables are counted as one. The following examples are from poems in the text. The hyphens show instances of synalepha.

$$\overset{1}{\text{Re}}\ \overset{2}{cuer}\ \overset{3}{\text{de-el}}\ \overset{4}{al}\ \overset{5}{\text{ma}}\ \overset{6}{\text{dor}}\ \overset{7}{mi}\ \overset{8}{\text{da}}\quad (8\ \text{syllables})$$

$$\overset{1}{\text{a}}\ \overset{2}{vi}\ \overset{3}{\text{ve-el}}\ \overset{4}{se}\ \overset{5}{\text{so-y}}\ \overset{6}{\text{des}}\ \overset{7}{pier}\ \overset{8}{\text{te}}\quad (8\ \text{syllables})$$

$$\overset{1}{\text{con}}\ \overset{2}{\text{tem}}\ \overset{3}{plan}\ \overset{4}{\text{do}}\quad (4\ \text{syllables})$$

$$\overset{1}{Vé}\ \overset{2}{\text{an}}\ \overset{3}{\text{te}}\ \overset{4}{\text{mis}}\ \overset{5}{o}\ \overset{6}{\text{jos}}\quad (6\ \text{syllables})$$

$$\overset{1}{Dul}\ \overset{2}{\text{ce}}\ \overset{3}{\text{Je}}\ \overset{4}{sús}\ \overset{5}{bue}\ \overset{6}{\text{no}}\quad (6\ \text{syllables})$$

$$\overset{1}{\text{En}}\ \overset{2}{vuel}\ \overset{3}{\text{ve-al}}\ \overset{4}{mun}\ \overset{5}{\text{do-ex}}\ \overset{6}{ten}\ \overset{7}{\text{so}}\ \overset{8}{tris}\ \overset{9}{\text{te}}\ \overset{10}{no}\ \overset{11}{\text{che}}\quad (11\ \text{syllables})$$

$$\overset{1}{ron}\ \overset{2}{\text{co-hu}}\ \overset{3}{\text{ra}}\ \overset{4}{cán}\ \overset{5}{\text{y}}\ \overset{6}{\text{bo}}\ \overset{7}{\text{rras}}\ \overset{8}{co}\ \overset{9}{\text{sas}}\ \overset{10}{nu}\ \overset{11}{\text{bes}}\quad (11\ \text{syllables})$$

Syllabic Beat and Verse Forms. In the examples above, the italicized syllables show where the stress falls in each word, according to the usual rules for determining stress. Because most Spanish words stress the next-to-last syllable, the rhythm or beat of the line is often fairly regular. But remember that stress can also fall on the last syllable if the word ends in a consonant other than *n* or *s*, or it can fall anywhere there is an accent mark. For purposes of classifying the form of the verse, only the last word of each line is considered. The poems in this text fall into two categories: the most common is **verso llano**, sometimes called **rima femenina**. The last word in such verse is stressed on the next-to-last syllable, as in the examples above. **Verso agudo**, often called **rima masculina**, ends in words stressed on the last syllable, as shown below. Because such lines would end very emphatically, an extra "breath space" is added to them, counting as one more syllable in poetic syllabication. Thus while the following lines, considered as prose, all have seven syllables, as poetry they actually have eight.

$\quad$ 1 $\ $ 2 $\ \ $ 3 $\ $ 4 $\ $ 5 $\ $ 6 $\ $ 7 $\ $ 8
cuan do *ha* ce la ca *lor* #

$\quad$ 1 $\ \ \ $ 2 $\ \ $ 3 $\ \ $ 4 $\ \ \ $ 5 $\ \ $ 6 $\ \ $ 7 $\ \ $ 8
y-es *tán* los *cam* pos en *flor* #

$\quad$ 1 $\ \ $ 2 $\ \ \ $ 3 $\ \ $ 4 $\ \ $ 5 $\ \ \ $ 6 $\ \ $ 7 $\ \ $ 8
so bre las *a* guas del *mar* #

$\quad$ 1 $\ \ $ 2 $\ \ $ 3 $\ \ $ 4 $\ \ $ 5 $\ \ $ 6 $\ \ \ $ 7 $\ \ $ 8
la ma *ña* na de San *Juan* #

While reading the poems in this text, look for instances of alternating lines of **verso llano** and **verso agudo**, considering what effect that achieves.

There is also a third, less common verse form: **verso esdrújulo**. It does not usually comprise entire poems, but rather appears within other forms. The second line in the following pair is an example of **verso esdrújulo**.

$\quad$ 1 $\ \ \ $ 2 $\ \ $ 3 $\ \ \ $ 4 $\ \ $ 5 $\ \ $ 6 $\ \ $ 7 $\ \ $ 8
La *muer* te me-es *tá* mi *ran* do

$\quad$ 1 $\ \ $ 2 $\ \ $ 3 $\ \ $ 4 $\ \ $ 5 $\ \ $ 6 $\ \ \ $ 7 $\ \ $ 8
des de las *to* rres de *Cór* do ba.

Note that the stress falls on the second-to-last syllable, because of the accent mark. In such cases, the next-to-last syllable tends to be pronounced very quickly, so it is not counted; thus there is actually one *fewer* poetic syllable in such a line.

Be sure to take these factors into consideration when counting syllables. In addition, poetic license allows other irregularities, such as running together two vowel sounds that would normally be sounded separately. In short, poetic composition is not a matter of mathematical precision!

Rhyme. Finally, these syllabically counted lines generally exhibit three kinds of end rhyme, in which the last two poetic syllables in one line (whether **verso llano** or **verso agudo**) have the same sound as the endings of one or more other lines in the poem. *Consonantal rhyme* requires that the vowel of the last stressed syllable and all the letters following it exactly match those of other lines. Jorge Manrique's "**Coplas por la muerte de su padre**" is a good example of consonantal rhyme. In *assonantal rhyme,* on the other hand, only the vowels in the last syllables rhyme, regardless of the consonants. The **romance** form uses assonantal rhyme. (Remember that, because the **romance** line of sixteen syllables is broken into half-lines, only every other visual line will exhibit the pattern.) Look for the assonantal rhymes in the **romances** that follow.

The last type of rhyme in Spanish is *blank verse* (**verso suelto**); in it there is no end rhyme at all, but each line does have an equal number of syllables. Ángel de Saavedra's "**El Faro de Malta**," which you will find in the section on Romanticism, is an example of blank verse.

Spanish poetry has a great variety of stanza rhyme schemes, in which the end rhyme forms a consistent pattern throughout a stanza. The usual way of analyzing such schemes is by assigning them capital letters corresponding to their repetitions: ABAB, ABBA, CDCD, and so forth. Look for references to and occurrences of such schemes as you read the poems in this text.

ANÓNIMO

«El prisionero»

Que por mayo era por mayo,
cuando hace la calor,
cuando los trigos encañan[1]
y están los campos en flor,
5   cuando canta la calandria[2]
y responde el ruiseñor,[3]
cuando los enamorados
van a servir al amor;
sino[4] yo, triste, cuitado,[5]
10 que vivo en esta prisión;
que ni sé cuándo es de día
ni cuándo las noches son,
sino por una avecilla[6]
que me cantaba al albor.
15 Matómela un ballestero;[7]
déle Dios mal galardón.[8]

[1] cuando... *when the wheat forms its stalks*
[2] *meadowlark*
[3] *nightingale*
[4] *except for*
[5] *troubled*
[6] *little bird*
[7] *crossbowman*
[8] *reward*

*Medieval crossbowman with arbalest. The late Middle Ages in Spain (1284–1492) were a time of frightening turmoil. Besides the devastating plagues that swept Europe from 1348 on, Spain experienced constant civil wars, intermittent border skirmishes with the Moors to the south and the French to the north, and ravaging encroachments by feudal lords onto one another's lands. "**El prisionero**" represents the point of view of the victim or loser in such conflicts.*

«La misa de amor»

Mañanita de San Juan,
mañanita de primor,[1]
cuando damas y galanes
van a oír misa mayor.[2]

5   Allá va la mi[3] señora,
entre todas la mejor;
viste saya[4] sobre saya,
mantellín de tornasol,[5]
camisa con oro y perlas
10 bordada en el cabezón.[6]

En la su boca muy linda
lleva un poco de dulzor;[7]
en la su cara tan blanca
un poquito de arrebol,[8]
15 y en los sus ojuelos garzos[9]
lleva un poco de alcohol;[10]
así entraba por la iglesia
relumbrando como el sol.

20 Las damas mueren de envidia,
y los galanes de amor.
El que cantaba en el coro,
en el credo[11] se perdió;
el abad[12] que dice misa,
ha trocado la lección;
25 monaguillos[13] que le ayudan,
no aciertan responder, no;
por decir amén, amén,
decían amor, amor.

[1] *fine things*
[2] *misa... high mass*
[3] *la mi:* The definite article and the possessive adjective are often used together in traditional poetry.
[4] *petticoat*
[5] *mantellín... yellow shawl*
[6] *collar*
[7] *honey*
[8] *rouge*
[9] *ojuelos... sparkling blue eyes*
[10] *a kind of eyeshadow*
[11] *Nicene Creed*
[12] *abbot*
[13] *altar boys*

«Una fatal ocasión»

Por aquellos prados verdes
¡qué galana[1] va la niña!
Con su andar siega la hierba,[2]
con los zapatos la trilla,[3]
5   con el vuelo de la falda
a ambos lados la tendía.

El rocío[4] de los campos
le daba por la rodilla;
arregazó su brial,[5]
10 descubrió blanca camisa;
maldiciendo el rocío
y su gran descortesía,
miraba a un lado y a otro
por ver si alguien la veía.

15 Bien la veía el caballero
que tanto la pretendía,[6]
mucho andaba él de caballo,
mucho más que anda la niña;
allá se la fue a alcanzar
20 al pie de una verde oliva,
¡amargo que lleva el fruto,
amargo para la linda!

«¿Adónde por estos prados
camina sola, mi vida?»
25 «No me puedo detener,
que voy a la santa ermita.»[7]
«Tiempo es de hablarte, la blanca,
escúchame aquí, la linda.»

30 Abrazóla por sentarla
al pie de la verde oliva;
dieron vuelta sobre vuelta,[8]
derribarla[9] no podía;
entre las vueltas que daban
35 la niña el puñal le quita,
metióselo en el su pecho,
a la espalda le salía.

Entre el hervor de la sangre[10]
el caballero decía:
40 «Perdíme por tu hermosura;
perdóname, blanca niña.
No te alabes en tu tierra
ni te alabes en la mía
que mataste un caballero
45 con las armas que traía.»
«No alabarme, caballero;
decirlo, bien me sería.[11]
Donde no encontrase gentes
a las aves lo diría.[12]
50 Mas con mis ojos morenos,
¡Dios, cuánto te lloraría!»

Puso el muerto en el caballo,
camina la sierra arriba;
encontró al santo ermitaño
55 a la puerta de la ermita.
«Entiérrame este cadáver,
por Dios y Santa María.»
«Si lo trajeras con honra
tú enterrarlo aquí podrías.»
60 «Yo con honra sí lo traigo,
con honra y sin alegría.»

Con el su puñal dorado
la sepultura le hacía;
con las sus manos tan blancas
65 de tierra el cuerpo cubría,
con lágrimas de sus ojos
le echaba el agua bendita.[13]

[1] well dressed
[2] Con... She mows the grass with her advance
[3] trillar = to thresh grain
[4] dew
[5] arregazó... she tucked up her silk skirt
[6] que... who courted her so much
[7] hermitage
[8] dieron... they rolled over and over
[9] pull her to the ground
[10] Entre... While his blood still flowed hotly
[11] No...I won't brag, but I certainly will tell everyone about it.
[12] Donde...I would tell the birds were I not to find people (to tell).
[13] holy

«El infante[1] Arnaldos»

¡Quién tuviera tal ventura[2]
sobre las aguas del mar
como tuvo el infante Arnaldos
la mañana de San Juan!
5 Andando a buscar la caza
para su halcón cebar,[3]
vio venir una galera[4]
que a tierra quiere llegar.
Las velas[5] trae de seda,
10 la jarcia de oro torzal,[6]
áncoras[7] tiene de plata,
tablas de fino coral.[8]
Marinero que la guía,
diciendo viene un cantar,
15 que la mar ponía en calma,
los vientos hace amainar;[9]
los peces que andan al hondo,[10]
arriba los hace andar;
las aves que van volando,
20 al mástil vienen posar.[11]
Allí habló el infante Arnaldos,
bien oiréis lo que dirá:
«Por tu vida, el marinero,
dígame ahora ese cantar.»
25 Respondióle el marinero,
tal respuesta le fue a dar:
«Yo no digo mi canción
sino a quien conmigo va.»

[1] child of royalty
[2] Quién... who could have such luck
[3] para... to feed his falcon
[4] galley: kind of ship
[5] sails
[6] la... the rigging of golden cord
[7] anchors
[8] tablas... decks of fine coral
[9] los... makes the winds die down
[10] al... in the depths
[11] al... come to roost on the mast

«Rodrigo[a] el último godo»

Amores trata Rodrigo,
descubierto ha su cuidado;[1]
a la Cava se lo dice,
de quien anda enamorado.
5 Miraba su lindo cuerpo,
mira su rostro alindado;[2]
sus lindas y blancas manos
él se las está loando.[3]

«Sepas, mi querida Cava,
10 de ti estoy apasionado;
pido que me des remedio,
yo estaría a tu mandado.[4]
Mira que lo que el rey pide
ha de ser por fuerza o grado.[5]»

15 La Cava, como discreta,
en risa lo había echado.[6]
«Pienso que burla tu alteza[7]
o quiere probar el vado;[8]
no me lo mandéis, señor,
20 que perderé gran dictado.[9]»

[1] descubierto... he has declared his love
[2] lindo
[3] praising
[4] yo... I would be at your command
[5] ha... is going to be either by force or freely
[6] en... had taken it as a joke
[7] burla... your majesty is joking
[8] probar... test the depth of the water
[9] honor

---

[a] Legend has it that Rodrigo tricked Cava, the daughter of Count Julián, into coming to his palace in Toledo, where he raped her. When Count Julián learned of it, he arranged for the Arabs in Northern Africa to cross at Gibraltar to seize the kingdom from the Goths. The Moors came over in A.D. 711 and stayed for 800 years.

*Legend has it that Rodrigo, **"el último godo,"** built a splendid palace in Toledo, which was the capital and most important city of the Visigoth empire (412–711). This mansion was where he supposedly made La Cava his concubine. In revenge her father, Count Julián, made an alliance with the Arabs of North Africa and defeated Rodrigo in a fierce battle at Guadalete (now Cádiz) in 711. The Arabs controlled most of the peninsula for the next 500 years, and remained in their final stronghold, Granada, until 1492. This is a view of the Palacio de la Cava as it appears today.*

    El rey le hace juramento[10]
que de veras se lo ha hablado;
ella aún lo disimula[11]
y burlando se ha excusado.

25   Fuese[12] el rey dormir la siesta;
por la Cava ha enviado;
la Cava muy descuidada[13]
fuese do[14] el rey la ha llamado.

[10]*le… swears to her*
[11]*ella… she still overlooks it*
[12]*Se fue*
[13]*unconcerned*
[14]*donde*

«Álora,[a] la bien cercada[1]»

    Álora, la bien cercada,
tú que estás en par del río,[2]
cercóte el Adelantado[3]
una mañana en domingo,

5   de peones y hombres de armas
el campo bien guarnecido;[4]
con la gran artillería
te había hecho un portillo.[5]

[1]*cercar = to beseige*
[2]*en… beside the river (the Guadalhorce)*
[3]*governor of a frontier province, in this case Málaga*
[4]*el… the battlefield well garrisoned*
[5]*a breach in the wall*

---

[a]Álora is a small town near Málaga. The poem relates a real event of 1434 involving don Diego Gómez de Ribera, governor of the Christian-held portions of southeast Spain.

«Álora, la bien cercada» · 25

    Verías moros y moras
10 subir huyendo al castillo;
    las moras llevan la ropa,
    los moros harina y trigo,
    y las moras de quince años
    llevaban el oro fino,
15 y los moricos pequeños
    llevan la pasa y el higo.[6]
    Por encima del adarve[7]
    su pendón[8] llevan tendido.
    Allá detrás de una almena[9]
20 se había quedado un morico
    con una ballesta[10] armada
    y en ella puesto un cuadrillo.[11]
    En altas voces diciendo
    que del real[12] le han oído:
25 «¡Tregua,[13] tregua, Adelantado,
    por tuyo se da el castillo!»
    Alza la visera[14] arriba
    por ver el que tal le dijo;
    asestóle[15] a la su frente,
30 salido le ha al colodrillo.[16]
    Sacólo Pablo de rienda[17]
    y de mano Jacobillo,
    estos dos que había criado
    en su casa desde chicos.
35 Lleváronle a los maestros[18]
    por ver si será guarido;[19]
    a las primeras palabras
    el testamento[20] les dijo.

[6] la... the raisins and figs
[7] parapet walkway
[8] banner
[9] battlement
[10] crossbow
[11] arrow
[12] royal camp tent
[13] Truce
[14] visor of the helmet
[15] he aimed
[16] back of the head
[17] de... by the reins
[18] médicos
[19] curado
[20] last will and testament

Álora was a typical frontier outpost on the Christian-Moorish border. It was fortified by the Arabs to protect themselves from the Spaniards, who throughout the Middle Ages made incursions into Arab possessions in southern Spain. The town looks very much the same today as it did when the famous siege described in **Álora, la bien cercada** *took place.*

Ministerio de Información y Turismo, España

EJERCICIOS DE COMPRENSIÓN

1. «El prisionero» tiene ocho versos alegres y ocho versos tristes. Haga una lista de seis palabras que representan alegría en la primera parte, y seis que expresan tristeza en la segunda.

   _____   _____
   _____   _____
   _____   _____
   _____   _____
   _____   _____
   _____   _____

2. La muchacha de «La misa de amor» va muy ricamente adornada. Según el romance, ¿cómo son los siguientes?

   el mantellín: _____

   la camisa: _____

   la boca: _____

   la cara: _____

   los ojos: _____

   ¿Cómo son las reacciones de las siguientes personas?

   las damas: _____

   los galanes: _____

   el cantante: _____

   el abad: _____

   los monaguillos: _____

3. Ponga los siguientes sucesos de «Una fatal ocasión» en el orden en que ocurren (1 – 10).

   _____ La niña mata al caballero con su propio puñal.

   _____ La niña lleva al caballero a una ermita.

   _____ La niña anda alegremente por el campo.

   _____ La niña llora por la muerte del caballero.

   _____ «Escúchame aquí, la linda.»

_____ Un caballero ve a la niña caminando con las faldas levantadas.

_____ La niña declara que va a decirles a todos lo que el caballero quiso hacer.

_____ El caballero trata de tirar a la niña sobre la hierba.

_____ «Yo con honra sí lo traigo.»

_____ «Perdíme por tu hermosura.»

4. En «El infante Arnaldos» hay muchas referencias mágicas y sobrenaturales. Haga una lista de cuatro características que tiene la galera fuera de lo común y de cuatro hechos asombrosos causados por la canción del marinero.

_____   _____

_____   _____

_____   _____

_____   _____

5. Cinco de los siguientes adjetivos (todos dados aquí en el género masculino) describen a Rodrigo, el último godo; seis describen a la Cava. ¿Cuáles son?

_____ enamorado   _____ abusivo   _____ lindo de cuerpo

_____ alegre   _____ mentiroso   _____ discreto

_____ imperioso   _____ inocente   _____ crédulo

_____ descuidado   _____ apasionado

6. Ponga los siguientes sucesos de «Álora, la bien cercada» en el orden en que ocurren (1–10).

_____ Pablo y Jacobillo le llevan del campo al Adelantado.

_____ «Tregua, tregua, Adelantado.»

_____ Todos los moros recogen algo suyo del castillo.

_____ Los cristianos rompen un portillo en la muralla.

_____ Un moro se esconde detrás de una almena.

_____ Álora es cercada por el Adelantado.

_____ El moro mata al Adelantado.

_____ Los médicos tratan de curar al Adelantado.

_____ El Adelantado alza la visera para hablar con los moros.

_____ Los moros huyen al castillo.

CONSIDERACIONES

1. Haga un breve análisis de la rima de estos romances.
2. Comente «La misa de amor» considerándolo como una parodia, o imitación burlesca, de algunos aspectos de la religión.
3. En «Una fatal ocasión», la niña es a la vez la heroína y la víctima, y es así como ella está alegre y triste al final. Trate de explicar cómo el poeta expresa estos sentimientos opuestos.
4. ¿Por qué ha venido el marinero por Arnaldos en «El infante Arnaldos»?
5. En «Álora, la bien cercada» se describe primero el lado de los moros y después el lado de los cristianos. Explique cómo el poeta hace esta transición.
6. Muchos de estos romances terminan abruptamente, sin que se sepa el final del episodio. Dé su opinión sobre el valor literario de esta técnica. ¿Qué efecto produce en el lector?

JORGE MANRIQUE

Jorge Manrique (1440–1479) wrote his justifiably esteemed poem **"Coplas por la muerte de su padre"** on his father Rodrigo's passing in 1476, shortly before his own death on a battlefield near Cuenca, where he was fighting for Queen Isabel and King Fernando against Juana **la Beltraneja,** a pretender to the Spanish throne. The rivalry began under King Juan II (1405–1454), a weak monarch dominated by his counselor, Álvaro de Luna. Juan had three children: Enrique and Alfonso from his first wife, and Isabel from a later union. Enrique married a Portuguese princess and became Enrique IV **el Impotente** on his father's death. He could have no children, as his epithet indicates, but his wife nevertheless bore a daughter, whom everyone considered illegitimate. Then in 1468 the brother Alfonso died, and Enrique decided he wanted his "daughter" Juana **la Beltraneja** (the reputed father was Beltrán de la Cueva) to be queen rather than his much younger half sister, Isabel. On Enrique's death in 1474, Isabel, married to Prince Fernando of Aragón since 1469, seized the throne, while Juana fled to Portugal to raise a large army to take the crown from her. The ensuing civil war lasted until Juana's defeat and withdrawal to Portugal in 1479. Throughout these events the Manrique family was steadfastly on the side of Isabel **la Católica,** so it is not surprising that in his poem Jorge Manrique disparages the many enemies of his father who were in control of Spanish politics, from Álvaro de Luna through the favorites of Enrique **el Impotente.**

Manrique couches his political feelings in forty twelve-line stanzas of the best elegaic poetry in Spanish. He writes in **coplas de pie quebrado,** in which every third line has only four syllables, which gives a strong pause to each group of three lines. He separates the poem into three parts. Stanzas 1–13 are a general exposition on the finality of death and the uselessness of goods, beauty, nobility, riches, and pleasures when compared to the promise of eternal life for those who reject them. Stanzas 14–24 evoke the earlier years when Rodrigo Manrique lived, and attempt to show that none of the courtiers or ladies or politicians of that age are worthy of remembrance. Stanzas 25–40 are a laudatory elegy on his father's great deeds during the many years the man selflessly fought against tyrants and helped defend the country from the Moors. The last stanzas describe the three **vidas** so well known in the Middle Ages: the **vida deleitable,** described and rejected in the first stanzas; the **vida de la fama,** which the poet proved his father alone won with his great deeds against the Moors; and the **vida eterna,** which is the eternal salvation that comes to those who hold material pleasures in contempt and make war against the infidels. Death therefore comes to don

Rodrigo not angrily, with burning arrows, but gently, as the man lies comfortably in his own bed surrounded by family and loved ones.

Jorge Manrique evokes all of this with poetic emotion and a solemnity unmatched in Spanish letters. As you read the poem, pay special attention to how Manrique subtly shifts tone and content, moving from the very general to the particular in each part of the poem: the initial statements about death (1–5), the devaluation of mundane things (6–13), the disappearance from memory of all Rodrigo's contemporaries (14–24), the eulogy of Rodrigo (25–33), his death (34–39), and the persistence of his deeds in our memory (40).

«Coplas por la muerte de su padre»

1

Recuerde el alma dormida,
avive el seso[1] y despierte
contemplando
cómo se pasa la vida,
5 cómo se viene la muerte
tan callando,
cuán[2] presto se va el placer,
cómo, después de acordado,[3]
da dolor;
10 cómo, a nuestro parecer,[4]
cualquiera tiempo pasado
fue mejor.

2

Pues si vemos lo presente
cómo en un punto[5] se es ido
15 y acabado,
si juzgamos sabiamente,
daremos lo no venido
por pasado.[6]
No se engañe nadie, no,
20 pensando que ha de durar
lo que espera
más que duró lo que vio,
pues que todo ha de pasar
por tal manera.

3

25 Nuestras vidas son los ríos
que van a dar en la mar,
que es el morir;
allí van los señoríos[7]
derechos a se acabar[8]
30 y consumir;
allí los ríos caudales,[9]
allí los otros medianos
y más chicos;
y llegados son iguales
35 los que viven por sus manos
y los ricos.

4

Dejo las invocaciones[10]
de los famosos poetas
y oradores;
40 no curo de sus ficciones,
que traen hierbas secretas
sus sabores;[11]
aquél sólo me encomiendo,[12]
aquél sólo invoco yo
45 de verdad,
que en este mundo viviendo
el mundo no conoció
su deidad.

[1] avive... *arouse your mind*
[2] *how*
[3] depués... *remembered afterwards*
[4] a... *seemingly*
[5] *instant*
[6] daremos... *we will consider the future as already passed*
[7] *estates*
[8] se... *to be finished*
[9] *overflowing*
[10] Dejo...: *Most long poems had invocations of some famous classical person, but Manrique decides to invoke Christ.*
[11] no...: *Manrique doesn't care about (curar) classical stories because they are pagan, and thus poisonous ("secret herbs").*
[12] *I entrust*

5

Este mundo es el camino
para el otro, que es morada[13]
sin pesar;
mas cumple tener buen tino[14]
para andar esta jornada[15]
sin errar.
Partimos cuando nacemos,
andamos mientras vivimos,
y llegamos
al tiempo que fenecemos;[16]
así que cuando morimos
descansamos.

6

Este mundo bueno fue[17]
si bien usásemos de él
como debemos,
porque, según nuestra fe,
es para ganar aquél[18]
que atendemos.
Aun aquel hijo de Dios,
para subirnos al cielo
descendió
a nacer acá entre nos,
y a vivir en este suelo
do murió.

7

Ved de cuán poco valor
son las cosas tras que andamos
y corremos,
que, en este mundo traidor,
aun primero que muramos[19]
las perdemos:
de ellas[20] deshace le edad,
de ellas casos desastrados
que acaecen,[21]
de ellas, por su calidad,
en los más altos estados
desfallecen.

8

Decidme: la hermosura,
la gentil frescura y tez[22]
de la cara,
la color y la blancura,
cuando viene la vejez,
¿cuál se para?[23]
Las mañas[24] y ligereza
y la fuerza corporal
de juventud,
todo se torna graveza
cuando llega al arrabal
de senectud.[25]

9

Pues la sangre de los godos,[26]
y el linaje y la nobleza
tan crecida,
¡por cuántas vías y modos
se pierde su gran alteza
en esta vida!
Unos, por poco valer,
¡por cuán bajos y abatidos[27]
que los tienen!
Otros que, por no tener,
con oficios no debidos
se mantienen.

10

Los estados y riqueza,
que nos dejan a deshora[28]
¿quién lo duda?
No les pidamos firmeza
pues son de una señora
que se muda.[29]
Que bienes son de Fortuna
que revuelven con su rueda
presurosa,[30]
la cual no puede ser una[31]
ni estar estable ni queda
en una cosa.

---

[13] dwelling
[14] buen... a good sense of direction
[15] day's work
[16] we die
[17] sería
[18] eternal life to which we aspire
[19] aun... even before we die
[20] de... because of them (las cosas)
[21] casos... disastrous occurrences that befall us
[22] complexion
[23] ¿cuál... in what condition does it end?
[24] skills
[25] cuando... when it reaches the environs of old age
[26] the original "noble" peoples of Spain
[27] bajos... lowborn and beaten-down
[28] que... that they abandon us unexpectedly
[29] señora... Fortune, the "fickle lady"
[30] hasty
[31] no... can't be fixed in one spot

11

Pero digo que acompañen
y lleguen hasta la huesa[32]
con su dueño:
por eso no nos engañen,
pues se va la vida aprisa
como sueño;
y los deleites de acá
son, en que nos deleitamos,
temporales,
y los tormentos de allá,
que por ellos esperamos,
eternales.

12

Los placeres y dulzores
de esta vida trabajada
que tenemos,
no son sino corredores,[33]
y la muerte, la celada[34]
en que caemos.
No mirando a nuestro daño,
corremos a rienda suelta[35]
sin parar;
desque[36] vemos el engaño
y queremos dar la vuelta,
no hay lugar.

13

Si fuese en nuestro poder
hacer la cara hermosa
corporal,
como podemos hacer
el alma tan gloriosa,
angelical,
¡qué diligencia tan viva
tuviéramos toda hora,
y tan presta
en componer la cautiva,[37]
dejándonos la señora[38]
descompuesta!

14

Esos reyes poderosos
que vemos por escrituras
ya pasadas,
con casos tristes, llorosos,
fueron sus buenas venturas
trastornadas;[39]
así que no hay cosa fuerte,
que a papas y emperadores
y prelados,
así los trata la Muerte
como a los pobres pastores
de ganados.[40]

15

Dejemos a los troyanos,[41]
que sus males no los vimos,
ni sus glorias;
dejemos a los romanos,
aunque oímos y leímos
sus historias;
no curemos de saber
lo que aquel siglo pasado
qué fue de ello;
vengamos a lo de ayer,
que también es olvidado
como aquello.

16

¿Qué se hizo el rey don Juan?[42]
Los infantes de Aragón[43]
¿qué se hicieron?
¿Qué fue de tanto galán,
qué de tanta invención
como trajeron?
Las justas y los torneos,
paramentos, bordaduras
y cimeras,[44]
¿fueron sino devaneos?[45]
¿Qué fueron sino verduras
de las eras?[46]

---

[32] grave
[33] traps
[34] ambush
[35] a... at full speed
[36] desde que
[37] la... the body, which should be "captive" to the soul
[38] la... the soul, who should rule over the body
[39] reversed
[40] pastores... sheepherders
[41] Trojans
[42] Juan II, king of Castile from 1408 to 1454
[43] sons of Fernando de Antequera, king of Aragón and erstwhile pretender to the throne of Castile
[44] paramentos... ornaments, embroidery, and crests
[45] frivolities
[46] verduras... green shoots of the fields

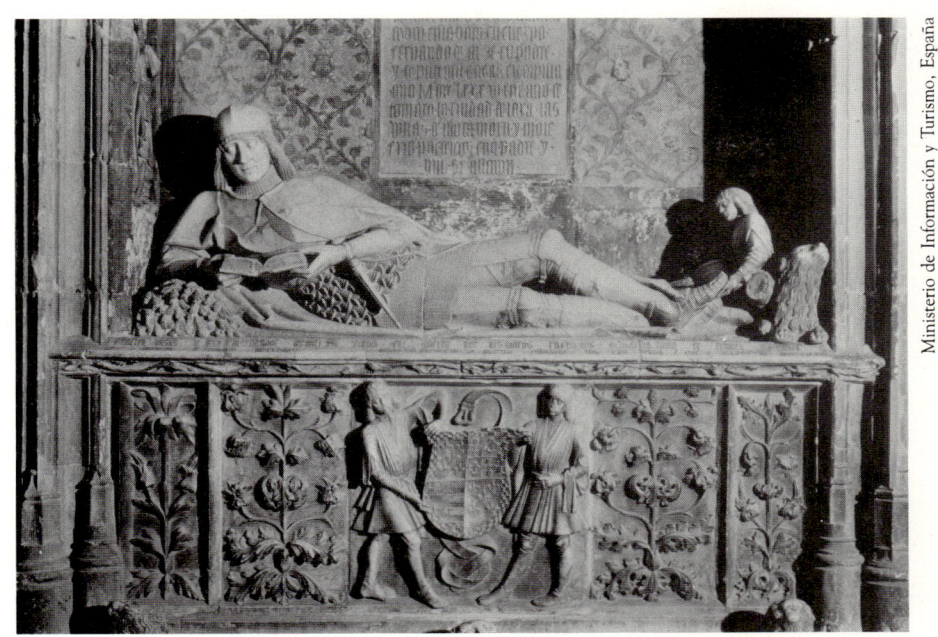

"Sepulcro de un joven caballero," *Catedral de Sigüenza. This magnificent tomb figure expresses succinctly the unique blend in medieval thought of nobility, military matters, and religion. These seemingly disparate aspects were combined by this sculptor in the same way that Jorge Manrique interweaves his discussion of the "three lives" of worldly pleasure, military fame, and spiritual immortality.*

17

¿Qué se hicieron las damas,
sus tocados[47] y vestidos,
sus olores?
¿Qué se hicieron las llamas
de los fuegos encendidos
de amadores?
¿Qué se hizo aquel trovar,[48]
las músicas acordadas
que tañían?[49]
¿Qué se hizo aquel danzar,
aquellas ropas chapadas[50]
que traían?

18

Pues el otro, su heredero,
don Enrique,[51] ¡qué poderes
alcanzaba!
¡Cuán blando, cuán halaguero[52]
el mundo con sus placeres
se le daba!
Mas verás cuán enemigo,
cuán contrario, cuán cruel
se le mostró;
habiéndole sido amigo,
¡cuán poco duró con él
lo que le dio!

19

Las dádivas desmedidas,[53]
los edificios reales
llenos de oro,
las vajillas tan febridas,[54]
los enriques y reales[55]
del tesoro;

[47]*hairdos*
[48]*aquel... that singing of courtly poems*
[49]*played*
[50]*ropas... clothes spangled with gold*
[51]*Enrique IV el Impotente, king from 1454 to 1474*
[52]*flattering*
[53]*dádivas... excessive gifts*
[54]*vajillas... resplendent tableware*
[55]*enriques... two coins of the time*

los jaeces,[56] los caballos
de sus gentes y atavíos
tan sobrados,[57]
¿dónde iremos a buscarlos?
¿Qué fueron sino rocíos
de los prados?

20

Pues su hermano el inocente,[58]
que en su vida sucesor
se llamó,
¡qué corte tan excelente
tuvo y cuánto gran señor
le siguió!
Mas, como fuese mortal,
metióle la Muerte luego
en su fragua.[59]
¡Oh, juicio divinal,
cuando más ardía el fuego,
echaste agua!

21

Pues aquel gran Condestable,
maestre que conocimos
tan privado,[60]
no cumple que de él se hable,
sino sólo que lo vimos
degollado.[61]
Sus infinitos tesoros,
sus villas y sus lugares,
su mandar,[62]
¿qué le fueron sino lloros?
¿Qué fueron sino pesares
al dejar?[63]

22

Y los otros dos hermanos,
maestres tan prosperados
como reyes,[64]
que a los grandes y medianos
trajeron tan sojuzgados[65]
a sus leyes;
aquella prosperidad
que en tan alto fue subida
y ensalzada,[66]
¿qué fue sino claridad[67]
que estando más encendida
fue matada?

23

Tantos duques excelentes,
tantos marqueses y condes
y varones
como vimos tan potentes,
di, Muerte, ¿dó los escondes
y transpones?[68]
Y las sus claras hazañas
que hicieron en las guerras
y en las paces
cuando tú, cruda, te ensañas,[69]
con tu fuerza las aterras[70]
y deshaces.

24

Las huestes[71] innumerables,
los pendones, estandartes
y banderas,
los castillos impugnables,
los muros y baluartes
y barreras,
la cava honda, chapada,[72]
o cualquier otro reparo,[73]
¿qué aprovecha?
que si tú vienes airada,[74]
todo lo pasas de claro[75]
con tu flecha.

25

Aquél de buenos abrigo,[76]
amado por virtuoso
de la gente,
el maestre don Rodrigo
Manrique, tanto famoso
y tan valiente;

[56] horse trappings
[57] atavíos... such lavish adornments
[58] Alfonso, younger son of Juan II who, if he had not died in 1468, would have been king of Castile after Enrique IV
[59] metióle... Death put him in the blacksmith's forge
[60] Álvaro de Luna, the corrupt privado (court favorite) of Juan II. Before he was beheaded in 1453, he gained the titles of Constable of Castile and Master of Santiago.
[61] beheaded
[62] power
[63] al... on giving them up
[64] Beltrán de la Cueva and Juan Pacheco, favorites of Enrique IV
[65] subjugated
[66] exalted
[67] a flame
[68] carry them away to
[69] cuando... when you become cruelly angry
[70] knock to the ground
[71] armies
[72] cava... deep, plated moat
[73] barrier
[74] irate
[75] de... straight through
[76] Aquél... That protector of good people

sus hechos grandes y claros
no cumple que los alabe,[77]
pues los vieron,
ni los quiero hacer caros,[78]
pues que el mundo todo sabe
cuáles fueron.

26

Amigo de sus amigos,
¡qué señor para criados
y parientes!
¡Qué enemigo de enemigos!
¡Qué maestro de esforzados
y valientes!
¡Qué seso para discretos!
¡Qué gracia para donosos![79]
¡Qué razón!
¡Cuán benigno a los sujetos!
A los bravos y dañosos,
¡qué león!

27

En ventura Octaviano;[80]
Julio César en vencer
y batallar;
en la virtud, Africano;
Aníbal en el saber
y trabajar;
en la bondad, un Trajano;
Tito en liberalidad
con alegría;
en su brazo, Aureliano;
Marco Tulio en la verdad
que prometía.

28

Antonio Pío en clemencia;
Marco Aurelio en igualdad
del semblante;[81]
Adriano en elocuencia;
Teodosio en humanidad
y buen talante;[82]
Aurelio Alejandro fue
en disciplina y rigor
de la guerra;
un Constantino en la fe,
Camilo en el gran amor
de su tierra.

29

No dejó grandes tesoros,
ni alcanzó muchas riquezas
ni vajillas;
mas hizo guerra a los moros,
ganando sus fortalezas
y sus villas;
y en las lides[83] que venció,
muchos moros y caballos
se perdieron;
y en este oficio ganó
las rentas y los vasallos[84]
que le dieron.

30

Pues por su honra y estado,
en otros tiempos pasados,
¿cómo se hubo?[85]
Quedando desamparado,[86]
con hermanos y criados
se sostuvo.
Después que hechos famosos
hizo en esta misma guerra
que hacía,[87]
hizo tratos tan honrosos
que le dieron aún más tierra
que tenía.

31

Éstas sus viejas historias,
que con su brazo pintó
en juventud,
con otras nuevas victorias
ahora las renovó
en senectud.

[77] no... it's not necessary that I praise
[78] hacer... expand on
[79] witty people
[80] Don Rodrigo is compared in the following lines to a host of famous Romans.
[81] disposition
[82] good will
[83] battles
[84] indentured servants
[85] ¿cómo... how did he do it (protect his honor and estates)
[86] deserted
[87] Después... After he did the famous deeds in this same war that he made

Por su grande habilidad,
por méritos y ancianía
bien gastada,
370 alcanzó la dignidad
de la gran Caballería
de la Espada.[88]

32
Y sus villas y sus tierras
ocupadas de tiranos
375 las halló;
mas por cercos y por guerras
y por fuerza de sus manos
las cobró.
Pues nuestro rey natural,[89]
380 si de las obras que obró
fue servido,
dígalo el de Portugal,[90]
y en Castilla quien siguió
su partido.

33
385 Después de puesta la vida
tantas veces por su ley
al tablero;[91]
después de tan bien servida
la corona de su rey
390 verdadero;
después de tanta hazaña
a que no puede bastar
cuenta cierta,
en su villa de Ocaña
395 vino la Muerte a llamar
a su puerta

34
diciendo: «Buen caballero,
dejad el mundo engañoso
y su halago;[92]
400 vuestro corazón de acero,
muestre su esfuerzo famoso
en este trago;[93]
y pues de vida y salud
hicisteis tan poca cuenta
405 por la fama,
esfuércese la virtud
para sufrir esta afrenta[94]
que os llama.»

35
«No se os haga tan amarga
410 la batalla temerosa
que esperáis,
pues otra vida más larga
de la fama gloriosa
acá dejáis
415 (aunque esta vida de honor
tampoco no es eternal
ni verdadera);
mas, con todo, es muy mejor
que la otra temporal
420 perecedera.[95]»

36
«El vivir que es perdurable
no se gana con estados
mundanales,
ni con vida deleitable
425 en que moran[96] los pecados
infernales;
mas los buenos religiosos
gánanlo con oraciones
y con lloros;
430 los caballeros famosos,
con trabajos y aflicciones
contra moros.»

37
«Y pues vos, claro varón,
tanta sangre derramasteis[97]
435 de paganos,
esperad el galardón
que en este mundo ganasteis
por las manos;

[88] alcanzó... he became Master of Santiago
[89] Fernando de Aragón, husband of Isabel la Católica
[90] el... Alfonso V, king of Portugal, who married Juana la Beltraneja in an attempt to take over the throne of Castile.
[91] después... after risking his life so many times for his religion
[92] flattery
[93] bad moment
[94] tribulation
[95] perishable
[96] dwell
[97] you spilled

y con esta confianza,
y con la fe tan entera
que tenéis,
partid con buena esperanza,
que esta otra vida tercera
ganaréis.»

38

«No tengamos tiempo ya[98]
en esta vida mezquina[99]
por tal modo,
que mi voluntad está
conforme con la divina
para todo;
y consiento en mi morir
con voluntad placentera,
clara y pura,
que querer hombre vivir
cuando Dios quiere que muera
es locura.»

39

«Tú,[100] que por nuestra maldad,
tomaste forma servil
y bajo nombre;
tú, que a tu divinidad
juntaste cosa tan vil
como es el hombre;
tú, que tan grandes tormentos
sufriste sin resistencia
en tu persona,
no por mis merecimientos,[101]
mas por tu sola clemencia
me perdona.»

40

Así, con tal entender,
todos sentidos humanos
conservados,
cercado de su mujer
y de sus hijos y hermanos
y criados,
dio el alma a quien se la dio
(el cual la dio en el cielo
en su gloria),[102]
que aunque la vida perdió,
dejónos harto consuelo
su memoria.[103]

[98] Rodrigo now speaks to Death
[99] wretched
[100] Christ
[101] merits
[102] Rodrigo gave his soul to Christ, who had previously given his own for the glory of heaven.
[103] dejónos... his memory left us well consoled

EJERCICIOS DE COMPRENSIÓN

1. En las primeras tres estrofas se encuentran muchas palabras y frases opuestas. Busque las palabras que significan lo contrario de las siguientes.

    vida _____   ido _____

    placer _____   durar _____

    pasado _____   vidas/ríos _____

2. Cada una de las estrofas 7 – 12 trata de un tema en particular. Añada las líneas que a su parecer (*in your opinion*) describen mejor el tema.

    7/ el dinero: _____

    8/ la belleza corporal: _____

    9/ la sangre real: _____

10/ las cosas materiales: _____

11/ las diversiones temporales: _____

12/ los placeres carnales: _____

3. La estrofa 13 presenta una comparación condicional de las cosas mundanas con las del alma (si fuese... tuviéramos...). Escriba en sus propias palabras el significado de esta comparación condicional, usando el vocabulario de la estrofa.

4. **Ubi sunt** (*Where are they?*) es el término que usamos para describir la técnica literaria de hacer preguntas sobre personas muertas o cosas desaparecidas. En las estrofas 16–18, se hace referencia a las siguientes personas haciendo uso de esta técnica. Ponga estas referencias en el orden apropiado (1–8).

    ___ los amantes   ___ los galanes
    ___ los bailarines   ___ los infantes de Aragón
    ___ las damas   ___ don Juan II
    ___ don Enrique IV   ___ los músicos

5. Usando los adjetivos de la estrofa 25, los sustantivos de la estrofa 26, y los objetos de la preposición **en** de las estrofas 27 y 28, haga tres listas de las palabras que se refieren a la personalidad de Rodrigo Manrique.
    ADJETIVOS   SUSTANTIVOS   OBJETOS DE LA PREPOSICIÓN **EN**

6. Para enterarse de los hechos de Rodrigo Manrique, busque la forma en pretérito de los siguientes verbos en las entrofas 29–32:

    alcanzar _____   hacer _____   pintar _____
    (2 veces) _____   (3 veces) _____ renovar _____
    cobrar _____   _____   vencer _____
    dejar _____   hallar _____
    ganar _____   obrar _____

7. Empareje las diferentes «vidas» de que habla la Muerte en las estrofas 34–37 con las referencias equivalentes.

    ___ a. el mundo engañoso   1. vida y salud
    ___ b. vida de honor   2. otra vida más larga de la fama
    ___ c. vida eterna... verdadera   3. esta otra vida tercera
    ___ d. la otra temporal perecedera
    ___ e. el vivir que es perdurable
    ___ f. vida deleitable

CONSIDERACIONES

1. Describa el tema principal, «desprecio de la vida», en las primeras trece estrofas.
2. Haga un resumen de las críticas que Manrique hace de Enrique IV en las estrofas 18 – 19.
3. Comente las diferencias entre la Muerte que viene por los contemporáneos de Rodrigo (estrofas 23 – 24) y la que viene por él al final del poema (estrofas 33 – 40).
4. ¿Cuál es la filosofía de las tres «vidas» que presenta la Muerte en las estrofas 34 – 37?
5. Observe con atención los tres verbos iniciales del poema y la última palabra del poema. ¿Qué tienen en común? ¿Cómo ilustran el tema principal del poema?
6. En general, ¿cuál es el camino de la salvación eterna que Manrique describe para nosotros los lectores? Considere en particular la estrofa 36.

PREGUNTAS GENERALES

1. Trate de poner a los personajes principales de estas lecturas en tres grupos: «defensores», «oradores» y «labradores». Después trate de describir sus diferentes actitudes hacia las cosas que ellos consideran verdaderamente importantes en sus vidas.
2. Hay dos actitudes medievales hacia la vida: (1) la paciencia y la resignación traerán prosperidad, fama y honra y (2) la vida es una aventura llena de amor carnal, peligros y muerte repentina. ¿Con cuáles de las clases sociales (nobles, labradores, frailes) se asocia y en cuáles de las lecturas se refleja cada actitud?

GOLDEN AGE LITERATURE

"La Rendición de Breda," by Diego Velázquez y Silva (1599–1660). This depicts the Spaniard Ambrosio de Espinola (right) gallantly refusing to accept the keys to the city of Breda from a Dutch general after conquering the city (1621). It strives to dramatize the high ethical values that carried Spain to the height of her power in the sixteenth and seventeenth centuries. At this time, Spain was flush with America's gold and silver, strong militarily after defeating the Arabs in an important Mediterranean battle at Lepanto (1571), and at peace with her archenemy England, thanks to treaties with James I. Velázquez could therefore well afford to depict the Spanish and Dutch forces as equal in size and prestige. (Note that the composition is symmetrical, though the losing Dutch are shown in disarray and the Spanish with their lances in rigid order). The taking of Breda was, however, the last great military victory that Spain would celebrate for centuries to come. It thus represents the best of the Spanish character, but also an end to optimism.

The Spanish Golden Age encompassed the two centuries from 1492, when Fernando and Isabel united the country under one flag, to 1700, when the Spanish Hapsburg line died out with the childless Carlos II **el Hechizado,** and the French Bourbon dynasty began under Felipe V. The epoch can be divided into four different cultural periods: the Early Renaissance, during the reigns of the Catholic Monarchs (1479–1516) and Carlos I (1516–1556); the Late Renaissance, during the reign of Felipe II (1556–1598); the Baroque, during the reigns of Felipe III (1598–1621) and Felipe IV (1621–1665); and a period of unproductive decadence during the reign of Carlos II (1665–1700). The first three periods saw the expansion of the Spanish empire, and most of the literature of the time is optimistic, with some very important exceptions.

The Renaissance Period

The Spanish Renaissance, in terms of literature, is dated from 1499, when **La Celestina** was published anonymously by Fernando de Rojas. It is actually uncharacteristic of Renaissance literature, being an iconoclastic tragicomedy whose characters lack any kind of education and break all social rules. Against the backdrop of a purely sexual affair between two young lovers, a group of servants, ruffians, and prostitutes headed by the old hag Celestina plan and commit acts of violence against honor, religion, nobility, love, loyalty, patriotism, the family, and all other values treasured by the feudal system that reigned in Spain for so many centuries. The outcome of this iconoclasm is death for all, and in that sense the "message" of **La Celestina** resembles that of Manrique's Medieval elegy—but it is far from the seigneurial world of Juan Manuel's **ejemplos.**

The destructive world of **La Celestina** is not unlike the vicious, self-centered world of a new prose subgenre that appeared fifty years later: the picaresque, which began with the publication of the anonymous **Lazarillo de Tormes** in 1554. This short novel takes the form of a straightforward autobiography of an indigent youth who serves, among others, a charlatan of a blind man, an avaricious priest, a downtrodden squire, and a seller of fake papal documents; he ends up married to the mistress of a cleric. **Lazarillo de Tormes** is one of the most influential books in Spanish literature and was of enormous importance in the development of the novel as a genre in other languages as well. It single-handedly created the antihero, the character who of necessity is concerned solely with his own material well-being, principally because all those with whom he comes in contact are that way.

The image of society presented in **Lazarillo de Tormes** is clearly a Renaissance view, for it stresses the individual as a secular human being dependent on his abilities to survive in an urban, mercantile society. It is not the only image of society in Renaissance literature, however. The chivalric novel, whose first and most famous example is **Amadís de Gaula** (1508), perpetuated the feudal ideals of great lords and knights-errant, in which the gallant **caballero** sallies forth to defeat evil and injustice in service to his lady. Lower-class workers and peasants do not exist as individuals in this rarefied literature. Nor do they exist in the equally popular pastoral novel, best represented in **La Diana** (1559), by Jorge de Montemayor. The shepherds who populate these kinds of books are courtly gentlemen and ladies in disguise who have nothing in common with their rural models except solitude, which allows them to spend their waking hours lamenting and singing about their unsuccessful love affairs. Finally, the Moorish novel, begun with the publication of the anonymous **El Abencerraje** in 1561, represents yet another facet of Renaissance prose. If **La Celestina** destroys the value systems of the feudal world, **Amadís de Gaula** and **La Diana** perpetuate Medieval values, and **Lazarillo de Tormes** typifies the new Renaissance individual, then **El Abencerraje** portrays the triumph of Renaissance idealistic values in the face of cultural and religious conflict. The short tale is included here in its entirety because it so well represents the wholesome and optimistic side of the Spanish Renaissance.

The sixteenth century also saw the development of drama from the primitive, oral forms and liturgical drama to a popular stagecraft. The genre reached its culmination in the seventeenth century when Lope de Vega and Calderón de la Barca perfected Spanish theater within the unique form they called **comedia nueva.**

Spanish poetry flourished in the Renaissance. The oral verse forms began to be published and imitated, creating a subgenre of indigenous, traditional poetry. Courtly verse also received an aesthetic and purifying impetus when Garcilaso de la Vega began writing it in Italianate metrical forms, specifically in lines of eleven syllables or eleven and seven syllables together rather than in the traditional eight, twelve, or fourteen that Medieval verse used. The sonnet by Garcilaso included here is characteristic of the new style. The most memorable poetry of the time, however, was written by a person with no background or training in literature, who used verse to express her religious emotions: Santa Teresa de Jesús. One of her popular **a lo divino** songs is included in this collection.

The Baroque Period

By the seventeenth century, Spain had expanded its empire as far as it was to go, and a period of dynamic consolidation and continuation set in that lifted art and literature to new heights. The first half of the century partook fully of the Baroque style of energy and theatricality that predominated in all European art of the time. Cervantes, Quevedo, Lope de Vega, Calderón de la Barca, Velázquez, Murillo, and Zurbarán all produced their greatest works between 1598 and 1665. The early fruits of this Baroque period were more optimistic and refreshing than those of the latter part. Cervantes and Quevedo expressed a delightfully sarcastic attitude about Spaniards' pretensions and the roles they played, attempting at every opportunity to unmask the fakes and charlatans in society. But both also had a philosophical side, and strove to awaken their audience to the values and cultural systems they felt worthy of consideration. This more pensive side is seen in the two poems by Quevedo included here.

The Decline of the Golden Age

Financial, military, and dynastic problems in the last half of the seventeenth century and an absolutist regime during the eighteenth and early part of the nineteenth century resulted in an unhealthy atmosphere for imaginative fiction, so very little was produced. During this time of artistic negligence (with the exception of the reign of the Italianized Carlos III, from 1759 to 1788), the Spanish populace continued to live in a quasifeudal society and to read the great writers of the Golden Age in new editions, reworkings, revisions, and slavish imitations.

ANÓNIMO

El Abencerraje

This delightful tale was first published anonymously in 1561 and again in a slightly different version in 1565. It then spawned a lengthy series of versions and revisions that culminated in Washington Irving's "The Alhambra" in 1832. It has been so widely read and imitated because it is one of the most elegantly simple tales in the language. A group of bored Christian soldiers led by Rodrigo de Narváez come upon and capture a Moorish gentleman on his way to secretly marry his beloved Jarifa. On hearing his tale, Rodrigo provisionally frees him for three days. The Moor Abindarráez continues his journey, marries Jarifa, and returns as promised to Rodrigo's castle. There the "Abencerraje" and Jarifa are treated royally while Rodrigo writes to the king of Granada to seek approval of the secret marriage, which is granted. All then return to their homes and exchange signs of friendship.

What enriches these simple events is the way the author weaves an elaborate net of relationships among the characters. The valiant, noble Moor is captured and imprisoned by the equally valiant Rodrigo de Narváez. When the Captain learns that Abindarráez is in love — a kind of spiritual capture and imprisonment — he frees him to continue on his way. This act of pardon, however, morally recaptures and reimprisons Abindarráez by obligating him to respond with the same virtue and honor as his captor. Later, Jarifa will become symbolically captured and imprisoned by Abindarráez in their wedding ceremony; so when he returns to Rodrigo's castle she, as his "captive" spouse, accompanies him to the physical prison in Álora. Her arrival paradoxically "captures" Rodrigo by obliging him to act gallantly toward her and to intercede with the king of Granada on behalf of the young lovers. The latter task is simplified by the fact that the king is also "imprisoned" by Rodrigo through the deep regard and obligations he owes to the Christian. The exchange of letters and gifts finally obligates each again to the other in a lifelong alliance of spiritual captive/captor relationships, in which these people of opposite beliefs equal one another in moral qualities.

Remarkably, all of the characters in **El Abencerraje** are wholly good and honorable before the story begins, and remain that way throughout. The tale therefore has nothing to do with people learning about ideals of behavior, as Juan Manuel would have his readers do via the examples in **El conde Lucanor.** This story eschews those Medieval, Aristotelian ideas about teaching people how to act in favor of a more humanistic presentation of how people who already have perfected their ideals and behavior do in fact interact. Watch, therefore, for the exaltation of values such as virtue, honor, bravery, friendship, and courtesy, and for the interplay of references to capture and imprisonment on the emotional, physical, and moral levels; for these are the attributes and techniques that bind men and women together in the highly structured society of the time. Good people who come into contact with each other must end up becoming friends, regardless of race, religion, or nationality.

I

En tiempo del infante don Fernando,[1] que ganó a Antequera, había un caballero que se llamó Rodrigo de Narváez, notable en virtud y hechos de armas. Éste, peleando contra moros, hizo cosas de mucho esfuerzo, y particularmente en aquella empresa y guerra de Antequera hizo hechos dignos de perpetua memoria; sino que[2] esta nuestra España tiene en tan poco[3] el esfuerzo (por serle[4] tan natural y ordinario) que le parece que cuanto se puede hacer es poco; no como aquellos romanos y griegos que al hombre que se aventuraba a morir[5] una vez en toda la vida, le hacían en sus escritos inmortal y le trasladaban a las estrellas.[6]

Hizo, pues, este caballero tanto en servicio de su ley y de su rey, que después de ganada la villa,[7] le hizo alcaide[8] de ella, para que, pues había sido tanta parte en ganarla, lo[9] fuese en defenderla. Le hizo también alcaide de Álora, de suerte que[10] tenía a cargo ambas fuerzas, repartiendo el tiempo en ambas partes y acudiendo siempre a la mayor necesidad.

Lo más ordinario[11] residía en Álora, y allí tenía cincuenta escuderos, hidalgos a los gajes del rey,[12] para la defensa y seguridad de la fuerza; y este número nunca faltaba, como los inmortales del rey Darío,[13] que al morir uno, ponían otro en su lugar. Tenían todos ellos tanta fe y fuerza en la virtud de su capitán, que ninguna empresa se les hacía difícil; y así no dejaban de ofender a sus enemigos y defenderse de ellos; y en todas las escaramuzas en que entraban salían vencedores, en lo cual ganaban honra y provecho, de que andaban siempre ricos.

Pues una noche acabando de cenar, que hacía el tiempo muy sosegado,[14] el alcaide dijo a todos ellos estas palabras:

—Me parece, hidalgos, señores y hermanos míos, que ninguna cosa despierta tanto los corazones de los hombres como el continuo ejercicio de las armas, porque con él[15] se cobra experiencia en las propias y se pierde el miedo a las ajenas.[16] Y de esto no hay para que yo traiga testigos de fuera,[17] porque vosotros sois verdaderos testimonios. Digo esto porque han pasado muchos días que no hemos hecho cosa que

[1] 1379–1416, the uncle of Juan II, later King Fernando I of Aragón
[2] sino... if it were not that
[3] tiene... thinks so little of
[4] le = a España
[5] se... risked losing his life
[6] le... they would place him among the stars
[7] Antequera
[8] military governor
[9] lo = tanta parte
[10] de... so that
[11] Lo... Normally
[12] a... in the king's pay
[13] Darius of Persia had 10,000 soldiers with him at all times.
[14] hacía... the weather was very calm
[15] él = ejercicio de armas
[16] other people's
[17] no... it's not necessary for me to invoke foreign examples

nuestros nombres acreciente, y sería dar yo mala cuenta de mí y de mi oficio si, teniendo a cargo tan virtuosa gente y valiente compañía, dejase pasar el tiempo en balde.[18] Me parece, si os parece, pues la claridad y seguridad de la noche nos convida,[19] que será bien dar a entender a nuestros enemigos que los valedores[20] de Álora no duermen. Yo os he dicho mi voluntad, hágase lo que os parezca.

Ellos respondieron que ordenase, que todos le seguirían. Y nombrando nueve de ellos, los hizo armar;[21] y siendo armados, salieron por una puerta falsa que la fortaleza tenía, para no ser sentidos,[22] para que la fortaleza quedase a buen recado.[23] Y yendo por su camino adelante, hallaron otro que se dividía en dos. El alcaide les dijo:

— Ya podría ser, que yendo todos por este camino, se nos fuese la caza por este otro. Vosotros cinco idos por el uno, y yo con estos cuatro me iré por el otro, y si acaso los unos topen enemigos que no basten a vencer,[24] toque uno su cuerno, y a la señal acudirán los otros en su ayuda.

II

Yendo los cinco escuderos por su camino adelante, hablando en diversas cosas, el uno de ellos dijo:

— Teneos, compañeros, que o yo me engaño, o viene gente.

Y metiéndose entre una arboleda que junto al camino estaba, oyeron ruido. Y mirando con más atención, vieron venir por donde ellos iban un gentil moro en un caballo ruano.[25] Él era grande de cuerpo y hermoso de rostro, y parecía muy bien a caballo. Traía vestida una marlota de carmesí y un albornoz de damasco[26] del mismo color, todo bordado de oro y plata. Traía el brazo derecho regazado[27] y labrada en él una hermosa dama, y en la mano una gruesa lanza de dos hierros.[28] Traía una adarga[29] y cimitarra, y en la cabeza una toca tunecí,[30] que dándole muchas vueltas por ella, le servía de hermosura y defensa de su persona. En este hábito venía el moro, mostrando gentil continente,[31] y cantando un cantar que él compuso en la dulce memoria de sus amores, que decía:

Nacido en Granada,
Criado en Cártama,
Enamorado en Coín,
Frontero de Álora.

Aunque a la música faltaba el arte, no faltaba al moro contentamiento; y como traía el corazón enamorado, a todo lo que decía daba buena gracia.

[18]dejase… *I should let the time pass in vain*
[19]*invite*
[20]*defenders*
[21]los… *he ordered them to be armed*
[22]sentir *throughout the story means "to notice, hear"*
[23]a… *secure*
[24]que… *that you aren't strong enough to defeat*
[25]*chestnut*
[26]una… *a crimson cloak and a damask robe*
[27]*tucked up*
[28]de… *iron-tipped at both ends*
[29]*dagger*
[30]toca… *Tunisian headdress*
[31]*countenance, bearing*

Unlike the other Muslim kingdoms in southern Spain, Granada escaped both the invasions of hostile Arab hordes and the crusading Christian armies to become an important center of commerce, industry, art, and science that rivaled in opulence and splendor the great capitals of Europe. When Granada surrendered to King Fernando and Queen Isabel in 1492, the Alhambra (a large walled area on a hilltop containing a military citadel, royal palaces, administrative offices, a bazaar, and gardens) remained intact. The sophistication and artistic quality of the city the victorious Christians entered contributed to their creation of a rich, idle, handsome, romantic Moor with all the social graces of a cosmopolitan European courtier.

Los escuderos, transportados en verle, erraron un poco[32] de dejarle pasar, hasta que dieron sobre él.[33] Él, viéndose salteado, con ánimo gentil volvió por sí[34] y estuvo para ver lo que harían. Luego, de los cinco escuderos los cuatro se apartaron, y el uno le acometió;[35] mas, como el moro sabía más de aquel menester,[36] de una lanzada dio con él y con su caballo en el suelo. Visto esto, de los cuatro que quedaban, los tres le acometieron, pareciéndoles muy fuerte; de manera que ya contra el moro eran tres cristianos, que cada uno bastaba para diez moros, y todos juntos no podían con éste solo. Allí se vio en gran peligro, porque se le quebró la lanza y los escuderos le daban mucha prisa; mas, fingiendo que huía, puso las piernas a su caballo y arremetió[37] al escudero que había derribado; y, como una ave, se colgó de la silla y le tomó su lanza, con la cual volvió a hacer rostro[38] a sus enemigos, que le iban siguiendo, pensando que huía; y se dio tan buena maña[39] que a poco rato tenía de los tres los dos en el suelo. El otro que quedaba, viendo la necesidad de sus compañeros, tocó el cuerno y fue a ayudarlos. Aquí se trabó fuertemente la escaramuza,[40]

[32]erraron... *moved aside*
[33]hasta... *until they jumped him*
[34]volvió... *turned himself around*
[35]*attacked*
[36]*occupation*
[37]*attacked*
[38]a... *to face*
[39]se... *he managed himself so well*
[40]se... *the skirmish intensified*

porque ellos estaban afrontados de ver que un caballero les duraba tanto, y a él le iba más que la vida en defenderse de ellos.[41]

A esta hora le dio uno de los escuderos una lanzada en un muslo que, a no ser el golpe en soslayo,[42] se le pasara todo. Él, con gran rabia de verse herido, volvió por sí, y le dio una lanzada que dio con él y con su caballo muy mal herido en tierra.

Rodrigo de Narváez, barruntando[43] la necesidad en que sus compañeros estaban, atravesó el camino, y como traía mejor caballo, se adelantó, y viendo la valentía del moro quedó espantado, porque de los cinco escuderos tenía los cuatro en el suelo y el otro casi al mismo punto. Él le dijo:

—Moro, vente a mí, y si tú me vences yo te aseguro de los demás.

Y comenzaron a trabar brava escaramuza; mas como el alcaide venía de refresco, y el moro y su caballo estaban heridos, le daba tanta prisa[44] que no podía mantenerse. Mas, viendo que en sola esta batalla le iba la vida y contentamiento, dio una lanzada a Rodrigo de Narváez, que, a no tomar el golpe en su adarga, le hubiera muerto. Él, al recibir el golpe, arremetió a él y le dio una herida en el brazo derecho, y cerrando luego con él, le trabó a brazos y sacándole de la silla, dio con él en el suelo. Y yendo sobre él, le dijo:

—Caballero, date por vencido; si no, he de matarte.

—Matarme bien podrás — dijo el moro — que en tu poder me tienes; mas no podrá vencerme sino quien una vez me venció.[45]

El alcaide no paró en el misterio con que se decían estas palabras, y usando en aquel punto de su acostumbrada virtud, le ayudó a levantar, porque de la herida que le dio el escudero en el muslo, y de la del brazo, aunque no eran grandes, y del gran cansancio y caída, quedó quebrantado; y tomando de los escuderos aparejo,[46] le ligó las heridas. Y hecho esto, le hizo subir en un caballo de un escudero, porque el suyo estaba herido, y volvieron al camino de Álora. Y yendo por él adelante, hablando en la buena disposición y valentía del moro, él dio un grande y profundo suspiro y habló algunas palabras en algarabía,[47] que ninguno entendió.

III

Rodrigo de Narváez iba mirando su buen talle[48] y disposición; se acordaba de lo que lo vio hacer, y le parecía que tan gran tristeza en ánimo tan fuerte no podía proceder de sola la causa que allí parecía, y por informarse de él, le dijo:

—Caballero, mirad que el prisionero que en la prisión pierde el ánimo, aventura el derecho de la libertad. Mirad que en la guerra los caballeros han de ganar y perder, porque los más de sus trances[49] están

[41] *a... he had more than his life at stake*
[42] *en... on a slant*
[43] *surmising*
[44] *le... he pressed him so quickly*
[45] *mas... but none will conquer me except for the one who once before conquered me*
[46] *bandages*
[47] *the Arabic dialect spoken in Spain*
[48] *physique*
[49] *los... most of their difficult moments*

sujetos a la fortuna, y parece flaqueza[50] que quien hasta aquí ha dado tan buena muestra de su esfuerzo la dé ahora tan mala. Si suspiráis del dolor de las llagas,[51] a lugar vais donde seréis bien curado; si os duele la prisión, jornadas[52] son de guerra a que están sujetos cuantos la siguen. Y si tenéis otro dolor secreto, fiadlo de mí, que os prometo como hidalgo de hacer para remediarlo lo que en mí sea. El moro, levantando el rostro, que en el suelo tenía, le dijo:

—¿Cómo os llamáis, caballero, que tanto sentimiento mostráis de mi mal?

Él le dijo:

—A mí llaman Rodrigo de Narváez; soy alcaide de Antequera y Álora.

El moro, tornando el semblante algo alegre, le dijo:

—Por cierto ahora pierdo parte de mi queja, pues ya que mi fortuna me fue adversa, me puso en vuestras manos; que aunque nunca os vi sino ahora, gran noticia tengo de vuestra virtud y experiencia de vuestro esfuerzo; y para que no os parezca que el dolor de las heridas me hace suspirar, y también porque me parece que en vos cabe [53]cualquier secreto, mandad apartar vuestros escuderos, y he de hablaros dos palabras.

El alcaide los hizo apartar, y quedando solos, el moro, arrancando[54] un gran suspiro, le dijo:

—Rodrigo de Narváez, alcaide tan nombrado de Álora, está atento a lo que te digo y verás si bastan los casos de mi fortuna a derribar[55] el corazón de un hombre cautivo. A mí llaman Abindarráez el Mozo, a diferencia de un tío mío, hermano de mi padre, que tiene el mismo nombre. Soy de los Abencerrajes de Granada, de los cuales muchas veces habrás oído decir, y aunque me bastaba la lástima presente, sin acordar las pasadas, todavía te quiero contar esto.

IV

Hubo en Granada un linaje de caballeros, que llamaban los Abencerrajes, que eran flor de todo aquel reino, porque en gentileza de sus personas, buena gracia, disposición y gran esfuerzo, hacían ventaja a[56] todos los demás; eran muy estimados del rey y de todos los caballeros, y muy amados y bienquistos de la gente común. En todas las escaramuzas en que entraban, salían vencedores, y en todos los regocijos[57] de caballería se señalaban.[58] Ellos inventaban las galas y los trajes,[59] de manera que se podía bien decir que en ejercicio de paz y de guerra eran regla y ley de todo el reino. Se dice que nunca hubo Abencerraje escaso[60] ni cobarde ni de mala disposición. No se tenía por Aben-

[50]*weakness*
[51]*wounds*
[52]*wages (of war)*
[53]*en... you are capable of keeping*
[54]*heaving*
[55]*bring down*
[56]*hacían... they had an advantage over*
[57]*joys*
[58]*se... they were outstanding*
[59]*galas... finery and uniforms*
[60]*stingy*

cerraje el que no servía dama, ni se tenía por dama la que no tenía Abencerraje por servidor. Quiso la fortuna, enemiga de su bien, que de esta excelencia cayesen de la manera que oirás.

170 El rey de Granada hizo a dos de estos caballeros, los que más valían, un notable e injusto agravio, movido de falsa información que contra ellos tuvo. Y se decía, aunque yo no lo creo, que estos dos, y a su instancia otros diez, se conjuraron de matar al rey y dividir el reino entre sí, vengando su injuria. Esta conjuración, siendo verdadera o
175 falsa, fue descubierta; y para no escandalizar el rey al reino, que tanto

The Generalife was the Moorish royal residence on the grounds of the Alhambra; a relatively small building, it is surrounded by exquisitely landscaped gardens and hundreds of fountains. When the palace passed to the conquering Christians, it became the residence of the Governors of Granada. It remains much the same today as when Fernando and Isabel took possession of it on January 2, 1492 — and as the residences of Jarifa in Cártama and Coín were imagined by the author of **El Abencerraje.**

los amaba, los hizo a todos una noche degollar;[61] porque a dilatar la injusticia, no fuera poderoso de hacerla.[62]

Se ofrecieron al rey grandes rescates[63] por sus vidas, mas él aun escucharlo no quiso. Cuando la gente se vio sin esperanza de sus vidas, comenzó de nuevo a llorarlos. Los lloraban los padres que los engendraron, y las madres que los parieron; los lloraban las damas a quienes servían, y los caballeros con quienes se acompañaban. Y toda la gente común alzaba un tan grande y continuo alarido,[64] como si la ciudad se entrara de enemigos; de manera que si a precio de lágrimas se hubieran de comprar sus vidas,[65] no murieran los Abencerrajes tan miserablemente.

Ves aquí en lo que acabó tan esclarecido linaje, tan principales caballeros como en él había. ¡Considera cuánto tarda la fortuna en subir un hombre, y cuán presto le derriba; cuánto tarda en crecer un árbol, y cuán presto va al fuego; con cuánta dificultad se edifica una casa, y con cuánta brevedad se quema; cuántos podrían escarmentar[66] en las cabezas de estos desdichados, pues tan sin culpa padecieron con público pregón,[67] siendo tantos y tales y estando en el favor del mismo rey! Sus casas fueron derribadas, sus heredades enajenadas[68] y su nombre dado en el reino por traidor.

Resultó de este infeliz caso que ningún Abencerraje pudiese vivir en Granada, salvo mi padre y un tío mío (que hallaron inocentes de este delito), a condición que a los hijos que les naciesen, enviasen a criar fuera de la ciudad, para que no volviesen a ella, y a las hijas casasen fuera del reino.

V

Rodrigo de Narváez, que estaba mirando con cuánta pasión le contaba su desdicha, le dijo:

— Por cierto, caballero, vuestro cuento es extraño, y la sinrazón[69] que a los Abencerrajes se hizo fue grande, porque no es de creer que, siendo ellos tales, cometiesen traición.

— Es como yo lo digo — dijo él — y aguardad más y veréis cómo desde allí todos los Abencerrajes deprendimos a ser desdichados.[70] Yo salí al mundo del vientre de mi madre, y para cumplir mi padre el mandamiento del rey, me envió a Cártama, al alcaide que en ella estaba, con quien tenía estrecha amistad. Éste tenía una hija, casi de mi edad, a quien amaba más que a sí, porque allende de[71] ser sola y hermosísima, le costó la mujer, que murió de su parto.

Ésta y yo, en nuestra niñez, siempre nos tuvimos por hermanos, porque así nos oíamos llamar. Nunca me acuerdo de haber pasado hora

---

[61] los... *one night he ordered them all beheaded*
[62] porque... *because if he had delayed the injustice, he would not have been powerful enough to do it*
[63] *ransoms*
[64] *wailing*
[65] si... *if their lives could have been bought at the price of tears*
[66] *taking warning*
[67] pues... *since they suffered so guiltlessly by public proclamation*
[68] sus... *their lands transferred to others*
[69] *injustice*
[70] deprendimos... *ended up being unlucky*
[71] allende... *besides*

que no estuviésemos juntos. Juntos nos criaron, juntos andábamos, juntos comíamos y bebíamos. Nos nació de esta conformidad un natural amor, que fue siempre creciendo con nuestras edades. Me acuerdo de que, entrando una siesta[72] en la huerta, que dicen de los Jazmines, la hallé sentada junto a la fuente, componiendo su hermosa cabeza.[73] La miré, vencido de su hermosura, y me pareció a Salmacis,[74] y dije entre mí:

— ¡O quién fuera Troco para aparecer ante esta hermosa diosa!

No sé cómo me pesó[75] de que fuese mi hermana; y no aguardando más me fui a ella, y cuando me vio, con los brazos abiertos me salió a recibir, y sentándome junto a sí, me dijo:

— Hermano, ¿cómo me dejaste tanto tiempo sola?

Yo le respondí:

— Señora mía, porque hace gran rato que os busco,[76] y nunca hallé quien me dijese dónde estabais, hasta que mi corazón me lo dijo. Mas decidme ahora, ¿qué certeza tenéis vos de que seamos hermanos?

— Yo — dijo ella — no otra más del grande amor que te tengo, y ver que todos nos llaman hermanos.

— Y si no lo fuéramos — dije yo — ¿me querrías tanto?

— ¿No ves — dijo ella — que a no serlo no nos dejara mi padre andar siempre juntos y solos?

— Pues si ese bien me habían de quitar — dije yo — más quiero el mal que tengo.

Entonces ella, encendido su hermoso rostro en color, me dijo:

— Y ¿qué pierdes tú en que seamos hermanos?

— Pierdo a mí y a vos — dije yo.

— Yo no te entiendo — dijo ella — mas a mí me parece que sólo serlo nos obliga a amarnos naturalmente.

— A mí, sola vuestra hermosura me obliga, que, antes, esa hermandad parece que me resfría algunas veces.[77]

Y con esto, bajando mis ojos de empacho[78] de lo que le dije, la vi en las aguas de la fuente al propio[79] como ella era, de suerte que dondequiera que volvía la cabeza hallaba su imagen, y en mis entrañas[80] la más verdadera. Y me decía yo a mí mismo (y me pesaría que alguien me lo oyera):

— Si yo me ahogase ahora en esta fuente donde veo a mi señora, ¡cuánto más disculpado moriría yo que Narciso![81] Y si ella me amase como yo la amo, ¡qué dichoso sería yo! Y si la fortuna nos permitiese vivir siempre juntos, ¡qué sabrosa vida sería la mía!

Diciendo esto, me levanté, y volviendo las manos a unos jazmines de que la fuente estaba rodeada, mezclándolos con arrayán,[82] hice una

---

[72] afternoon
[73] componiendo... combing her beautiful hair
[74] In Classical mythology, Salmacis loved the youth Troco so much that the gods fused their two bodies into one.
[75] me... I regretted
[76] hace... I have been looking for you a long time
[77] que... for, on the contrary, that brotherhood seems to cool my love at times
[78] bashfulness
[79] al... exactly
[80] innermost being
[81] In Classical mythology, Narcissus so loved a dead twin sister that he died from grief on seeing his reflection — like hers — in a fountain.
[82] myrtle

hermosa guirnalda,[83] y poniéndola sobre mi cabeza me volví a ella, coronado y vencido. Ella puso los ojos en mí, a mi parecer,[84] más dulcemente que solía, y quitándomela, la puso sobre su cabeza. Me pareció en aquel punto más hermosa que Venus cuando salió al juicio de la manzana,[85] y volviendo el rostro a mí, me dijo:

— ¿Qué te parece ahora de mí, Abindarráez?

Yo le dije:

— Me parece que acabáis de vencer el mundo y que os coronan por reina y señora de él.

Levantándose, me tomó por la mano y me dijo:

— Si eso fuera,[86] hermano, no perderíais vos nada.

Yo, sin responderla, la seguí hasta que salimos de la huerta.

VI

Esta engañosa vida trajimos mucho tiempo,[87] hasta que ya el amor, para vengarse de nosotros, nos descubrió la cautela,[88] que como fuimos creciendo en edad, ambos acabamos de entender que no éramos hermanos. Ella, no sé lo que sintió al principio de saberlo; mas yo nunca mayor contentamiento recibí, aunque después acá lo he pagado bien.[89] En el mismo punto que fuimos certificados[90] de esto, aquel amor limpio y sano que nos teníamos se comenzó a dañar, y se convirtió en una rabiosa enfermedad, que nos durará hasta la muerte. Aquí no hubo primeros movimientos que excusar, porque el principio de estos amores fue un gusto y deleite fundado sobre bien;[91] mas después no vino el mal por principios, sino de golpe y todo junto.[92] Ya yo tenía mi contentamiento puesto en ella y mi alma hecha a medida a la suya.[93] Todo lo que no veía en ella me parecía feo, excusado y sin provecho en el mundo. Todo mi pensamiento era en ella. Ya en este tiempo nuestros pasatiempos eran diferentes, ya yo la miraba con recelo de ser sentido,[94] y tenía envidia del sol que la tocaba. Su presencia me lastimaba la vida, y su ausencia me enflaquecía el corazón. Y de todo esto creo que no me debía nada, porque me pagaba en la misma moneda.[95] Quiso la fortuna, envidiosa de nuestra dulce vida, quitarnos este contentamiento, en la manera que oirás.

El rey de Granada, para mejorar en cargo[96] al alcaide de Cártama, le envió a mandar que luego dejase aquella fuerza y se fuese a Coín, que es lugar frontero[97] del vuestro, y que me dejase a mí en Cártama, en poder del alcaide que a ella viniese.

Sabida esta desastrada nueva por mi señora y por mí, juzgad vos, si algún tiempo fuisteis enamorado, lo que podríamos sentir. Nos juntamos en un lugar secreto a llorar nuestro apartamiento.[98] Yo le

[83] wreath
[84] a... in my opinion
[85] Venus was awarded a golden apple by Paris, who judged her the most beautiful goddess.
[86] Si... If that were so
[87] Esta... We carried on this illusory life for quite a while
[88] fiction
[89] después... from then to now I have paid well for it
[90] assured
[91] fundado... founded on good feelings
[92] mas... the lovesickness didn't develop gradually, but suddenly and all together
[93] a... to the measure of hers
[94] con... with fear of being found out
[95] me... she felt the same way I did
[96] rank
[97] next to
[98] separation

llamaba señora mía, alma mía, sólo bien mío y otros dulces nombres que el amor me enseñaba.

—Apartándose vuestra hermosura de mí, ¿tendréis alguna vez memoria de este vuestro cautivo?

Aquí las lágrimas y suspiros atajaban[99] las palabras. Yo, esforzándome para decir más, malparía algunas razones turbadas,[100] de que no me acuerdo, porque me señora llevó mi memoria consigo.

Pues, ¡quién os contase las lástimas que ella hacía, aunque a mí siempre me parecían pocas! Me decía mil dulces palabras, que hasta ahora me suenan en las orejas; y al fin, para que no nos oyeran, nos despedimos con muchas lágrimas y sollozos, dejando cada uno al otro por prenda[101] un abrazo, con un suspiro arrancado de las entrañas.

Y porque ella me vio en tanta necesidad y con señales de muerto, me dijo:

—Abindarráez, a mí se me sale el alma al apartarme de ti, y porque siento de ti lo mismo, yo quiero ser tuya hasta la muerte; tuyo es mi corazón, tuya es mi vida, mi honra y mi hacienda, y en testimonio de esto, llegada a Coín, adonde ahora voy con mi padre, en tener lugar de[102] hablarte, o por ausencia o por indisposición[103] suya (que ya deseo) yo te avisaré. Irás donde yo esté, y allí yo te daré lo que solamente llevo conmigo debajo de nombre de esposo,[104] que de otra manera ni tu lealtad ni mi ser lo consentirían,[105] que todo lo demás muchos días ha que es tuyo.[106]

Con esta promesa mi corazón se sosegó algo, y le besé las manos por la merced que me prometía.

Ellos se partieron otro día; yo quedé como quien caminando por unas fragosas[107] y ásperas montañas, se le eclipsa el sol. Comencé a sentir su ausencia ásperamente, buscando falsos remedios contra ella. Miraba las ventanas donde se solía poner, las aguas donde se bañaba, la cámara en que dormía, el jardín donde reposaba la siesta. Andaba todas sus estaciones[108] y en todas ellas hallaba representación de mi fatiga.[109] Verdad es que la esperanza que me dio de llamarme me sostenía, y con ella engañaba parte de mis trabajos, aunque algunas veces de verla[110] alargar tanto me causaba mayor pena, y habría holgado[111] que me dejara del todo desesperado; porque la desesperación fatiga hasta que se tiene por cierta, y la esperanza, hasta que se cumple el deseo.[112]

VII

Quiso mi ventura que esta mañana mi señora me cumplió su palabra, enviándome a llamar con una criada suya, de quien se fiaba, porque su

[99] cut off
[100] malparía... murmured some confused remarks
[101] memento
[102] en... at the first opportunity
[103] sickness
[104] allí... there I'll give you as my husband the only thing I alone possess (my virginity)
[105] que... for otherwise neither your faithfulness nor my conscience would permit it
[106] todo... all the other things I own have been yours for many days now
[107] rough
[108] Andaba... I went to all the places she used to be
[109] troubles
[110] la = esperanza
[111] been pleased
[112] desesperación... desperation torments us only until it is proven correct, and hope until the desire is fulfilled

padre se partió para Granada, llamado del rey, para volver luego. Yo, resucitado con esta buena nueva, me apercibí[113] y, dejando venir la noche para salir más secreto, me puse el hábito en que me encontraste, por mostrar a mi señora la alegría de mi corazón. Y por cierto no creería yo que bastaran cien caballeros juntos a tenerme campo,[114] porque traía a mi señora conmigo; y si tú me venciste, no fue por esfuerzo, que no es posible, sino porque mi corta suerte, a la determinación del cielo, quisieron atajarme[115] tanto bien. Así que, considera tú ahora, en el fin de mis palabras, el bien que perdí y el mal que tengo. Yo iba de Cártama a Coín, breve jornada, aunque el deseo la alargaba mucho, el más ufano[116] Abencerraje que nunca se vio; iba llamado de mi señora, a ver a mi señora, a gozar de mi señora y a casarme con mi señora. Me veo ahora herido, cautivo y vencido, y, lo que más siento, que el término y coyuntura[117] de mi bien se acaba esta noche. Déjame, pues, cristiano, consolar entre mis suspiros y no los juzgues a flaqueza, pues lo fuera mucho mayor tener ánimo para sufrir tan rigoroso trance.

Rodrigo de Narváez quedó espantado y apiadado[118] del estraño acontecimiento del moro, y pareciéndole que para su negocio ninguna cosa le podría dañar más que la dilación, le dijo:

—Abindarráez, quiero que veas que puede más mi virtud que tu ruín fortuna. Si tú me prometes como caballero de volver a mi prisión dentro del tercer día, yo te daré libertad para que sigas tu camino; porque me pesaría de atajarte tan buena empresa.

El moro cuando lo oyó quiso, de contento, echarse a sus pies, y le dijo:

—Rodrigo de Narváez, si vos eso hacéis, habréis hecho la mayor gentileza de corazón que nunca hombre hizo, y a mí me daréis la vida. Y para que pedís, tomad de mí la seguridad que quieras, que yo lo cumpliré.

El alcaide llamó a sus escuderos y les dijo:

—Señores, fiad de mí este prisionero, que yo salgo fiador de su rescate.[119]

Ellos dijeron que ordenase a su voluntad. Y tomando la mano derecha entre las dos suyas al moro, le dijo:

—¿Vos me prometéis como caballero de volver a mi castillo de Álora a ser mi prisionero dentro del tercer día?

Él le dijo:

—Sí, prometo.

—Pues id con la buena ventura, y si para vuestro negocio tenéis necesidad de mi persona o de otra cosa alguna, también se hará.

[113] me... got ready
[114] a... to hold me back
[115] obstruct me
[116] proud
[117] circumstances
[118] moved
[119] yo... I vouch for his ransom

VIII

Y diciendo que se lo agradecía, se fue camino de Coín a mucha prisa. Rodrigo de Narváez y sus escuderos se volvieron a Álora, hablando de la valentía y buena manera del moro. Y con la prisa que el Abencerraje llevaba, no tardó mucho en llegar a Coín. Yéndose derecho a la fortaleza, como le había mandado, no paró hasta que halló una puerta que en ella había; y deteniéndose allí, comenzó a reconocer[120] el campo por ver si había algo de que guardarse; y viendo que estaba todo seguro, tocó en ella con el cuento[121] de la lanza, que ésta era la señal que le había dado la dueña. Luego ella misma le abrió y le dijo:

—¿En qué os habéis detenido, señor mío? Que vuestra tardanza nos ha puesto en gran confusión. Mi señora rato ha que os espera.[122] Apeaos, y subiréis adonde está.

Él se apeó y puso su caballo en un lugar secreto, que allí halló. Y dejando la lanza con su adarga y cimitarra, llevándole la dueña por la mano, lo más paso que pudo,[123] para no ser oído de la gente del castillo, subió por una escalera hasta llegar al aposento[124] de la hermosa Jarifa (que así se llamaba la dama). Ella, que ya había sentido su venida, con los brazos abiertos le salió a recibir. Ambos se abrazaron, sin hablarse palabra del sobrado contento. Y la dama le dijo:

—¿En qué os habéis detenido, señor mío? Que vuestra tardanza me ha puesto en gran congoja y sobresalto.[125]

—Mi señora, — dijo él— vos sabéis bien que por mi negligencia no habrá sido, mas no siempre suceden las cosas como los hombres desean.

Ella le tomó por la mano y le metió en una cámara secreta. Y sentándose sobre una cama que en ella había, le dijo:

—He querido, Abindarráez, que veáis en qué manera cumplen las cautivas de amor sus palabras; porque desde el día que os la di por prenda de mi corazón, he buscado aparejos para quitárosla.[126] Yo os mandé venir a este mi castillo a ser mi prisionero, como yo lo soy vuestra, y haceros señor de mi persona y de la hacienda de mi padre, debajo de nombre de esposo, aunque esto, según entiendo, será muy contra su voluntad; que como no tiene tanto conocimiento de vuestro valor y experiencia de vuestra virtud como yo, quisiera darme marido más rico; mas yo, vuestra persona y mi contento tengo por la mayor riqueza del mundo.

Y diciendo esto, bajó la cabeza, mostrando un cierto empacho de haberse descubierto tanto. El moro la tomó entre sus brazos, y besándole muchas veces las manos por la merced que le hacía, le dijo:

---

[120] to survey
[121] tip
[122] rato... has been waiting a long time
[123] lo... as quietly as he could
[124] room
[125] congoja... anguish and anxiety
[126] he... I've looked for the means to keep my word

—Señora mía, en pago de tanto bien como me habéis ofrecido no tengo que daros que no sea vuestro,[127] sino sola esta prenda, en señal de que os recibo por mi señora y esposa.

Y llamando la dueña, se desposaron.[128] Y siendo desposados, se acostaron en su cama, donde con la nueva experiencia encendieron más el fuego de sus corazones. En esta conquista pasaron muy amorosas obras y palabras, que son más para contemplación que para escritura.

IX

Tras esto, al moro vino un profundo pensamiento, y dejando llevarse de él,[129] dio un gran suspiro. La dama, no pudiendo sufrir tan grande ofensa de su hermosura y voluntad, con gran fuerza de amor le volvió a sí y le dijo:

—¿Qué es esto, Abindarráez? Parece que te has entristecido con mi alegría. Yo te oigo suspirar revolviendo el cuerpo a todas partes. Pues si yo soy todo tu bien y contento, como me decías, ¿por quién suspiras? Y si no lo soy, ¿por qué me engañaste? Si has hallado alguna falta en mi persona, pon los ojos en mi voluntad, que basta para encubrir muchas;[130] y si sirves a otra dama, dime quién es, para que la sirva yo; y si tienes otro dolor secreto, de que yo no soy ofendida, dímelo, que o yo moriré, o te libraré de él.

El Abencerraje, corrido[131] de lo que había hecho, y pareciéndole que no declararse era ocasión de gran sospecha, con un apasionado suspiro le dijo:

—Señora mía, si yo no os quisiera más que a mí, no habría hecho este sentimiento; porque el pesar que conmigo traía lo sufría con buen ánimo cuando iba por mí sólo, mas ahora que me obliga a apartarme de vos, no tengo fuerzas para sufrirlo; y así entenderéis que mis suspiros son causados más por sobra de lealtad que por falta de ella. Y para que no estéis más suspensa, sin saber de qué, quiero deciros lo que pasa.

Luego le contó todo lo que había sucedido, y al cabo le dijo:

—De suerte, señora, que vuestro cautivo lo es también del alcaide de Álora. Y no siento la pena de la prisión, que vos enseñasteis a mi corazón a sufrir, mas vivir sin vos tendría por la misma muerte.

La dama, con buen semblante, le dijo:

—No te congojes, Abindarráez, que yo tomo el remedio de tu rescate a mi cargo, porque a mí me cumple más.[132] Yo digo así: que cualquier caballero que dé la palabra de volver a la prisión cumplirá con enviar el rescate que se le puede pedir; y para esto, ponedle vos mismo el nombre que quieras, que yo tengo las llaves de las riquezas de mi padre; yo os las pondré en vuestro poder; enviad de todo ello lo que

[127] no...*I have nothing to give which isn't yours already*
[128] se... *they took their marriage vows*
[129] dejando... *letting himself be carried away by it*
[130] basta... *it's enough to cover many (faults)*
[131] *angry*
[132] a... *it's more my duty*

os parezca. Rodrigo de Narváez es buen caballero y os dio una vez libertad, y le fiasteis este negocio que le obliga ahora a usar de mayor virtud. Yo creo que se contentará con esto, pues teniéndoos en su poder, ha de hacer lo mismo.

El Abencerraje le respondió:

—Bien parece, señora mía, que lo mucho que me queréis no os deja que me aconsejéis bien. Por cierto no caeré yo en tan gran yerro, porque si cuando venía a verme con vos, que iba por mí solo,[133] estaba obligado a cumplir mi palabra, ahora que soy vuestro se me ha doblado la obligación. Yo volveré a Álora y me pondré en las manos del alcaide de ella, y después de hacer yo lo que debo, haga él lo que quiera.

—Pues nunca Dios quiera —dijo Jarifa— que yendo vos a ser preso, quede yo libre, pues no lo soy; yo quiero acompañaros en esta jornada, que ni el amor que os tengo, ni el miedo que he cobrado a mi padre de haberle ofendido[134] me consentirán hacer otra cosa.

El moro, llorando de contento, la abrazó y le dijo:

—Siempre vais, señora mía, acrecentándome[135] las mercedes; hágase lo que vos quieras, que así lo quiero yo.

X

Y con este acuerdo, aparejando lo necesario, otro día de mañana se partieron, llevando la dama el rostro cubierto para no ser conocida. Pues yendo por su camino adelante, hablando en diversas cosas, toparon[136] un hombre viejo. La dama le preguntó adónde iba. Él le dijo:

—Voy a Álora a negocios que tengo con el alcaide de ella, que es el más honrado y virtuoso caballero que yo jamás vi.

Jarifa se holgó mucho de oír esto, pareciéndole que, pues todos hallaban tanta virtud en este caballero, también la[137] hallarían ellos, que tan necesitados estaban de ella. Y volviendo al caminante, le dijo:

—Decid, hermano, ¿sabéis vos de ese caballero alguna cosa que haya hecho notable?

—Muchas sé —dijo él— mas os contaré una por donde entenderéis todas las demás. Este caballero fue primero alcaide de Antequera, y allí anduvo mucho tiempo enamorado de una dama muy hermosa, en cuyo servicio hizo mil gentilezas, que son largas de contar. Y aunque ella conocía el valor de este caballero, amaba a su marido tanto que hacía poco caso de él.[138] Aconteció así, que un día de verano, acabando de cenar, ella y su marido se bajaron a una huerta que tenía dentro de casa; y él llevaba un gavilán en la mano, y lanzándolo a unos pájaros, ellos huyeron y se fueron a acoger a una

[133] si... *when I was coming to see you, I was responsible only for myself*
[134] el miedo... *the fear I have of my father because I have offended him*
[135] *increasing*
[136] *they met*
[137] la = virtud
[138] hacía... *she paid little attention to him*

zarza;[139] y el gavilán, como astuto, tirando el cuerpo afuera, metió la mano y sacó y mató muchos de ellos.[140] El caballero le cebó,[141] y volvió a la dama, y le dijo:

— ¿Qué os parece, señora, de la astucia con que el gavilán encerró los pájaros y los mató? Pues os hago saber que cuando el alcaide de Álora escaramuza con los moros, así los sigue y así los mata.

Ella, fingiendo no conocerle, le preguntó quién era.

— Es el más valiente y virtuoso caballero que yo hasta hoy vi.

Y comenzó a hablar de él muy altamente, tanto que a la dama le vino un cierto arrepentimiento, y dijo:

— Pues, ¡cómo,[142] los hombres están enamorados de este caballero, y que no lo esté yo de él, estándolo él de mí! Por cierto, yo estaré bien disculpada de lo que por él haga, pues mi marido me ha informado de su derecho.[143]

Otro día adelante se ofreció[144] que el marido su fue de la ciudad, y no pudiendo la dama sufrirse en sí, le envió a llamar con una criada suya. Rodrigo de Narváez estuvo en poco de[145] tornarse loco de placer, aunque no dio crédito a ello, acordándose de la aspereza que siempre le había mostrado. Mas con todo eso, a la hora concertada, muy a recaudo,[146] fue a ver a la dama, que le estaba esperando en un lugar secreto; y allí ella echó de ver[147] el yerro que había hecho y la vergüenza que pasaba en requerir[148] a aquél de quien tanto tiempo había sido requerida. Pensaba también en la fama,[149] que descubre todas las cosas; temía la inconstancia de los hombres y la ofensa del marido; y todos estos inconvenientes (como suelen), aprovecharon para vencerla más, y pasando por todos ellos, le recibió dulcemente y le metió en su cámara, donde pasaron muy dulces palabras; y al fin de ellas le dijo:

— Rodrigo de Narváez, yo soy vuestra de aquí adelante, sin que en mi poder quede cosa que no lo sea; y esto no lo agradezcáis a mí, que todas vuestras pasiones y diligencias, falsas o verdaderas, os aprovecharon poco conmigo;[150] mas agradecedlo a mi marido, que tales cosas me dijo de vos, que me han puesto en el estado en que ahora estoy.

Tras esto le contó cuanto con su marido había pasado, y al cabo le dijo:

— Y cierto, señor, vos debéis a mi marido más que él a vos.

Pudieron tanto estas palabras con Rodrigo de Narváez que le causaron confusión y arrepentimiento del mal que hacía a quien de él decía tantos bienes, y apartándose afuera, dijo:

— Por cierto, señora, yo os quiero mucho y os querré de aquí adelante, mas nunca Dios quiera que a hombre que tan aficionada-

[139]se... they went to seek refuge in a blackberry bush
[140]el gavilán... the hawk stayed outside the bush and reached in to grab the birds with its talons
[141]fed
[142]how about that!
[143]rectitude
[144]se... it happened that
[145]en... close to
[146]muy... very secretly
[147]echó... realized
[148]courting
[149]gossip
[150]os... were of little advantage to you with me

mente ha hablado de mí haga yo tan cruel daño; antes,[151] de hoy en adelante he de procurar la honra de vuestro marido como la mía propia, pues en ninguna cosa le puedo pagar mejor el bien que de mí dijo.

Y sin aguardar más, se volvió por donde había venido.

La dama debió de quedar burlada;[152] y cierto, señores, el caballero, a mi parecer, usó de gran virtud y valentía, pues venció su misma voluntad.

El Abencerraje y su dama quedaron admirados del cuento, y alabándole mucho él, dijo que nunca mayor virtud había visto de hombre.

Ella respondió:

— Por Dios, señor, yo no quisiera servidor tan virtuoso; mas él debía estar poco enamorado, pues tan presto se salió afuera, y pudo más con él la honra del marido que la hermosura de la mujer.

Y sobre esto dijo otras muy graciosas palabras.

XI

Luego llegaron a la fortaleza, y llamando a la puerta, fue abierta por los guardas, que ya tenían noticia de lo pasado.[153] Y yendo un hombre corriendo a llamar al alcaide, le dijo:

— Señor, en el castillo está el moro que venciste, y trae consigo una gentil dama.

Al alcaide le dio el corazón[154] lo que podía ser, y bajó abajo. El Abencerraje, tomando a su esposa de la mano, se fue a él y le dijo:

— Rodrigo de Narváez, mira si te cumplo bien mi palabra, pues te prometí traer un preso, y te traigo dos, que el uno basta para vencer otros muchos. Ves aquí a mi señora; juzga si he padecido con justa causa. Recíbenos por tuyos, que yo fío a mi señora y mi honra de ti.

Rodrigo de Narváez holgó mucho de verlos, y dijo a la dama:

— Yo no sé cuál de vosotros debe más al otro; mas yo debo mucho a los dos. Entrad y reposaréis en esta vuestra casa, y tenedla de aquí adelante por tal, pues lo es su dueño.[155]

Y con esto se fueron a un aposento que les estaba aparejado; y de ahí a poco comieron, porque venían cansados del camino. Y el alcaide preguntó al Abencerraje:

— Señor, ¿qué tal venís de las heridas?

— Me parece, señor, que con el camino las traigo enconadas[156] y con algún dolor.

La hermosa Jarifa, muy alterada, dijo:

— ¿Qué es esto, señor, heridas tenéis vos de que yo no sepa?

[151] rather
[152] frustrated
[153] lo... past events
[154] le... intuited
[155] pues... since its owner is yours also
[156] inflamed

—Señora, quien escapó de las vuestras, en poco tendrá otras.[157] Verdad es que de la escaramuza de la otra noche saqué dos pequeñas heridas, y el camino y no haberme curado me habrán hecho algún daño.

—Bien será —dijo el alcaide— que os acostéis y vendrá un cirujano que hay en el castillo.

Luego la hermosa Jarifa le comenzó a desnudar con grande alteración; y viniendo el maestro y viéndole, dijo que no era nada, y con un ungüento que le puso le quitó el dolor; y de ahí a tres días estuvo sano.

Un día acaeció que acabando de comer, el Abencerraje dijo estas palabras:

—Rodrigo de Narváez, según eres discreto, en la manera de nuestra venida entenderás lo demás. Yo tengo esperanza de que este negocio, que está tan dañado,[158] se ha de remediar por tus manos. Esta dueña es la hermosa Jarifa, de quien te había dicho que es mi señora y mi esposa. No quiso quedar en Coín, de miedo de haber ofendido a su padre; todavía se teme de este caso. Bien sé que por tu virtud te ama el rey, aunque eres cristiano. Te suplico que alcances de él que nos perdone su padre por haber hecho esto sin que él lo supiese, pues la fortuna lo trajo por este camino. El alcaide les dijo:

—Consolaos, que yo os prometo hacer en ello cuanto pueda.

Y tomando tinta y papel, escribió una carta al rey, que decía así:

CARTA DE RODRIGO DE NARVÁEZ, ALCAIDE DE ÁLORA, PARA EL REY DE GRANADA

«Muy alto y muy poderoso rey de Granada:

Rodrigo de Narváez, alcaide de Álora, tu servidor, beso tus reales manos y digo así: que el Abencerraje Abindarráez el Mozo, que nació en Granada y se crió en Cártama en poder del alcaide de ella, se enamoró de la hermosa Jarifa, su hija. Después tú, por hacer merced al alcaide, le pasaste a Coín. Los enamorados, por asegurarse, se desposaron entre sí. Y llamado él, por ausencia del padre, que contigo tienes, yendo a su fortaleza, yo le encontré en el camino, y en cierta escaramuza que con él tuve, en que se mostró muy valiente, le gané por mi prisionero. Y contándome su caso, apiadándome de él, le dejé libre por dos días. Él se fue a ver a su esposa, de suerte que en la jornada perdió la libertad y ganó a la amiga. Viendo ella que el Abencerraje volvía a mi prisión, se vino con él. Y así están ahora los dos en mi poder. Te suplico que no te ofenda el nombre de Abencerraje, que yo sé que éste y su padre fueron sin culpa en la conjuración que contra tu real persona se hizo; y en testimonio de ello viven. Suplico a tu real alteza que el remedio de estos tristes so reparta entre ti

[157] en... *will hold others in little account*
[158] está... *has taken such an unfortunate turn*

y mí. Yo les perdonaré el rescate y les soltaré graciosamente; sólo harás tú que el padre de ella los perdone y reciba en su gracia. Y con esto cumplirás con tu grandeza, y harás lo que de ella siempre esperé.»

Escrita la carta, despachó un escudero con ella, que llegado ante el rey, se la dio; el cual, sabiendo cuya era, se holgó mucho, que a este cristiano amaba por su virtud y buenas maneras. Y como la leyó, volvió el rostro al alcaide de Coín, que allí estaba, y llamándole aparte, le dijo:

—Lee esta carta, que es del alcaide de Álora.

Y leyéndola, recibió grande alteración. El rey le dijo:

—No te congojes,[159] aunque tengas por qué; sabe que ninguna cosa me pedirá el alcaide de Álora que yo no lo haga. Y así te mando que vayas luego a Álora y te veas con él, y perdones a tus hijos y los lleves a tu casa, que en pago de este servicio, a ellos y a ti haré siempre merced.

El moro lo sintió en el alma;[160] mas viendo que no podía pasar el mandamiento del rey, volvió de buen continente, y dijo que así lo haría como su alteza lo mandaba. Y luego se partió a Álora, donde ya sabían del escudero todo lo que había pasado, y fue de todos recibido con mucho regocijo[161] y alegría.

El Abencerraje y su hija aparecieron ante él con harta[162] vergüenza y le besaron las manos. Él los recibió muy bien y les dijo:

—No se trate aquí de cosas pasadas; yo os perdono haberos casado sin mi voluntad, que en los demás, vos, hija, escogisteis mejor marido que yo os pudiera dar.

El alcaide todos aquellos días les hacía muchas fiestas; y una noche, acabando de cenar en un jardín, les dijo:

—Yo tengo en tanto[163] haber sido parte para que este negocio haya venido a tan buen estado, que ninguna cosa me pudiera hacer más contento; y así digo que sólo la honra de haberos tenido por mis prisioneros quiero por rescate de la prisión. De hoy en adelante, señor Abindarráez, sois libre de mí para hacer de vos lo que quieras.

Ellos le besaron las manos por la merced y bien que les hacía, y otro día por la mañana partieron de la fortaleza, acompañándolos el alcaide parte del camino.

XII

Estando ya en Coín, gozando sosegada y seguramente el bien que tanto habían deseado, el padre les dijo:

—Hijos, ahora que con mi voluntad sois señores de mi hacienda, es justo que mostréis el agradecimiento que a Rodrigo de Narváez se

[159] No... Don't be distressed
[160] lo... felt it deeply
[161] rejoicing
[162] great
[163] tengo... esteem so much

debe por la buena obra que os hizo; que no por haber usado de tanta gentileza ha de perder su rescate, antes merece mucho mayor. Yo os quiero dar seis mil doblas zahenes;[164] enviádselas, y tenedle de aquí adelante por amigo, aunque las leyes sean diferentes.

Abindarráez le besó las manos, y tomándolas, con cuatro muy hermosos caballos y cuatro lanzas con los hierros y cuentos de oro, y otras cuatro adargas, las envió al alcaide de Álora, y le escribió así:

CARTA DEL ABENCERRAJE ABINDARRÁEZ AL ALCAIDE DE ÁLORA

«Si piensas, Rodrigo de Narváez, que con darme libertad en tu castillo, para venirme al mío, me dejaste libre, te engañas; que cuando libraste mi cuerpo, prendiste mi corazón. Las buenas obras prisiones son de los nobles corazones. Y si tú, por alcanzar honra y fama, acostumbras hacer bien a los que podrías destruir, yo, por parecerme a aquellos de donde vengo y no degenerar de la alta sangre de los Abencerrajes antes coger y meter en mis venas toda la que de ellas se virtió, estoy obligado a agradecerlo y servirlo. Recibirás de ese breve presente[165] la voluntad de quien lo envía, que es muy grande, y de mi Jarifa otra, tan limpia y leal que me contento yo de ella.»

El alcaide tuvo en mucho la grandeza y curiosidad del presente; y recibiendo de él los caballos y lanzas y adargas, escribió a Jarifa así:

CARTA DEL ALCAIDE DE ÁLORA A LA HERMOSA JARIFA

«Hermosa Jarifa:

No ha querido Abindarráez dejarme gozar del verdadero triunfo de su prisión, que consiste en perdonar y hacer bien. Y como a mí en esta tierra nunca se me ofreció empresa tan generosa ni tan digna de capitán español, quisiera gozarla toda y labrar de ella una estatua para mi posteridad y descendencia. Los caballos y armas recibo yo para ayudarle[166] defenderse de sus enemigos. Y si en enviarme el oro se mostró caballero generoso, en recibirlo yo parecería codicioso mercader.[167] Yo os sirvo con ello en pago de la merced que me hicisteis en serviros de mí en mi castillo.[168] Y también, señora, yo no acostumbro robar damas, sino servirlas y honrarlas.»

Y con esto les volvió a enviar las doblas. Jarifa las recibió y dijo:

—Quien piensa vencer a Rodrigo de Narváez en armas y cortesía, pensará mal.

De esta manera quedaron los unos de los otros muy satisfechos y contentos, y trabados con tan estrecha amistad, que les duró toda la vida.

[164]doblas... *gold coins*
[165]breve... *small gift*
[166]le = a Abindarráez
[167]codicioso... *a greedy merchant*
[168]Yo... *I return the gold to you in payment for the kindness you did me by being my guest in my castle.*

EJERCICIOS DE COMPRENSIÓN

1. Subraye en los primeros dos párrafos las frases que van a continuación de la forma verbal **hizo** (cinco veces), para enterarse así de la fama de Rodrigo de Narváez.

2. ¿Por qué deciden los cristianos salir a atacar a los moros?
   a. por el odio que tienen a los de otra religión
   b. para conquistar las tierras de los moros
   c. para hacer ejercicios con sus armas
   d. para capturar a algunos árabes

3. Haga una lista de por lo menos seis diferentes partes del traje del moro.

   _____   _____

   _____   _____

   _____   _____

4. ¿Cuáles de estas palabras ocurren con más frecuencia en las descripciones del moro y de Rodrigo de Narváez en las primeras dos secciones de *El Abencerraje*?

   virtud   esfuerzo   fuerza
   herido   gentil   enemigo
   valentía   afrontado   vencido

5. Empezando con las palabras del moro «no podrá vencerme sino quien una vez me venció», haga una lista de las numerosas referencias a «vencer» y a «cautivar» que encuentre en el resto de este cuento.

6. En la sección III, Rodrigo consuela al moro por haber perdido la escaramuza. ¿Cuáles de las siguientes razones *no* son parte de la consolación de Rodrigo?
   a. En la guerra, los buenos siempre vencen a los malos.
   b. En la guerra, unos tienen que perder y otros que ganar.
   c. Ser prisionero roba la libertad física, pero no la libertad espiritual.
   d. El perder o el ganar en una guerra depende mucho de la suerte que uno tiene.
   e. El fin (*goal*) de las guerras es eliminar al enemigo y conquistar sus tierras.
   f. Los que pierden una guerra tienen que aceptar la prisión como parte normal de la derrota.
   g. Los moros no son cristianos; y por eso nunca vencerán a los cristianos en una batalla.

7. Haciendo referencia al primer párrafo de la sección IV, dé cinco ejemplos de la gracia y gentileza de los Abencerrajes.

   _____

   _____

   _____

   _____

   _____

8. En el primer diálogo entre Abindarráez y Jarifa, ¿por qué sospecha él que no son hermanos?
   a. porque tienen el pelo de color diferente
   b. porque nacieron en el mismo mes y año
   c. porque él siente una atracción sexual hacia ella
   d. porque él sabe toda la historia de los Abencerrajes

9. En la sección V, se encuentra la primera muestra de opuestos, cuando Abindarráez está «coronado» y «vencido» a la vez. Haga una lista de todos los términos opuestos que encuentre juntados en la obra, empezando con «cristianos» y «moros».

10. ¿Por qué cree Abindarráez que fue vencido por Rodrigo de Narváez?
    a. porque tiene muy mala suerte
    b. porque Rodrigo es más fuerte que él
    c. porque Dios no quiere que él vaya a estar con Jarifa
    d. porque los cristianos siempre ganan a los moros

11. ¿Cuál es la voz — formal o informal — que usa Jarifa para hablar con Abindarráez en la sección VIII? _____ ¿Cuál es la voz que usa en la sección IX? _____ ¿Qué voz emplea siempre Abindarráez? _____

12. En la sección IX, Jarifa también quiere tomar «el remedio» de los problemas de Abindarráez. ¿Qué piensa hacer?
    a. convencerle de que no vuelva a la prisión en Álora
    b. robar dinero a su padre y tratar de comprar la libertad de Abindarráez
    c. ir a Álora en lugar de Abindarráez
    d. acercarse a Álora para capturar a un cristiano y hacer un cambio de presos

13. Ponga las siguientes ocurrencias del cuento del viejo (sección X) en el orden en que suceden (1–8).

    _____ La dama invita a Rodrigo a venir a su casa.

    _____ El marido de la dama alaba mucho a Rodrigo comparándole con un gavilán.

    _____ Rodrigo, por no ofender al marido, se va del lado de la dama sin hacerle nada.

    _____ Rodrigo estaba enamorado de una dama desde hacía mucho tiempo.

    _____ La dama, de acuerdo con lo que le dijo su marido, se enamoró de Rodrigo.

    _____ El marido de la dama observa la astucia de un gavilán.

    _____ La dama le cuenta a Rodrigo lo que pasó con su marido y el gavilán.

    _____ La dama nunca daba sus favores a Rodrigo porque amaba a su marido.

14. ¿Cuál es el compromiso que Rodrigo propone al rey de Granada en su carta?
    a. Cambiará a Abindarráez y a Jarifa por unos cristianos encarcelados por el rey.
    b. Dejará a los jóvenes libres si el rey le paga un buen rescate.
    c. Le pide al rey que permita a Abindarráez y a Jarifa vivir para siempre en Álora.
    d. No le pedirá al rey un rescate si el rey reconoce el matrimonio de los jóvenes.

15. En la carta de Abindarráez a Rodrigo, el moro acusa al alcaide de librarle por cierto motivo. ¿Cuál es ese motivo?
    a. el dinero que le mandó el rey de Granada
    b. los caballos, lanzas y adargas que le mandó Abindarráez
    c. la honra y la fama que vienen de ser virtuoso
    d. el amor secreto que Rodrigo tiene por Jarifa

16. ¿Cuáles de los siguientes términos describen mejor el «tema» de este cuento?
    la virtud   la pasión amorosa   los servicios
    la guerra   los moros y cristianos   la traición
    el odio religioso   la amistad   el esfuerzo
    la cortesía

CONSIDERACIONES

1. Describa el aspecto físico del moro en la sección II y compárelo con el vestido de los cristianos.
2. Describa la escaramuza entre el moro y los cristianos en la sección II.
3. El uso de las formas pronominales **tú** y **vos** en este cuento es complicado. Empezando con el discurso del moro en la sección III, ¿puede señalar algunas partes donde cambian de voz los personajes?
4. Explique quiénes eran los Abencerrajes y la importancia que tenían.
5. La presentación de Jarifa es muy importante por la completa inocencia de su persona. Busque evidencia de esta inocencia edénica en el diálogo de la sección V.
6. Uno de los efectos de la «rabiosa enfermedad» que describe Abindarráez en la sección VI es que sólo pensaba en Jarifa. ¿Cuáles son algunos otros efectos de esa enfermedad?
7. El centro exacto de *El Abencerraje* está en la sección VII, donde aparece la frase «puede más mi virtud que tu ruín fortuna». ¿Cuál puede ser la intención del autor al poner esta frase en aquel lugar? ¿Qué nos dice sobre el poder de la virtud?
8. Estudie en la sección IX la reacción de Jarifa ante la tristeza de Abindarráez. ¿Cree Ud. que es suficientemente realista? ¿Por qué sí o por qué no?
9. Explique, dentro del contexto de toda la novela, las palabras de Jarifa en la sección IX: «Pues nunca Dios quiera que yendo vos a ser preso, quede yo libre, pues no lo soy». ¿Por qué dice Jarifa que no es libre?
10. Comente el significado del cuento del hombre viejo en la sección X. ¿Por qué escoge el autor este cuento en vez de escoger otro?
11. Comente las palabras de Rodrigo en la sección XI: «Yo no sé cuál de vosotros debe más al otro; mas yo debo mucho a los dos». ¿Qué quiere decir él? ¿Cuál es la deuda suya?
12. Explique cómo las cuatro ciudades de Granada, Cártama, Coín y Álora — todas nombradas en la canción al principio del cuento — forman un círculo geográfico en la vida de Abindarráez.
13. El moro Abindarráez envía a su amigo, el cristiano Rodrigo, caballos y armas de guerra (lanzas y adargas). ¿Por qué?

14. El cuento empezó con acciones relacionadas con las «armas» y terminó con acciones de «cortesía». Jarifa nota al final del cuento que no se puede vencer a Rodrigo ni en armas ni en cortesía. Pero, ¡comente sobre todo lo que Abindarráez y Jarifa han ganado al ser vencidos por Rodrigo!

15. Todos los personajes hablan de la «virtud» y «buenas maneras» de Rodrigo. Considere lo que tienen en común estas dos cosas tan diferentes. ¿Puede una persona ser virtuosa y tener malas maneras, o viceversa?

16. Desde el punto de vista didáctico, ¿qué le ha enseñado a Ud. este cuento?

RENAISSANCE POETRY

The bulk of Spanish Renaissance poetry represents a clean break with Medieval verse in form and content. In terms of form most Spanish poets, beginning with Garcilaso de la Vega (1501–1536), rejected the traditional Castilian meters to write in the Italianate ones invented by Francesco Petrarca. The most significant of these was the sonnet, a fourteen-line poem in which each line has eleven syllables, usually with a beat on the fourth and eighth syllables. The rhyme is consonantal, as in the sonnet here by Garcilaso, which has an ABBA ABBA CDE DCE rhyme scheme. In content, the old courtly love ideals of suffering and service were replaced by the Renaissance cult of beauty, as witnessed in Garcilaso's sonnet **"En tanto que de rosa y azucena."** Its subject matter is the classical theme of *carpe diem* (seize the day), perhaps better known as "gather ye rosebuds while ye may." Here Garcilaso used the rose and the lily to describe the alternating passion and shyness that his lady expresses when she blushes and turns pale. He tells her that while she still feels these emotions she should gather the sweet fruits of spring, since sooner than she thinks her youthful beauty will be like the rose frozen by winter winds. His is a totally secular sonnet, urging a hedonistic attitude toward love and sex.

By the middle of the sixteenth century, religious authorities were attempting to reverse the popularity of Italianate poetry with its joyful, sensual themes. The Catholic reform movement was spearheaded by the Society of Jesus, established in 1540 by the Spaniard Ignatius of Loyola, and by the reformed Carmelite order, which produced a series of brilliant ascetic and mystic writers, the most famous being Saint John of the Cross. Characteristic of all the writings during this period — the reign of Philip II (1556–1598) — is a technique called **contrafacta,** a kind of reverse imitation in which secular stories and poems were reworded to render a religious meaning. The best-known writer of **contrafacta** poetry was Spain's female patron saint, Teresa de Jesús (1515–1582), a doctor of the Church and the most remarkable woman in Spanish letters. In **"Véante mis ojos"** Santa Teresa wrote in a popular lyrical format of light songs about a young girl's first passion for a man; but

Santa Teresa's "man" is Jesus, and she is the girl who desires his spiritual affection. From well-known courtly songs, she borrows the idea of dying from the pain and suffering that love brings, but transforms it into a mystical paean to God. Santa Teresa thus uses the **contrafacta** method to actualize the metaphorical language of the old poems. Whereas courtly poets only rhetorically die to be with their ladies, Santa Teresa really *will* die in order to be with God. Her religious poems express an absolute surrender to her lover that is more believable and "true" than that described by secular poets.

The consummate statement of this total surrender in religious terms is the anonymous **"A Cristo crucificado,"** assuredly one of the best-known poems in the language. As the title indicates, the sonnet is a declaration of love to Christ upon the cross. As you read, note how the poet makes it seem as if he were actually there, present at the crucifixion, by using the present tense and allowing the verb **ver** to dominate the poetic vocabulary.

GARCILASO DE LA VEGA

«En tanto que[1] de rosa y azucena»

En tanto que de rosa y azucena
se muestra la color en vuestro gesto,[2]
y vuestro mirar ardiente, honesto,
enciende al corazón y lo refrena;[3]

5   y en tanto que el cabello, que en la vena
del oro se escogió,[4] con vuelo presto
por el hermoso cuello blanco, enhiesto,[5]
el viento mueve, esparce y desordena;

coged de vuestra alegre primavera
10   el dulce fruto, antes que el tiempo airado[6]
cubra de nieve la hermosa cumbre.[7]

Marchitará[8] la rosa el viento helado;
todo lo mudará la edad ligera,[9]
por no hacer mudanza en su costumbre.

[1] En... *while*
[2] *facial expression*
[3] *cools off*
[4] que... *that was selected from a vein of gold*
[5] *upright, haughty*
[6] *angry*
[7] *summit: her head of hair will turn white*
[8] *Will wither*
[9] *swift*

SANTA TERESA DE JESÚS

«Véante mis ojos»[1]

    Véante mis ojos,
dulce Jesús bueno;
véante mis ojos,
muérame yo luego.

5   Vea quien quisiere[2]
rosas y jazmines,
que si yo te viere,
veré mil jardines.
Flor de serafines,
10 Jesús Nazareno,
véante mis ojos,
muérame yo luego.

    No quiero contento,
mi Jesús ausente,
15 que todo es tormento
a quien esto siente;
sólo me sustente[3]
tu amor y deseo.
Véante mis ojos,
20 dulce Jesús bueno;
véante mis ojos,
muérame yo luego.

[1] Véante... *Let my eyes see you*
[2] *an archaic future subjunctive, as is* viere (vea)
[3] *sustain*

This depiction of Santa Teresa de Jesús attempts to express the dual character of a hardworking, practical woman who was also the authoress of the finest spiritual prose and poetry of her time. She experienced a conversion to the fundamental tenets of primitive Christianity after a long illness, and dedicated her life to founding convents for Discalced (barefoot) Carmelites, first in her hometown of Ávila and later throughout Spain. Her autobiography was the first to be written by a woman in Spanish, and the era's most influential book on the mystic way, **El castillo interior o las siete moradas**, was her work. So popular was she with the masses that shortly after her death a movement to make her patron saint of Spain arose. The nobility blocked the effort, however, and retained Santiago as Spain's spiritual protector.

ANÓNIMO

«A Cristo crucificado»

No me mueve, mi Dios, para quererte
el cielo que me tienes prometido;
ni me mueve el infierno tan temido
para dejar[1] por eso de ofenderte.

5 Tú me mueves, Señor; muéveme el verte
clavado en una cruz y escarnecido;[2]
muéveme ver tu cuerpo tan herido;
muévenme tus afrentas[3] y tu muerte.

Muéveme, en fin, tu amor, y en tal manera
10 que, aunque no hubiera cielo, yo te amara,
y, aunque no hubiera infierno, te temiera.

[1] *to stop (offending you)*
[2] *mocked*
[3] *humiliation*

"La Coronación de la Virgen," *by El Greco (1541 – 1614). Dómenikos Theotokópoulos, known as El Greco, was to art what Santa Teresa de Jesús, San Juan de la Cruz, and mystics like the author of* **"A Cristo crucificado"** *were to poetry of the era. This painting is characteristic of his overwhelmingly spiritual view of reality. Given the perspective, the Virgin (flanked by Christ the Son and God the Father, with the Holy Spirit in the form of a dove hovering overhead) appears to float directly above the viewer, affording an eerie sensation of actual presence at the event.*

No tienes que me dar por qué te quiera;[4]
pues, aunque cuanto[5] espero no esperara,
lo mismo que te quiero te quisiera.

[4] *No... You don't have to give me a reason to love you*
[5] *all that (I hope for)*

EJERCICIOS DE COMPRENSIÓN

1. Forme dos columnas, tituladas «pasión» y «castidad», y agrupe las siguientes palabras y frases en la columna correspondiente.

    rosa   enciende al corazón   cuello blanco
    azucena   lo refrena   enhiesto
    mirar ardiente   cabello de oro   viento
    mirar honesto   vuelo presto   nieve

2. Describa la idea que Santa Teresa tiene de Jesús, basando su descripción en los adjetivos y los símbolos que ella usa para presentarle en «Véante mis ojos».

3. Después de **mover,** las palabras que se usan con más frecuencia en «A Cristo crucificado» son **temer** y **querer.** Busque en el poema todas las palabras o frases que se refieran a estos dos sentimientos.

CONSIDERACIONES

1. Comente a fondo el tema principal del tiempo en «En tanto que de rosa y azucena». ¿Cuáles son las palabras que usa Garcilaso para describir el tiempo?

2. En «En tanto que de rosa y azucena» se hace mucho uso del *hiperbatón* (sintaxis invertida). Cambie el orden de las palabras de los primeros dos versos y de los versos 5–8, usando una sintaxis regular (sujeto-verbo-objeto). ¿Qué diferencia observa Ud. en el significado o en el efecto?

3. ¿Cuál cree Ud. que es el significado del verso «muérame yo luego» en «Véante mis ojos»?

4. ¿Cuáles son las cosas que no mueven al poeta en «A Cristo crucificado», y qué es lo que sí le mueve?

5. ¿Cuántas sílabas tiene cada verso de los dos sonetos y de «Véante mis ojos»? Comente la rima de estos poemas.

MIGUEL DE CERVANTES

Cervantes (1547–1616) is best known worldwide as the author of the greatest masterwork of Spanish prose fiction, **Don Quijote de la Mancha** (1605, 1615). He also wrote many dramas, a dozen excellent short stories called **novelas ejemplares**, a long, futuristic work entitled **Los Trabajos de Persiles y Sigismunda,** and a lot of **entremeses** — short, farcical pieces performed between the acts of full-length dramas.

Miguel de Cervantes Saavedra, reportedly the world's most-read novelist, lived adventures similar to those in his masterpiece **Don Quijote de la Mancha.** *He was born and educated in Alcalá de Henares, a small town outside Madrid, but joined the navy in 1570 to fight against the Turks and was wounded at the battle of Lepanto (October 7, 1571). En route back to Spain he was captured by Barbary pirates, taken to Algiers, and sold as a slave. His ransom in 1580 meant the financial ruin of his family, and forced him to take a menial job as a government purchasing agent in the area around Seville. So unsuccessfully did he fulfill this function that he was imprisoned several times for presenting incorrect balances. Although he was eventually able to live in Madrid on the income from his books, he was never a rich man and never had a tranquil family life. This statue of Cervantes seated above his most famous creations overlooks the Plaza de España in Madrid.*

The theater in Spain in the late sixteenth and early seventeenth centuries can be compared in popularity to the movie theater of today, and all the great Spanish writers of the time — Lope de Vega, Tirso de Molina, Calderón de la Barca — made their reputation and earned their living writing dramas. Everyone went to the theaters, staying all afternoon and drinking and eating snacks during the performances. The theaters were generally outdoors; in the countryside, plays were performed from the back of a wagon with a blanket for the curtain. In the cities, large companies staged plays in open-air theaters. The acting groups were privately run, but the theaters were owned and run by charities (called **confradías**) to support hospitals and orphanages.

El retablo de las maravillas is a typical **entremés** of the early seventeenth century. It is farcical and satirical, mocking false values and making fun of country folk. The plot is reminiscent of "The Emperor's New Clothes," only here what is invisible is a dramatic performance. The motive for imagining it to be real is not embarrassment but rather the fear of being thought illegitimate or of having Jewish blood. By the late sixteenth century, Spanish authorities, led by the Church, had become obsessed with the idea of religious purity, which was defined as having had legitimate Christian blood for at least two generations. People were at various times denied work and even punished for their inability to prove their purity of lineage. Cervantes was only one of the many liberal thinkers who satirized the sanctions against converts to Christianity and bastards. In **El retablo de las maravillas** the satire rests on a nonexistent play-within-a-play called **El retablo de las maravillas** within Cervantes's **entremés** of the same name. The characters are told they will see a spectacle visible only to the racially pure, so everyone of course claims to see the imaginary events — and hear imaginary music played on an imaginary violin. The characters react appropriately to the "vision" of Samson pulling down temple columns, a wild bull, swarms of mice, a miraculous rainstorm, fierce lions and bears, and Salome doing her dance of the seven veils. None of these imaginary scenes could ever be staged in real life, so it is doubly ridiculous that the villagers pretend to see them all happening. A further irony is that all the participants apparently doubt their own legitimacy and Christian background, given the extremes to which they will go to "prove" themselves pure.

The real audience is, of course, the seventeenth-century theatergoer watching a fiction titled **El retablo de las maravillas,** within which other theatergoers watch the impossible fiction **El retablo de las maravillas.** Keep in mind that the majority of the real audience of the period held the same delusions about Christian purity that the fictional villagers do. As you read, observe the mixture of fiction with reality in the many references to real things and events — especially the all-too-real "fictional" neurosis about purity of blood. Cervantes has characterized here a social delusion about lineage not unlike the personal delusion don Quijote suffered concerning the chivalric life; both works self-consciously reflect on the readers of Cervantes's time, who struggled under the same delusions as his fictional characters. It is not surprising that many of Cervantes's works were poorly received by his seventeenth-century contemporaries.

Some explanation is needed in order to fully appreciate and distinguish the names and roles of the actors. **Chanfalla** is the **autor,** or stage manager. He runs the everyday operations of the theater company and also acts in the plays. His name implies **chantaje,** "fraud," and he uses the alias of **Montiel.**

La Chirinos is Chanfalla's female companion. She is considered his partner (**autora**) and equal by the other characters. Her name comes from **chirinola,** "frivolous."

Rabelín is the imaginary musician, whose name means "Little Rebec" (an ancient violin); he is evidently some kind of dwarf.

Other characters, also with significant names, include the following:
Benito Repollo, or "Ben Cabbage," the mayor
Juan Castrado, or "John Eunuch," the city councilor
Pedro Capacho, or "Peter Fruitbasket," the notary
Juana Castrada, the daughter of Juan
Teresa Repolla, the daughter of Benito
Sobrino Repollo, the nephew of Benito
El Gobernador is the only character who admits to us, the audience, that he sees nothing.

Finally there is **El Furrier,** the quartermaster for a troop of cavalry that arrives to be billeted for the evening in the villagers' homes.

El retablo de las maravillas

Salen[1] *Chanfalla y la Chirinos.*

CHANFALLA: No se te pasen de la memoria,[2] Chirinos, mis advertimientos, principalmente los que te he dado para este nuevo embuste,[3] que ha de salir tan a luz[4] como el pasado del llovista.[5]

5　CHIRINOS: Chanfalla ilustre, lo que en mí sea, tenlo como de molde;[6] que tanta memoria tengo como entendimiento, a quien se junta una voluntad de acertar a satisfacerte, que excede a las demás potencias;[7] pero, dime, ¿de qué sirve este Rabelín que hemos tomado? Nosotros dos solos, ¿no podríamos salir con esta empresa?

10　CHANFALLA: Lo hemos de menester como el pan de la boca,[8] para tocar en los espacios que tarden en salir las figuras del *Retablo de las Maravillas.*

[1] *Salir* in the theater means to "go out" on stage. *Entrar* means to "come in" to the wings.
[2] *No... Don't forget*
[3] *trick*
[4] *salir... be as successful*
[5] *"The Rain-Maker,"* another swindle of theirs
[6] *lo... in what concerns me, have it fit my character*
[7] *powers of the soul: memory, understanding, will*
[8] *Lo... We need him like our daily bread*

CHIRINOS: Maravilla será si no nos apedrean[9] por sólo el Rabelín, porque tan desventurada criaturilla no la he visto en todos los días de mi vida.

Sale el Rabelín.

RABELÍN: ¿Se ha de hacer algo en este pueblo, señor autor?[10] Que ya me muero porque vuestra merced vea que no me tomó a carga cerrada.[11]

CHIRINOS: Cuatro cuerpos de los vuestros no harán un tercio,[12] cuanto más una carga; si no sois más gran músico que grande, medrados estamos.[13]

RABELÍN: Ello dirá,[14] que en verdad que me han escrito para entrar en una compañía de partes,[15] por chico que soy.

CHANFALLA: Si os han de dar la parte a medida del cuerpo, casi será invisible.[16] Chirinos, poco a poco estamos ya en el pueblo, y éstos que aquí vienen deben de ser, como lo son sin duda, el gobernador y los alcaldes.[17] Salgámosles al encuentro, y date un filo a la lengua en la piedra de la adulación, pero no despuntes de aguda.[18]

Salen el gobernador y Benito Repollo (alcalde), Juan Castrado (regidor) y Pedro Capacho (escribano).

CHANFALLA: Beso a vuesas mercedes las manos. ¿Quién de vuesas mercedes es el gobernador de este pueblo?

GOBERNADOR: Yo soy el gobernador. ¿Qué es lo que queréis, buen hombre?

CHANFALLA: A tener yo[19] dos onzas de entendimiento, hubiera echado de ver que esa peripatética[20] y anchurosa[21] presencia no podía ser de otro que del dignísimo gobernador de este honrado pueblo; que con venirlo a ser de las Algarrobillas,[22] lo deseche vuesa merced.

CHIRINOS: En vida de[23] la señora y de los señoritos,[24] si es que el señor gobernador los tiene.

PEDRO: No es casado el señor gobernador.

CHIRINOS: Para cuando lo sea, que no se perderá nada.[25]

GOBERNADOR: Y bien, ¿qué es lo que queréis, hombre honrado?

CHIRINOS: Honrados días viva vuesa merced, que así nos honra; en fin, la encina da bellotas,[26] el pero peras, la parra uvas, y el honrado honra, sin poder hacer otra cosa.

BENITO: Sentencia ciceronianca,[27] sin quitar ni poner un punto.[28]

PEDRO: «Ciceroniana» quiso decir el señor alcalde Benito Repollo.

BENITO: Siempre quiero decir lo que es mejor, sino que las más veces no acierto; en fin, buen hombre, ¿qué queréis?

CHANFALLA: Yo, señores míos, soy Montiel, el que trae el *Retablo de las maravillas*; me han enviado a llamar de la Corte los señores cofrades

[9] they stone
[10] director
[11] Que... I'm dying to show you how well I can do.
[12] Un... One third (of the load)
[13] medrados... we're in trouble
[14] Ello... Time will tell
[15] compañía... group of actors who share in the profits
[16] Si... If it's cut to your body's size, it'll be almost invisible.
[17] Spanish towns had two mayors
[18] date... sharpen your tongue on the whetstone of flattery, but don't overdo it
[19] A... If I had
[20] walking up and down, a reference to the followers of Aristotle
[21] distinguished, but also fat
[22] town in Cáceres province famous for hams (i.e., the governor deserves a more important town)
[23] En... A long life to
[24] hijos
[25] Para... For when you get married, so the compliment isn't wasted.
[26] la encina... the oak (bears) acorns
[27] malapropism for Ciceronian (elegant)
[28] sin... without changing anything

de los hospitales,[29] porque no hay autor de comedias en ella, y
perecen los hospitales, y con mi ida se remediará todo.
GOBERNADOR: Y ¿qué quiere decir *Retablo de las maravillas*?
CHANFALLA: Por las maravillosas cosas que en él se enseñan y muestran, viene a ser llamado *Retablo de las maravillas*, el cual fabricó y compuso el sabio Tontonelo[30] debajo de tales paralelos, rumbos, astros y estrellas, con tales puntos, caracteres y observaciones[31] que ninguno puede ver las cosas que en él se muestran, que tenga alguna raza de confeso,[32] o no sea habido y procreado[33] de sus padres de legítimo matrimonio; y el que sea contagiado de estas dos tan usadas enfermedades,[34] despídase de ver las cosas, jamás vistas ni oídas, de mi retablo.
BENITO: Ahora echo de ver que cada día se ven en el mundo cosas nuevas. ¿Y se llamaba Tontonelo el sabio que el retablo compuso?
CHIRINOS: Tontonelo se llamaba, nacido en la ciudad de Tontonela, hombre de quien hay fama que le llegaba la barba a la cintura.
BENITO: Por la mayor parte, los hombres de grandes barbas son muy sabios.
GOBERNADOR: Señor regidor Juan Castrado, yo determino, debajo de su buen parecer,[35] que esta noche se despose la señora Juana Castrada, su hija, de quien soy padrino; y en regocijo de la fiesta[36] quiero que el señor Montiel muestre en vuestra casa su retablo.
JUAN: Eso tengo yo para servir al señor gobernador, con cuyo parecer me convengo, entablo y arrimo,[37] aunque haya otra cosa en contrario.
CHIRINOS: La cosa que hay en contrario es que, si no se nos paga primero nuestro trabajo, así verán las figuras como por el cerro de Úbeda.[38] ¿Y vuesas mercedes, señores justicias, tienen conciencia y alma en esos cuerpos? Bueno sería que entrase esta noche todo el pueblo en casa del señor Juan Castrado, o como es su gracia,[39] y viese lo contenido en el tal retablo, y mañana, cuando quisiésemos mostrarlo al pueblo, no hubiese ánima que lo viese.[40] No, señores, no, señores; *ante omnia*[41] nos han de pagar lo que sea justo.
BENITO: Señora autora, aquí no os ha de pagar ninguna Antona ni ningún Antoño;[42] el señor regidor Juan Castrado os pagará más que honradamente, y si no, el Concejo.[43] Bien conocéis el lugar por cierto. Aquí, hermana, no aguardamos a que ninguna Antona pague por nosotros.
PEDRO: ¡Pecador de mí, señor Benito Repollo, y qué lejos da del blanco![44] No dice la señora autora que pague ninguna Antona, sino que le paguen adelantado y ante todas cosas, que eso quiere decir *ante omnia*.

[29] the hospitals that owned the theaters
[30] "Little Fool"
[31] paralelos... terms in astrology
[32] alguna... some Jewish blood; confeso = converted Jew
[33] habido... conceived and begotten
[34] illegitimacy and Jewish ancestry were considered common "illnesses"
[35] debajo... if you agree
[36] en... to celebrate the event
[37] me... I concur and conform
[38] así... you won't have a chance of seeing the figures
[39] o... or whatever his name is
[40] no... there wouldn't be a soul who would want to see it
[41] ante... before all else (Latin)
[42] Benito Repollo misunderstands the Latin ante omnia
[43] city council
[44] qué... how far you miss the mark!

BENITO: Mirad, escribano Pedro Capacho, haced vos que me hablen a derechas,[45] que yo entenderé a pie llano;[46] vos, que sois leído y escribido,[47] podéis entender esas algarabías de allende,[48] que yo no.

JUAN: Ahora bien, ¿ha de contentarse el señor autor con que yo le dé adelantados media docena de ducados? Y más, que se tendrá cuidado que no entre gente del pueblo esta noche en mi casa.

CHANFALLA: Soy contento, porque yo me fío de la diligencia de vuesa merced y de su buen término.[49]

JUAN: Pues véngase conmigo, recibirá el dinero y verá mi casa, y la comodidad que hay en ella para mostrar ese retablo.

CHANFALLA: Vamos, y no se les pase de la mente las calidades[50] que han de tener los que se atrevan a mirar el maravilloso retablo.

BENITO: A mi cargo queda eso, y sé decir que por mi parte puedo ir seguro al juicio,[51] pues tengo el padre alcalde; cuatro dedos de enjundia de cristiano viejo rancio tengo[52] sobre los cuatro costados de mi linaje. Miren se veré el tal retablo.

PEDRO: Todos lo pensamos ver, señor Benito Repollo.

JUAN: No nacimos acá en las malvas,[53] señor Pedro Capacho.

GOBERNADOR: Todo será menester, según voy viendo,[54] señores alcalde, regidor y escribano.

JUAN: Vamos, autor, y manos a la obra;[55] que Juan Castrado me llamo, hijo de Antón Castrado y de Juana Macha; y no digo más, en abono y seguro que[56] podré ponerme cara a cara y a pie quedo[57] delante del referido retablo.

CHIRINOS: Dios lo haga.

Entran Juan Castrado y Chanfalla.

GOBERNADOR: Señora autora, ¿qué poetas se usan ahora en la Corte, de fama y rumbo,[58] especialmente de los llamados cómicos? Porque yo tengo mis puntas y collar de poeta,[59] y me pico de la farándula y carátula.[60] Veinte y dos comedias tengo, todas nuevas, que se ven las unas a las otras;[61] y estoy aguardando coyuntura[62] para ir a la Corte, y enriquecer con ellas media docena de autores.

CHIRINOS: A lo que vuesa merced, señor gobernador, me pregunta de los poetas, no le sabré responder, porque hay tantos, que quitan el sol, y todos piensan que son famosos. Los poetas cómicos son los ordinarios[63] y siempre se usan, y así no hay para qué nombrarlos. Pero dígame vuesa merced, por su vida, ¿cómo es su buena gracia?[64] ¿Cómo se llama?

GOBERNADOR: A mí, señora autora, me llaman el licenciado Gomecillos.

---

[45] haced... *make them speak to me straightforwardly*
[46] a... *easily*
[47] leído... *well read and lettered*
[48] algarabías... *foreign languages*
[49] *demeanor*
[50] *i.e., Christian blood and legitimate birth*
[51] *judgment*
[52] cuatro... *I have four fingers' worth of rancid old Christian grease on four sides of my lineage (his four grandparents)*
[53] acá... *out there in the fields*
[54] Todo... *Everything will be ready, from what I can see*
[55] manos... *let's get to work*
[56] en... *in confidence and assurance that*
[57] a... *with my feet set*
[58] *splendor*
[59] yo... *I have evidence of being a poet*
[60] me... *I consider myself an actor and mime*
[61] todas... *so new they shine as in a mirror*
[62] *opportunity*
[63] *most common*
[64] ¿cómo... *what is your pen name?*

CHIRINOS: ¡Válgame Dios! ¿Vuesa merced es el señor licenciado Gomecillos, el que compuso aquellas coplas tan famosas de «Lucifer estaba malo» y «Tómale mal de fuera»?[65]

GOBERNADOR: Malas lenguas hubo que me quisieron ahijar[66] esas coplas, y así fueron mías como del Gran Turco. Las que yo compuse, y no quiero negar, fueron aquellas que trataron del diluvio de Sevilla; que puesto que los poetas son ladrones unos de otros, nunca me precié de hurtar[67] nada a nadie. Con mis versos me ayude Dios, y hurte el que quiera.[68]

Sale Chanfalla.

CHANFALLA: Señores, vuesas mercedes vengan; que todo está a punto,[69] y no falta más que comenzar.

CHIRINOS: ¿Está ya el dinero *in carbonam*?[70]

CHANFALLA: Y aun entre las telas del corazón.[71]

CHIRINOS: Pues te doy por aviso, Chanfalla, que el gobernador es poeta.

CHANFALLA: ¿Poeta? ¡Cuerpo del mundo! Pues dale por engañado, porque todos los de humor semejante son hechos a la mazacona,[72] gente descuidada, crédula y no nada maliciosa.

BENITO: Vamos, autor; que me saltan los pies[73] por ver esas maravillas.

Entran todos.

Salen Juana Castrada y Teresa Repolla (labradoras), la una como desposada, que es la Castrada.

JUANA: Aquí te puedes sentar, Teresa Repolla amiga, que tendremos el retablo enfrente; y pues sabes las condiciones que han de tener los miradores del retablo, no te descuides,[74] que sería una gran desgracia.

TERESA: Ya sabes Juana Castrada, que soy tu prima, y no digo más. Tan cierto tuviera yo el cielo[75] como tengo cierto ver todo aquello que el retablo muestre. Por el siglo de mi madre,[76] que me sacase los mismos ojos de mi cara si alguna desgracia me aconteciese. ¡Bonita soy yo para eso![77]

JUANA: Sosiégate,[78] prima; que toda la gente viene.

Salen el gobernador, Benito Repollo, Juan Castrado, Pedro Capacho, el autor, la autora y el músico, y la otra gente del pueblo, y un sobrino de Benito, que ha de ser aquel gentilhombre que baila.

CHANFALLA: Siéntense todos; el *Retablo* ha de estar detrás de este repostero,[79] y la autora también; y aquí el músico.

---

[65] nonsense titles: "Lucifer was sick" and "Give it to him"
[66] attribute
[67] nunca... I never prided myself on stealing
[68] Con... God will help me with my verses, and then someone else can steal mine.
[69] todo... all is ready
[70] in... in the treasury (Latin)
[71] entre... next to my heart
[72] hechos... made haphazardly
[73] me... I'm jumping up and down
[74] no... don't slip up
[75] Tan... I would like to be as certain about getting into heaven
[76] Por... I swear by my mother
[77] ¡Bonita... i.e., I'm hardly likely to be illegitimate or Jewish!
[78] Calm down
[79] blanket (hung as a curtain)

BENITO: ¿Músico es éste? Métanlo también detrás del repostero; que a
175 trueco de[80] no verlo, daré por bien empleado[81] el no oírlo.
CHANFALLA: No tiene vuesa merced razón, señor alcalde Repollo, de
descontentarse del músico, que en verdad que es muy buen cristiano
e hidalgo de solar[82] conocido.
GOBERNADOR: Calidades son bien necesarias para ser buen músico.
180 BENITO: De solar bien podrá ser, mas de sonar *abrenuntio*.[83]
RABELÍN: Eso se merece el bellaco que[84] viene a sonar delante de...
BENITO: Pues por Dios, que hemos visto aquí sonar a otros músicos
tan...
GOBERNADOR: Quédese esta razón en el *de* del señor Rabel y en el *tan*
185 del alcalde, que será proceder al infinito; y el señor Montiel comience su obra.
BENITO: Poca balumba[85] trae este autor para tan gran retablo.
JUAN: Todo debe de ser de maravillas.
CHANFALLA: Atención, señores, que comienzo. ¡Oh tú, quienquiera
190 que fuiste, que fabricaste este retablo con tan maravilloso artificio,
que alcanzó el renombre de *las maravillas* por la virtud que en él se
encierra, te conjuro, apremio[86] y mando que luego incontinente[87]
muestres a estos señores algunas de las tus maravillosas maravillas,
para que se regocijen y tomen placer sin escándalo alguno! Ea, que
195 ya veo que has otorgado mi petición, pues por aquella parte asoma
la figura del valentísimo Sansón, abrazado con las columnas del
templo, para derribarlo al suelo y tomar venganza de sus enemigos.
Tente,[88] valeroso caballero, tente, por la gracia de Dios Padre; no
hagas tal desaguisado[89] para que no cojas debajo y hagas tortilla[90]
200 tanta y tan noble gente como aquí se ha juntado.
BENITO: ¡Téngase, cuerpo de tal,[91] conmigo! Bueno sería que en lugar
de habernos venido a holgar, quedásemos aquí hechos plasta.[92]
Téngase, señor Sansón, pesia a mis males;[93] que se lo ruegan
buenos.
205 PEDRO: ¿Lo veis vos, Castrado?
JUAN: Pues ¿no lo había de ver? ¿Tengo yo los ojos en el colodrillo?[94]
GOBERNADOR: (*aparte*) Milagroso caso es éste; así veo yo a Sansón
ahora como al Gran Turco. Pues en verdad que me tengo por
legítimo y cristiano viejo.
210 CHIRINOS: Guárdate, hombre; que sale el mismo toro que mató al
ganapán[95] en Salamanca; échate,[96] hombre; échate, hombre; Dios
te libre, Dios te libre.
CHANFALLA: ¡Échense todos, échense todos!

Se echan todos y se alborotan.

[80]*a... in exchange for*
[81]*daré...I will consider myself lucky*
[82]*lineage (i.e., birthplace)*
[83]*by no means (Latin for "I renounce")*
[84]*Eso... That's what a fool deserves who*
[85]*props*
[86]*urge*
[87]*immediately*
[88]*Stop*
[89]*injustice*
[90]*cojas... trap underneath and squash (tortilla = flat potato omelet)*
[91]*cuerpo... = a mild oath*
[92]*hechos... turned into paste*
[93]*pesia... despite my sins*
[94]*back of the head*
[95]*laborer*
[96]*jump out of the way*

215 **BENITO:** El diablo lleva en el cuerpo el torillo; sus partes tiene de hosco y de bragado;[97] si no me tiendo, me lleva de vuelo.[98]

JUAN: Señor autor, haga, si puede, que no salgan figuras que nos alboroten; y no lo digo por mí, sino por estas muchachas, que no les ha quedado gota de sangre en el cuerpo, de la ferocidad del toro.

220 **JUANA:** Y ¡cómo, padre! No pienso volver en mí en tres días; ya me vi en sus cuernos, que los tiene agudos como una lesna.[99]

JUAN: No serías tu mi hija si no lo vieras.

GOBERNADOR: (*aparte*) Basta, que todos ven lo que yo no veo; pero al fin habré de decir que lo veo, por la negra honrilla.[100]

225 **CHIRINOS:** Esa manada[101] de ratones que allá va, desciende por línea recta de aquellos que se criaron en el arca de Noé; unos son blancos, unos albarazados, unos jaspeados y unos azules;[102] y finalmente, todos son ratones.

JUANA: ¡Jesús, ay de mí! Ténganme, que me arrojaré por aquella
230 ventana. ¿Ratones? ¡Desdichada! Amiga, apriétate las faldas[103] y mira que no te muerdan; y ¡monta que son pocos![104] Por el siglo de mi abuela, que pasan de mil.

TERESA: Yo sí soy la desdichada, porque se me entran sin reparo ninguno;[105] un ratón morenico me tiene asida de una rodilla;
235 socorro venga del cielo, pues en la tierra me falta.

BENITO: Aun bien que tengo gregüescos;[106] que no hay ratón que se me entre, por pequeño que sea.

CHANFALLA: Esta agua que con tanta prisa se deja descolgar de las nubes, es de la fuente que da origen y principio al río Jordán;
240 toda mujer a quien toque en el rostro, se le volverá como de plata bruñida,[107] y a los hombres se les volverán las barbas como de oro.

JUANA: ¿Oyes, amiga? Descubre el rostro, pues ves lo que te importa.[108] ¡Oh qué licor tan sabroso! Cúbrase, padre, no se
245 moje.

JUAN: Todos nos cubrimos, hija.

BENITO: Por las espaldas me ha calado el agua hasta la canal maestra.[109]

PEDRO: Yo estoy más seco que un esparto.[110]

250 **GOBERNADOR:** (*aparte*) ¿Qué diablos puede ser esto, que aun no me ha tocado una gota donde todos se ahogan? Mas ¿si viniera yo a ser bastardo entre tantos legítimos?

BENITO: Quítenme de allí aquel músico; si no, voto a Dios que me vaya sin ver más figura.[111] ¡Válgate el diablo por músico
255 aduendado,[112] y que hace de menudear sin cítola y sin son![113]

RABELÍN: Señor alcalde, no tome conmigo la hincha;[114] que yo toco como Dios ha sido servido de enseñarme.

[97] sus... *he's a scary, multicolored beast*
[98] si... *if I don't lie down, he'll toss me*
[99] *file*
[100] negra... *rotten honor code*
[101] *flock*
[102] blancos... *white, motley, marbled, and blue*
[103] apriétate... *hold your skirts tight*
[104] ¡monta... *there aren't just a few!*
[105] se... *they're running up my skirts without even hesitating*
[106] *tights*
[107] plata... *burnished silver*
[108] pues... *since you'll see what's really important*
[109] me... *has soaked me to the skin*
[110] *type of grass (Pedro was probably hiding under a piece of furniture)*
[111] *apparitions*
[112] *bewitched*
[113] menudear... *to strum with neither beat nor notes*
[114] no... *don't get angry with me*

BENITO: ¿Dios te había de enseñar, sabandija?[115] Métete tras la manta; si no, por Dios que te arroje este banco.[116]

RABELÍN: El diablo creo que me ha traído a este pueblo.

PEDRO: Fresca es el agua del santo río Jordán; y aunque me cubrí lo que pude, todavía me alcanzó un poco en los bigotes, y apostaré que los tengo rubios como un oro.

BENITO: Y aun peor cincuenta veces.[117]

CHIRINOS: Allá van hasta dos docenas de leones rampantes y de osos colmeneros;[118] todo viviente se guarde; que, aunque fantásticos, no dejarán de dar alguna pesadumbre,[119] y aun de hacer las fuerzas de Hércules con espadas desenvainadas.[120]

JUAN: Ea, señor autor, ¡cuerpo de nosla![121] ¿Y ahora nos quiere llenar la casa de osos y de leones?

BENITO: ¡Mirad qué ruiseñores y calandrias[122] nos enviá Tontonelo, sino leones y dragones! Señor autor, o salgan figuras más apacibles, o aquí nos contentamos con las vistas,[123] y Dios le guíe, y no pare más en el pueblo un momento.

JUANA: Señor Benito Repollo, deje salir ese oso y leones, siquiera por nosotras,[124] y recibiremos mucho contento.

JUAN: Pues hija, de antes te espantabas de los ratones, ¿y ahora pides osos y leones?

JUANA: Todo lo nuevo place, señor padre.

CHIRINOS: Esa doncella que ahora se muestra, tan galana y tan compuesta,[125] es la llamada Herodías, cuyo baile alcanzó en premio la cabeza del Precursor de la Vida;[126] si hay quien la ayude a bailar, verán maravillas.

BENITO: Ésta sí, ¡cuerpo del mundo! que es figura hermosa, apacible y reluciente,[127] ¡y cómo que se vuelve la muchacha! Sobrino Repollo, tú, que sabes de achaque de castañetas,[128] ayúdala, y será la fiesta de cuatro capas.[129]

SOBRINO: Que me place, tío Benito Repollo.

Tocan la zarabanda.

PEDRO: ¡Toma mi abuelo, si es antiguo el baile de la zarabanda y de la chacona![130]

BENITO: Ea, sobrino, ténselas tiesas a esa bellaca judía;[131] pero si ésta es judía, ¿cómo ve estas maravillas?

CHANFALLA: Todas las reglas tienen excepción, señor alcalde.

Suena una trompeta o corneta dentro del teatro y entra un furrier de compañías.

FURRIER: ¿Quién es aquí el señor gobernador?

---

[115] louse
[116] bench
[117] Y... And fifty times worse.
[118] leones... rampant lions and honey bears
[119] grief
[120] hacer... have the strength of Hercules with unsheathed swords (their teeth)
[121] cuerpo = a mild curse
[122] ruiseñores... nightingales and larks
[123] las... the ones already seen
[124] siquiera... at least for us
[125] galana... cute and well dressed
[126] John the Baptist; rather than Herodías (Herod's wife), Chirinos means Salomé (his stepdaughter), who danced and demanded John's head.
[127] apacible... gentle and healthy looking
[128] que... who know about castanets
[129] de... royal (i.e., great)
[130] la zarabanda... wild dances of the time
[131] ténselas... hold on tight to that cunning Jewess

GOBERNADOR: Yo soy. ¿Qué manda vuesa merced?
FURRIER: Que luego, al punto, mande hacer alojamiento para treinta hombres de armas que llegarán aquí dentro de media hora, y aun antes, que ya suenan la trompeta, y adiós.

Se va.

BENITO: Yo apostaré que los envía el sabio Tontonelo.
CHANFALLA: No hay tal; que ésta es una compañía de caballos que estaba alojada dos leguas de aquí.
BENITO: Ahora yo conozco bien a Tontonelo, y sé que vos y él sois unos grandísimos bellacos, no perdonando al músico; y mirad que os mando que mandéis a Tontonelo que no tenga atrevimiento de enviar estos hombres de armas, que le haré dar doscientos azotes[132] en las espaldas, que se vean unos a otros.[133]
CHANFALLA: Digo, señor alcalde, que no los envía Tontonelo.
BENITO: Digo que los envía Tontonelo, como ha enviado las otras sabandijas que yo he visto.
PEDRO: Todos las hemos visto, señor Benito Repollo.
BENITO: No digo yo que no, señor Pedro Capacho. No toques más, músico de entre sueños,[134] que te romperé la cabeza.

Vuelve El Furrier.

FURRIER: Ea, ¿está ya hecho el alojamiento? Que ya están los caballos en el pueblo.
BENITO: ¿Que todavía ha salido con la suya[135] Tontonelo? Pues yo os voto a tal, autor de humos y de embelecos,[136] que me lo habéis de pagar.
CHANFALLA: Séanme testigos que me amenaza el alcalde.
CHIRINOS: Séanme testigos que dice el alcalde que lo que manda Su Majestad, lo manda el sabio Tontonelo.
BENITO: Atontonelada te vean mis ojos, plega a Dios todopoderoso.[137]
GOBERNADOR: Yo para mí tengo que verdaderamente estos hombres de armas no deben de ser de burlas.[138]
FURRIER: ¿De burlas habían de ser, señor gobernador? ¿Está en su seso?
JUAN: Bien podrían ser atontonelados; como esas cosas que hemos visto aquí. Por vida del autor, que haga salir otra vez a la doncella Herodías para que vea este señor lo que nunca ha visto; quizá con esto le cohecharemos[139] para que se vaya presto del lugar.
CHANFALLA: Eso en buen hora, y la veis aquí donde vuelve, y hace de señas a su bailador[140] a que de nuevo la ayude.
SOBRINO: Por mí no quedará, por cierto.[141]

---

[132] lashes with a whip
[133] que...so big they will run together
[134] de... nightmarish
[135] ha... has continued to insist on having his way
[136] autor... stage director of magic and trickery
[137] Atontonelada... Benito wishes she were "tontoneloed" (bewitched).
[138] de... fabricated
[139] we can bribe
[140] Benito Repollo's nephew
[141] Por... I certainly won't keep her waiting.

BENITO: Eso sí, sobrino, cánsala, cánsala; vueltas y más vueltas; ¡vive Dios, que es un azogue[142] la muchacha! ¡A ello, a ello!
FURRIER: ¿Está loca esta gente? ¿Qué diablos de doncella es ésta, y qué baile, y qué Tontonelo?
PEDRO: Luego, ¿no ve la doncella herodiana el señor furrier?
FURRIER: ¿Qué diablos de doncella tengo de ver?
PEDRO: Basta, de *ex illis*[143] es.
GOBERNADOR: De *ex illis* es, de *ex illis* es.
JUAN: De ellos es, de ellos el señor furrier, de ellos es.
FURRIER: Soy de la mala puta que los parió; y por Dios vivo, que si echo mano a la espada, que los haga salir por las ventanas, que no por la puerta.
PEDRO: Basta, ¡de *ex illis* es!
BENITO: Basta; de ellos es, pues no ve nada.
FURRIER: Canalla barretina,[144] si otra vez me dicen que soy de ellos, no les dejaré hueso sano.
BENITO: Nunca los confesos ni bastardos fueron valientes; y por eso no podemos dejar de decir: de ellos es, de ellos es.
FURRIER: ¡Cuerpo de Dios con los villanos![145] Esperad.

Mete la mano a la espada y acuchilla[146] *con todos; y el alcalde aporrea*[147] *al Rabelín, y la Chirinos descuelga la manta y dice:*

CHIRINOS: El diablo ha sido[148] la trompeta y la venida de los hombres de armas; parece que los llamaron con campanilla.
CHANFALLA: El suceso ha sido extraordinario; la virtud del *Retablo* se queda en su punto,[149] y mañana lo podemos mostrar al pueblo, y nosotros mismos podemos cantar el triunfo de esta batalla, diciendo: «¡Vivan Chirinos y Chanfalla!»

[142]que... *she's as lively as quicksilver*
[143]ex... *"one of them" (Latin)*
[144]Canalla... *Jewish dogs*
[145]*country bumpkins*
[146]*fences*
[147]*hits with a nightstick*
[148]El... *The devil has caused*
[149]en... *perfect*

EJERCICIOS DE COMPRENSIÓN

1. Busque en el diálogo inicial entre Chirinos y Chanfalla las referencias que indican que Rabelín (diminutivo de «ravel») es pequeño.

2. ¿Cómo funciona el retablo de las maravillas?
   a. por medio de influencias mágicas, inventadas por Tontonelo
   b. por medio de influencias astrológicas, descubiertas por Tontonelo
   c. por medio de un aire misterioso, creado por Tontonelo

d. por medio de una tramoya (*stage machinery*), traída por Chirinos y Chanfalla
3. ¿Cómo sabemos que Benito Repollo es muy ignorante?
   a. No sabe latín.
   b. Cree en el retablo de las maravillas.
   c. Es el alcalde del pueblo.
   d. Cree que los hombres con barbas son muy sabios.
4. ¿Con qué fin incluye Cervantes la sección entre la Chirinos y el gobernador? Indique la razón de mayor importancia.
   a. para burlarse de los autores de comedias
   b. para mostrar que el gobernador es muy ignorante
   c. para crear una pausa simulando el tiempo que pasa mientras se prepara el teatro en la casa de Juan Castrado
   d. para dar más énfasis al carácter de la Chirinos
5. Ponga las siguientes «maravillas» en el orden en que ocurren (1–6).

   _____ una lluvia milagrosa   _____ una manada de ratones

   _____ un toro feroz   _____ Sansón

   _____ Herodías   _____ leones y osos

6. ¿Cómo se sabe que Benito Repollo es el más crédulo de todos, y que el gobernador es el más incrédulo?

7. ¿Cuál es el propósito principal de la entrada del furrier?
   a. Indica que el furrier es o judío o ilegítimo.
   b. Indica que los del pueblo ven de verdad las maravillas del retablo.
   c. Es un toque realista que contrasta con las maravillas del retablo.
   d. Es una técnica que se usa para terminar el entremés.
8. Ponga las siguientes opiniones referentes a la intención de *El retablo de las maravillas* en orden de importancia (1–5).

   _____ Es una censura de las creencias de algunos españoles sobre la limpieza de sangre.

   _____ Es una sátira de la ignorancia de la gente de los pueblos.

   _____ Es un delicioso juego dramático del «teatro-dentro-del-teatro».

   _____ Es una obra escrita para divertir a los espectadores entre los actos de una comedia.

   _____ Es un ejemplo de los extremos a que llegan las personas para proteger su reputación y su honra.

CONSIDERACIONES

1. Considerando que *El retablo de las maravillas* es una obra dramática, ¿cómo vestiría Ud. a Chanfalla, a la Chirinos y a Rabelín?

2. ¿Cómo prepararía Ud. los dos escenarios de este entremés (la entrada del pueblo, el salón de la casa de Juan Castrado) para una presentación moderna de la obra?

3. ¿Cuál es el propósito dramático de los «apartes» del gobernador? ¿Cómo sería el drama sin ellos? ¿Hay otras ocasiones en que alguien revele — consciente o inconscientemente — que no ve ni oye el retablo?

4. En este entremés hay muchas referencias cómicas o irónicas a la ilegitimidad. ¿Por qué, por ejemplo, es imposible que Juan sea el hijo de Antón *Castrado* y Juana *Macha*? Busque otras referencias chistosas a la ilegitimidad.

5. Los verdaderos espectadores de la época de Cervantes seguramente creían en la limpieza de la sangre. ¿Cuál cree Ud. que sería la reacción de esa gente al ver el entremés?

6. Esta farsa termina muy violentamente, con una gran pelea entre los espectadores y el furrier. Compare este final con el de las farsas modernas, como las de los hermanos Marx, por ejemplo. ¿Cuál podría ser el propósito de esos finales?

BAROQUE POETRY

The poetry of the seventeenth century is epitomized by the sonnets of Luis de Góngora (1561–1627), Francisco de Quevedo (1580–1645), and Lope de Vega (1562–1635). Góngora and Quevedo constantly competed with each other, and after about 1610 were the bitterest of enemies. Góngora represented the continuation—and indeed the consummation—of the Italianate, cultured, elitist movement in poetry, whereas Quevedo represented the old Castilian populist movement. Further, Góngora cultivated a type of poetry known as **cultismo,** which placed emphasis on cultured language rather than on meaning. It strove for beauty of formal expression through subtle and often difficult images and metaphors that played with the surface of reality in an evasive way, but did not really try to convey any profound message. Quevedo, on the other hand, practiced a style known as **conceptismo,** which emphasized content and attempted to force the reader to ponder the intellectual value of the message.

The three sonnets of theirs that follow are examples of these opposite philosophies of poetry. In the first, Góngora continues the Renaissance secular and hedonistic philosophy of *carpe diem* seen earlier in Garcilaso's "**En tanto que de rosa y azucena.**" Góngora creates similar stylistic parallels in "**Mientras por competir con tu cabello,**" using **cabello-oro, frente-lirio, labio-clavel, cuello-cristal,** in which the first object of each pair competes with and conquers the beauty of the second. He then repeats these words after the command **goza** to reemphasize their hard, physical qualities as things to enjoy, only to finally wipe them all away in the descending last line of five objects—each less substantial than its predecessor—that are connected one to the other by synalepha. The imperative **goza** is linked to the adverbial conjunction **antes que,** because Góngora, like Garcilaso, foresees the physical beauty of woman disappearing with time, and wants her to enjoy her natural graces before all turns to dust.

Francisco de Quevedo's poems, on the other hand, are anguished cries of despair about the same relentless approach of age and death; but instead of urging us to take pleasure in the physical world and our physical beauty while we can, Quevedo describes his own condition, which he sees as already hopelessly vanquished by time. **"Enseña cómo todas las cosas avisan de la muerte,"** as the title explains, finds Quevedo looking at his entire existence — his country, city, farmland, house, belongings — and seeing that all is lost to age and death. All of these things also symbolize the poet's body, which with time has become tired, broken down, and close to death. In **"Significa la propia brevedad de la vida, sin pensar y con padecer, salteada de la muerte,"** he is more precise, picturing his existence as a brief moment between birth and death, in which his very struggle for existence wastes away his energies and thus pushes him even faster toward death. In the last three lines he resorts to the common rural image of the gravedigger with his shovel to evoke Time digging the hole for Quevedo's body, being paid daily wages that are Quevedo's own pain and cares.

As you read these sonnets, try to pinpoint the different techniques of the two poets. Góngora's metaphors link one real thing to another in a physical and concrete way, on the horizontal plane that never loses touch with the world we see, touch, hear, taste, and smell. Quevedo, on the other hand, expresses a Castilian stoicism tinged with passivity and despair. He refers to the physical world solely to symbolize a higher value (decay, time, age, death), and the connection between object and meaning must be grasped intellectually; hence he works on a vertical plane that moves from the concrete to the metaphysical. As you will see, this difference makes Góngora hard to read but easy to understand, and Quevedo relatively easy to read but hard to understand.

After reading the profoundly somber poems of these great Baroque masters, you should especially enjoy **"Soneto de repente"** by the prolific Lope de Vega. Lope, who wrote in every possible genre (including almost 2,000 plays), represents the clear-headed, middle-of-the-road temperament that writes for the urban masses who read for pleasure. In composing **"Soneto de repente"** Lope writes a sonnet about writing a sonnet, so that the sonnet is written by the time he decides to write it. In the poem, **cuarteto** and **terceto** refer to the four-line and three-line sections, respectively.

LUIS DE GÓNGORA

«Mientras por competir con tu cabello»

    Mientras por competir con tu cabello
oro bruñido al sol relumbra en vano,[1]
mientras con menosprecio en medio del llano
mira tu blanca frente el lirio bello;[2]

5   mientras a cada labio, por cogerlo,[3]
siguen más ojos que al clavel temprano,

[1] oro... *burnished gold shines vainly in the sun*
[2] con... *your forehead looks scornfully at the white lily in the field*
[3] por... *to kiss her lips (as one would "pick" an early red carnation)*

"Una joven con su dueña," *by Bartolomé Esteban Murillo (1617–1682). This realistic portrait of a young girl with her chaperone belies the stereotype of the Spanish girl locked up in her rooms, watched over by a family obsessed with maintaining her purity until her marriage and allowing her to leave home only to go to church or visit approved friends. This young girl is clearly full of life and a resolute* **ventanera,** *interested in the outside world like most girls of her time. We are to suppose she would understand implicitly the message of Góngora's poem.*

    y mientras triunfa con desdén lozano
del luciente cristal tu gentil cuello;⁴

    goza cuello, cabello, labio y frente,
antes que lo que fue en tu edad dorada
oro, lirio, clavel, cristal luciente,

    no sólo en plata o viola truncada⁵
se vuelva, mas tú y ello juntamente
en tierra, en humo, en polvo, en sombra, en nada.

⁴triunfa… *your gentle neck disdainfully triumphs over shining crystal*
⁵plata… *silver, in contrast to her "Golden Age" in line 10, and crushed violet, a reference to death*

FRANCISCO DE QUEVEDO

«Enseña cómo todas las cosas avisan de la muerte»

    Miré los muros de la patria mía,
si un tiempo fuertes, ya desmoronados,¹
de la carrera de la edad cansados,
por quien caduca ya su valentía.²

    Salíme al campo, vi que el sol bebía
los arroyos del hielo desatados³
y del monte quejosos los ganados,
que con sombras hurtó su luz al día.⁴

    Entré en mi casa; vi que, amancillada,⁵
de anciana habitación era despojos;⁶
mi báculo,⁷ más corvo⁸ y menos fuerte.

    Vencida de la edad sentí mi espada,
y no hallé cosa en que poner los ojos
que no fuese recuerdo de la muerte.

¹*falling to pieces*
²por… *because of whom (age) their valor runs out*
³sol… *the image is of the sun drinking up the ice on the mountains*
⁴del… *the sun also takes away the shadows in which the complaining cattle rest*
⁵*stained*
⁶*rubble*
⁷*walking stick*
⁸*bent*

"**Cristo muerto,**" *by Gregorio Fernández (1566–1637). Lifesized, realistic, multicolored wooden statues like this one by Spain's best-known sculptor of the time filled the churches of seventeenth-century Spain. These often grotesque depictions of suffering and death were designed to give the spectator the same sense of real presence and participation as do both the sonnet* **"A Cristo crucificado"** *and Quevedo's intensely personal poetry.*

«Significa la propia brevedad de la vida, sin pensar y con padecer, salteada de la muerte»

    Fue sueño ayer, mañana será tierra;
poco antes nada, y poco después humo;
y destino ambiciones y presumo,
apenas punto al cerco que me cierra.[1]

5   Breve combate de importuna guerra,[2]
en mi defensa soy peligro sumo;[3]
y mientras con mis armas me consumo,
menos me hospeda el cuerpo, que me entierra.[4]

    Ya no es ayer, mañana no ha llegado,
10 hoy pasa, y es, y fue, con movimiento
que a la muerte me lleva despeñado.[5]

    Azadas[6] son la hora y el momento,
que a jornal[7] de mi pena y mi cuidado,
cavan en mi vivir mi monumento.[8]

[1] destino… I take up and presume ambitious goals, hardly an instant on the circle of time that encloses me
[2] Breve… A brief combat in a tiresome war
[3] peligro… greatest danger
[4] menos… my body, rather than housing me as a guest, buries me
[5] a… hurls me toward death
[6] Shovels
[7] daily wage
[8] tomb

The Escorial was the conception of the ascetic and scholarly Felipe II; constructed between 1563 and 1584 in the foothills of the Guadarrama mountains some thirty kilometers from Madrid, it was to be an edifice in which every possible activity in a person's life could be carried out. The enormous building — the largest of its time — thus contains a school, a cathedral, a monastery, a royal palace, a library, and a pantheon, or tomb, for Spain's royal family. Juan de Herrera, its primary architect, considered it a Temple of Solomon for the "new" Israel, and Felipe II called it the Axis Mundi, or hub of the world, which, considering Spain's power in the sixteenth century, it indeed was.

LOPE DE VEGA

«Soneto de repente»

Un soneto me manda hacer Violante,
que en mi vida me he visto en tal aprieto;[1]
catorce versos dicen que es soneto,
burla burlando van los tres delante.[2]

5   Yo pensé que no hallara consonante[3]
y estoy a la mitad de otro cuarteto,

[1] en... in such a spot
[2] burla... sneakily the first three verses are done
[3] rhyme

Lope de Vega y Carpio led a life as exciting as Cervantes's, but a much more prosperous one. He may well have been the first writer ever able to live comfortably on the proceeds from his writing. Lope's problems were amatory rather than monetary: he was involved in various love scandals as a young man in his native Madrid, and was forced to flee for his life more than once. He was married in 1588, but after his wife died in childbirth in 1595 he wooed one mistress after another — many of whom bore children he happily legitimized. Paradoxically, Lope also had time to become a priest — twice — while producing more literature than anyone else to this date. When he died, all of Spain went into mourning, for, in contrast to the underappreciated Cervantes, he was the best-known personality of the age.

    mas si me veo en el primer terceto
no hay cosa en los cuartetos que me espante.

    Por el primer terceto voy entrando,
10 y aun parece que entré con pie derecho,[4]
pues fin con este verso lo[5] voy dando.

    Ya estoy en el segundo, y aun sospecho
que voy los trece versos acabando;
contad si son catorce, y está hecho.

[4] con… *with the right foot (good luck)*
[5] lo = el primer terceto

EJERCICIOS DE COMPRENSIÓN

1. Haga una lista de los colores y de las varias referencias a objetos asociados con los colores en «Mientras por competir con tu cabello».

2. El poema que empieza «Miré los muros de la patria mía» está lleno de referencias a cosas materiales (muros, báculo, etcétera), a pesar de su tema metafísico de la muerte. Encuentre otras diez de estas cosas en el poema.

   _____   _____
   _____   _____
   _____   _____
   _____   _____
   _____   _____

3. El poema que empieza «Fue sueño ayer, mañana será tierra» separa la vida en tres períodos: (1) antes de nacer, (2) la vida misma y (3) la muerte. ¿Cuáles de los siguientes términos y frases pertenecen a cada período de la vida?

   _____ fue sueño ayer   _____ breve combate
   _____ mañana será tierra   _____ ayer
   _____ poco antes nada   _____ mañana
   _____ poco después humo   _____ hoy
   _____ destino y presumo   _____ pasa
   _____ mi vivir   _____ es
   _____ mi monumento   _____ fue

4. Describa la forma típica de un soneto, basándose en lo que dice Lope de Vega en su poema.

CONSIDERACIONES

1. Comente la simetría estructural del soneto de Góngora: ¿cómo funcionan la repetición de palabras, la colocación del verbo principal «goza» y el uso de la rima?
2. Analice los verbos en primera persona en «Enseña cómo todas las cosas avisan de la muerte». ¿Cuáles son las acciones físicas y sensoriales que estos verbos indican?
3. Explique cómo el título «Significa la propia brevedad de la vida, sin pensar y con padecer, salteada de la muerte» describe en una forma muy expresiva la angustia que siente Quevedo, asaltado sorprendidamente por la vejez enemiga.

PREGUNTAS GENERALES

1. Compare las diferentes imágenes del tema de *carpe diem* en los poemas de Garcilaso de la Vega y Góngora.
2. En estas lecturas del Siglo de Oro, no aparecen ningunos «señores» — grandes nobles feudales — como los de la literatura medieval. Compare los personajes principales de esta literatura del Siglo de Oro con los del Medioevo.
3. Compare el mundo idealizado de *El Abencerraje* y de la poesía renacentista con el mundo realista de *El retablo de las maravillas* y de la poesía de Quevedo.
4. Compare el tema de la muerte en los poemas de Jorge Manrique y Quevedo.
5. Una de las características más sobresalientes de la literatura española es la idea de que la vida es un teatro en el que todos somos actores que representamos un papel, o sea, que siempre actuamos según unos principios morales o unas ideas fijas y establecidas por la sociedad. Describa la presencia de esta característica en la literatura del Siglo de Oro que se ha presentado en este libro.

THE AGE OF ROMANTICISM

Museo del Prado, Madrid

"La Familia de Carlos IV," *by Francisco de Goya y Lucientes (1746–1828). Goya is one of the nineteenth-century artistic world's most important figures because he was able to paint innovatively in such a number of contemporary styles. He began his career as a brilliant Rococo painter of happy country scenes; in 1783 he was made a Court painter, whereupon he pioneered the realistic, natural-setting mode of portraiture. Thus, this somewhat unflattering portrait of the royal family is not a satire or parody but rather a true-to-life depiction of a group of unattractive people. Around 1799 Goya went deaf and began to paint a series of dark, wildly chaotic paintings that initiated the Romantic style in the Spanish arts. After the Spanish War of Independence (1808–1814), he painted a series of works based on the French invasion of Madrid on May 2, 1808, which earned him international fame. Goya eventually left Spain, disillusioned with the repressive government of Fernando VII (1814–1833), and died alone in Bordeaux in 1828.*

Spain *is* different. Gypsies, Moors, highwaymen, intense religious fervor, bullfights, flamenco dancers, the code of honor, machismo, don Juan, colorful regional and local customs, stubborn traditionalism, ardent patriotism, xenophobia: all these are typically Spanish, and many also reflect characteristics of the Romantic movement that swept through Europe and America in the first half of the nineteenth century. It is no surprise, then, that the Germans, French, English, Italians, and Americans of the time all made Spain their textbook case for Romanticism. It also explains how a country that participated only marginally at best in the eighteenth-century exaltation of reason, enlightenment, progress, and universalism could produce a wealth of very good literature in Romantic protest against those values.

The Romantic movement came late to Spain because of political problems. In 1807, Napoleon Bonaparte sent French troops to Spain as part of a treaty he had made with Carlos IV. Under pressure from the populace, however, Carlos was forced in March 1808 to dismiss his scheming favorite Manuel Godoy and to abdicate in favor of his son Fernando VII (later to be known as **el Deseado**). Fernando traveled to France to renegotiate the presence of French troops, only to be captured and detained there until 1814, during which time Joseph Bonaparte (José I) reigned in Spain as titular king. Meanwhile, the Spanish people continued energetically to resist the French presence. In the south of Spain the liberals gathered to create a democratic document, the **Constitución de Cádiz** (1812), while in the north radical right-wing groups formed guerrilla bands to oust the invaders. But when Fernando **el Deseado** finally returned in 1814, he promptly crushed these factions and imposed a reactionary system of royal absolutism that prevailed, with only momentary lapses, until his death in 1833.

Spain's great thinkers either remained quiet during this period or fled for refuge to England or France. There they came under the influence of Romanticism and successfully incorporated its major characteristics into their way of thinking and writing. Ángel de Saavedra, duque de Rivas (1791–1865), and José de Espronceda (1808–1842), both fled Fernando's repressive government and wrote their first romantic poetry abroad. **"El faro de Malta"** was penned in 1828 when Saavedra was in exile in the British colony of Malta, and **"Elegía a la patria"** was written in 1829 when Espronceda was exiled in London. The other poetry by these two popular poets included here was written after 1833 and shows the full flowering of Spanish Romanticism, which endured throughout the reign of Fernando's daughter Isabel II, whose liberal but often chaotic rule was cut short in 1868 by a military coup. Gustavo Adolfo Bécquer (1836–1870) and Pedro Antonio de Alarcón (1833–1891) grew up during Isabel's reign, and thus were second-generation Romantics. Nevertheless, their writings express the same sentiments and passions as did those of their predecessors.

In the works of all four of the authors selected for this section — whose writings were immensely popular and quite typical of the age — there is a constant protest against the "foreign," eighteenth-century values of reason, universalism, deism, and social urbanity. All, in fact, emphasize four connected things: (1) the less rational side of human nature, embodied in spiritual and emotional sentiments like religion, honor, the occult, and all impulsive acts of the heart, especially when committed by authentic Medieval or Golden Age Spaniards whose spirits were uncorrupted by outside, eighteenth-century ideas; (2) liberty in absolute terms — not solely as a God-given political right along with life and the pursuit of happiness, but also physically, spiritually, emotionally, and sexually; (3) the indigenous local traditions and customs, which were more "natural" to man than the universal values of urban European civilization; and (4) patriotism, the love of homeland and inherited national values.

These typical Romantic traits also dominate the popular longer works of the time, and they persist almost half a century later in Bécquer's poetry (unpublished until 1871) and Alarcón's delightful ***Sombrero de tres picos*** (1874). Such persistence for a movement that in other countries was little more than a brief explosion of creativity supports the widely held belief that Spain and all its literature are innately romantic. The prose and poetry selected here are certainly Romantic in every way, and they are also "modern," in that they express feelings and ideas that all of us today can identify with and understand.

In **"Un castellano leal,"** Ángel de Saavedra paints the manner of dress and customs of times past — which leads to long descriptions of clothes and court procedures — and, more important, attempts to capture the truly Castilian spirit of pride and patriotism that he felt prevailed in Spain before Bourbon influences filtered in from France during the eighteenth century. Using the indigenous **romance** meter, which we have seen used in Medieval poetry, he evokes a moment in 1525 when the German-born Carlos I forces the count of Benavente to lend his house for a few days to the French duke of Bourbon,

102 · The Age of Romanticism

Art Resource

"El caballero con la mano en el pecho," *by El Greco. Ángel de Saavedra could easily have had this famous portrait of a Spanish nobleman in mind when he penned his description of the Duke of Benavente. Stern, haughty, with an intense spiritual inwardness, El Greco's knight and the duque de Rivas's Benavente both exhibit traits traditionally associated with the Spanish temperament — traits admirable when held in check, but tragically destructive when unbridled.*

who helped Carlos win the battle of Pavía by switching sides the day before the conflict. Because of Bourbon's help, Carlos was able to capture the French king and carry him prisoner to Toledo. Benavente, by obeying his king but then "purifying" his home of the turncoat's presence, shows the irrational, impulsive, heartfelt spirit that appealed so much to the Romantic sensibility. His committing this act in the pre-French sixteenth century conveys to the reader that this would be the natural reaction of a "real" Spaniard uncorrupted by the civilized European ways that changed Spanish life so unalterably in succeeding centuries; since he is someone the reader can admire, the poem succeeds in prompting a sense of nostalgia for purer, more elemental times past, which the last four lines of the poem succinctly evoke.

"El faro de Malta," an apostrophe to the famous beacon, opens in typically Romantic fashion with a description of a storm and continues to use turbulent Nature as a foil for and counterpoint to human events and reflections — in this case, those of the exile shunned by his homeland and finding refuge in Malta, symbolized by its stable, welcoming, and protective lighthouse. Saavedra again focuses and condenses the emotional content — the love of homeland — in the last lines, which movingly evoke the image of his native city.

José de Espronceda, like his elder contemporary, also expresses sentiments of an exile, but from a more hostile standpoint. His **"Elegía a la patria"** is also a lament; however, he strikes out harshly against the Spanish government and views his country as a sterile and uncultivated land incapable of recovery. He therefore asks for our tears, whereas Saavedra remembers his lovely Córdoba with longing. **"Canción del pirata"** is also in marked contrast to Saavedra's **"Un castellano leal."** Count Benavente embodies all the typical Spanish Golden Age values of honor, pride, love of the fatherland, obedience to the monarch, xenophobia, and irrational heroism that mark so many Romantic national heroes; but the pirate is also a Romantic hero, displaying the obverse side of Romantic Movement traits. He embodies a total love of freedom and liberty, which requires the rejection of all civilized values and mores that restrict the actions of the individual. He is the ultimate free spirit who answers to no one.

Pedro Antonio de Alarcón has more in common with the nationalist romanticism of Saavedra, while Gustavo Adolfo Bécquer is clearly a spiritual descendant of Espronceda. Alarcón's **"El afrancesado"** brings the **castellano leal** theme into his own century and selects its hero from the provincial middle class. His pharmacist (certainly one of the least heroic professionals) pretends to be a French sympathizer during the War of Independence in 1808 so he can continue the courageous sacrifices associated with true Spaniards.

Bécquer is more unique. Author of only one slim volume of seventy-nine poems and a few short stories, he died at the age of thirty-four after failing as a poet, painter, husband, and lover. Nevertheless, today he is considered the first modern Spanish poet because he expressed so intimately his own personal sensibilities and because he purified the poetic process by releasing it from its dependence on rhetorical devices: metaphors, rhymes, similes, syntactical convolutions, and so on. The poems included here exemplify Bécquer's sparse style. **"Rima IV"** (**"No digáis que agotado su tesoro"**), with its irregular line lengths and its assonantal rhyme, is almost prose; there are no "difficult" words in it, and the syntax is relatively uncomplicated. Yet it is the consummate poetic expression of the rationale and value of poetry in our lives. Equally, poems XVI and XXI express intimately and uniquely the feelings we all know love inspires but are incapable of putting into words, while **"Rima III"** (**"Volverán las oscuras golondrinas"**), written after Bécquer had broken with his mistress, states in the most common, everyday words the deep emotions he felt when remembering their passion. All these poems establish a new axiom for the genre: it's not fancy words that make poetry, nor the erudite way in which they are used; it's what they express — the intimate, personal meaning the poet gives to words — that makes poetry.

ÁNGEL DE SAAVEDRA, DUQUE DE RIVAS

«Un castellano leal»

I

«Hola, hidalgos y escuderos[1]
de mi alcurnia y mi blasón,[2]
mirad, como bien nacidos,
de mi sangre y casa en pro;[3]

5   esas puertas se defiendan,
que no ha de entrar, ¡vive Dios!
por ellas quien no estuviere[4]
más limpio que lo está el sol.

No profane mi palacio
10   un fementido traidor
que contra su rey combate
y que a su patria vendió.

Pues si él es de reyes primo,
primo de reyes soy yo;
15   y conde de Benavente,
si él es duque de Borbón,

llevándole de ventaja[5]
que nunca jamás manchó
la traición mi noble sangre,
20   y haber nacido español.»

[1] *squires*
[2] *de... of my lineage and coat of arms*
[3] *de = en pro de (on behalf of) mi sangre*
[4] *who may not be (future subjunctive)*
[5] *llevándole... having the advantage over him*

    Así atronaba la calle
una ya cascada voz,[6]
que de un palacio salía,
cuya puerta se cerró;

25 y a la que[7] estaba a caballo
sobre un negro pisador,[8]
siendo en su escudo las lises
más bien que timbre baldón;[9]

    y de pajes y escuderos
30 llevando un tropel en pos,[10]
cubiertos de ricas galas[11]
el gran duque de Borbón.

    El que lidiando[12] en Pavía,
más que valiente, feroz,
35 gozóse en ver prisionero
a su natural señor;

    y que a Toledo ha venido,
ufano[13] de su traición,
para recibir mercedes
40 y ver al emperador.

II

    En una anchurosa cuadra
del alcázar de Toledo,
cuyas paredes adornan
ricos tapices flamencos,[14]

45 al lado de una gran mesa
que cubre de terciopelo
napolitano tapete[15]
con borlones de oro y flecos;[16]

    ante un sillón de respaldo[17]
50 que entre bordado arabesco
los timbres de España ostenta[18]
y el águila del Imperio,[19]

    en pie estaba Carlos Quinto,
que en España era Primero,

[6] Así... Thus a cracked voice shook the street
[7] the duke of Bourbon
[8] un... a high-stepping horse
[9] más... more a disgrace than a crest (the fleur-de-lis represents the French royal line)
[10] llevando... bringing behind him a throng of people
[11] ricas... fancy clothes
[12] fighting
[13] proud
[14] tapices... Flemish tapestries (the Low Countries belonged to Spain at the time)
[15] de... a velvet Neapolitan cover (Naples also belonged to Spain)
[16] borlones... gold tassels and fringes
[17] sillón... highbacked armchair
[18] shows off
[19] águila... two-headed eagle of the Germanic Holy Roman Empire, of which Charles was emperor

"Charles V, Holy Roman Emperor," by Titian (1490? – 1576). This painting is indeed the source of the duque de Rivas's depiction of Charles V (known in Spain as Carlos I). Look closely at it as you read Rivas's description, and see how many objects you can identify. (What is the strange object in the King's right hand?)

55 con gallardo y noble talle,[20]
    con noble y tranquilo aspecto.

    De brocados de oro y blanco
    viste tabardo tudesco;[21]
    de rubias martas orlado[22]
60 y desabrochado y suelto,

        dejando ver un justillo
    de raso jalde,[23] cubierto
    con primorosos[24] bordados
    y costosos sobrepuestos;

[20] gallardo... *charming and noble physique*
[21] tabardo... *German coat*
[22] de... *edged in white sable*
[23] justillo... *yellow satin vest*
[24] *exquisite*

y la excelsa y noble insignia
del toisón de oro,[25] pendiendo
de una preciosa cadena
en la mitad de su pecho.

Un birrete de velludo
con un blanco airón,[26] sujeto
por un joyel de diamantes
y un antiguo camafeo,

descubre por ambos lados,
tanta majestad cubriendo,
rubio, cual barba y bigote,
bien atusado el cabello.[27]

Apoyada en la cadera
la potente diestra[28] ha puesto,
que aprieta dos guantes de ámbar
y un primoroso mosquero.[29]

Y con la siniestra halaga,[30]
de un mastín muy corpulento,
blanco y las orejas rubias,
el ancho y carnoso cuello.

Con el condestable insigne,[31]
apaciguador del reino,
de los pasados disturbios
acaso está discurriendo,[32]

o del trato que dispone
con el rey de Francia preso
o de asuntos de Alemania,
agitada por Lutero.[33]

Cuando un tropel de caballos
oye venir a lo lejos,
y ante el alcázar pararse,
quedando todo en silencio.

En la antecámara suena
rumor impensado[34] luego,
ábrese al fin la mampara[35]
y entra el de Borbón soberbio.

---

[25] toisón… = *symbol for the Order of the Golden Fleece, a Flemish honor*
[26] birrete… *felt bonnet with a white feather*
[27] bien… *his well-trimmed hair*
[28] *right hand*
[29] *fly swatter*
[30] con… *with the left hand he pets*
[31] condestable… *renowned constable, the head of all Spanish troops, who put down a rebellion at Villalar (mentioned later) with the help of count Benavente in 1523*
[32] *discussing*
[33] *the Protestant reformer Martin Luther*
[34] *unexpected*
[35] *padded door*

Con el semblante de azufre,[36]
y con los ojos de fuego,
bramando[37] de ira y de rabia
que enfrena mal el respeto;[38]

105 y con balbuciente[39] lengua
y con mal borrado ceño[40]
acusa al de Benavente,
un desagravio[41] pidiendo.

Del español condestable
110 latió con orgullo el pecho,
ufano de la entereza[42]
de su esclarecido deudo.[43]

Y aunque advertido procura
disimular cual[44] discreto,
115 a su noble rostro asoman
la aprobación y el contento.

El emperador un punto
quedó indeciso y suspenso
sin saber qué responderle
120 al francés, de enojo ciego.

Y aunque en su interior se goza
con el proceder violento
del conde de Benavente,
de altas esperanzas lleno

125 por tener tales vasallos
de noble lealtad modelos,
y con los que el ancho mundo
será a sus glorias estrecho;[45]

mucho al de Borbón le debe
130 y es fuerza[46] satisfacerlo;
le ofrece para calmarlo
un desagravio completo.

Y llamando a un gentilhombre,
con el semblante severo,

[36] *sulfur*
[37] *roaring*
[38] *que... that respect (for Charles) hardly restrains*
[39] *babbling*
[40] *con... with a badly disguised scowl*
[41] *compensation*
[42] *integrity*
[43] *esclarecido... distinguished kinsman*
[44] *como*
[45] *y... and with whom the wide world will be too narrow for his glories*
[46] *es... it's necessary*

manda que el de Benavente
venga a su presencia presto.[47]

III

Sostenido por sus pajes
desciende de su litera[48]
el conde de Benavente
del alcázar a la puerta.

Era un viejo respetable
cuerpo enjuto,[49] cara seca,
con dos ojos como chispas,[50]
cargados de largas cejas,

y con semblante muy noble,
mas de gravedad tan seria,
que veneración de lejos
y miedo causa de cerca.

Eran su traje unas calzas
de púrpura de Valencia[51]
y de recamado ante
un coleto a la leonesa.[52]

De fino lienzo gallego
los puños y la gorguera,[53]
unos y otra guarnecidos
con randas barcelonesas.[54]

Un birretón de velludo
con su cintillo[55] de perlas,
y el gabán de paño verde[56]
con alamares de seda.[57]

Tan sólo de Calatrava[58]
la insignia española lleva,
que el toisón ha despreciado
por ser orden extranjera.

Con paso tardo,[59] aunque firme,
sube por las escaleras,

[47] *immediately*
[48] *sedan chair, borne by servants*
[49] *thin*
[50] *sparks*
[51] calzas... *Valencian purple pants*
[52] de... *a Leonese coat of embroidered suede*
[53] De... *The cuffs and collar (were) of fine Galician linen*
[54] randas... *lace from Barcelona*
[55] *string*
[56] gabán... *green wool topcoat*
[57] alamares... *silk tassels*
[58] *military order of the Knights of Calatrava*
[59] Con... *With a slow step*

y al verle, las alabardas[60]
un golpe dan en la tierra.

Golpe de honor y de aviso
170 de que en el alcázar entra
un grande, a quien se le debe
todo honor y reverencia.

Al llegar a la antesala,
los pajes que están en ella
175 con respeto le saludan
abriendo las anchas puertas.

Con grave paso entra el conde
sin que otro aviso preceda,
salones atravesando
180 hasta la cámara regia.[61]

Pensativo está el monarca,
discurriendo cómo pueda
componer aquel disturbio
sin hacer a nadie ofensa.

185 Mucho al de Borbón le debe,
aun mucho más de él espera,
y al de Benavente mucho
considerar le interesa.[62]

Dilación no admite el caso,
190 no hay quien dar consejo pueda,
y Villalar y Pavía,
a un tiempo se le recuerdan.

En el sillón asentado
y el codo sobre la mesa,
195 al personaje recibe,
que, comedido,[63] se acerca.

Grave el conde lo saluda
con una rodilla en tierra,
mas como grande del reino
200 sin descubrir la cabeza.[64]

[60]halberds (*weapon*)
[61]cámara... *royal chamber*
[62]al... *it's important to keep Benavente in mind*
[63]*courteous*
[64]*Grandees didn't have to remove their hats before royalty*

El emperador, benigno,
que alce del suelo le ordena,
y la plática difícil
con sagacidad empieza.

205 Y entre severo y afable,
al cabo le manifiesta
que es el que a Borbón aloje
voluntad suya resuelta.[65]

Con respeto muy profundo,
210 pero con la voz entera,[66]
respóndele Benavente
destocando la cabeza;

«Soy, señor, vuestro vasallo;
vos sois mi rey en la tierra,
215 a vos ordenar os cumple
de mi vida y de mi hacienda.

Vuestro soy, vuestra mi casa,
de mí disponed y de ella,
pero no toquéis mi honra
220 y respetad mi conciencia.

Mi casa Borbón ocupe
puesto que es voluntad vuestra,
contamine sus paredes,
sus blasones envilezca;

225 que a mí sobra en Toledo
dónde vivir,[67] sin que tenga
que rozarme con[68] traidores,
cuyo solo aliento infesta,

y en cuanto él deje mi casa,
230 antes de tornar yo a ella,
purificaré con fuego
sus paredes y sus puertas.»

Dijo el conde, la real mano
besó, cubrió su cabeza

[65] que... that it's his resolved decision that Benavente should lodge Bourbon
[66] firm
[67] que... there are more than enough places in Toledo to live
[68] rozarme... rub against (have to do with)

235   y retiróse, bajando
a do estaba su litera.

    Y a casa de un su pariente
mandó que lo condujeran,
abandonando la suya
240   con cuanto dentro se encierra.

    Quedó absorto[69] Carlos Quinto
de ver tan noble firmeza,
estimando la[70] de España
más que la imperial diadema.

IV

245   Muy pocos días el duque
hizo mansión en Toledo,
del noble conde ocupando
los honrados aposentos.[71]

    Y la noche en que el palacio
250   dejó vacío, partiendo
con su séquito[72] y sus pajes
orgulloso y satisfecho,

    turbó la apacible luna
un vapor blanco y espeso,
255   que de las altas techumbres
se iba elevando y creciendo.

    A poco rato tornóse
en humo confuso y denso,
que en nubarrones oscuros
260   ofuscaba el claro cielo;

    después en ardientes chispas
y en un resplandor horrendo
que iluminaba los valles,
dando en el Tajo[73] reflejos;

265   y al fin su furor mostrando
en embravecido[74] incendio,
que devoraba altas torres
y derrumbaba altos techos.

---

[69] *pensive, absorbed*
[70] la = la corona
[71] *rooms*
[72] *retinue*
[73] el río Tajo
[74] *fierce*

Toledo, naturally fortified on three sides by the steep gorge of the Tajo river, was the capital of its region for Romans, Visigoths, Arabs, and Spaniards. Carlos I made it the capital of his entire empire, but Felipe II moved the capital in 1560 to Madrid, which had wider streets and a constant supply of fresh water. That decision put an end to construction in the Imperial City, which remains today much the same as it was then.

    Resonaron las campanas,
270 conmovióse todo el pueblo,
    de Benavente el palacio
    presa de las llamas viendo.

    El emperador, confuso,
    corre a procurar remedio,
275 en atajar[75] tanto daño
    mostrando tenaz empeño.[76]

    En vano todo; tragóse
    tantas riquezas el fuego,
    a la lealtad castellana
280 levantando un monumento.

    Aun hoy unos viejos muros
    del humo y las llamas negros
    recuerdan acción tan grande
    en la famosa Toledo.

[75] stop
[76] determination

«El faro de Malta»

    Envuelve al mundo extenso triste noche,
ronco[1] huracán y borrascosas nubes
confunden, y tinieblas impalpables,
el cielo, el mar, la tierra.

5   Y tú[2] invisible te alzas,[3] en tu frente
ostentando de fuego una corona,[4]
cual rey del caos, que refleja y arde
con luz de paz y vida.

    En vano ronco el mar alza sus montes
10 y revienta a tus pies, do rebramante,[5]
creciendo en blanca espuma, esconde y borra
el abrigo[6] del puerto.

    Tú, con lengua de fuego, «aquí está», dices,
sin voz hablando al tímido piloto,
15 que como a numen bienhechor[7] te adora,
y en ti los ojos clava.

    Tiende apacible noche el manto rico
que céfiro amoroso desenrolla,[8]
recamado de estrellas y luceros;[9]
20 por él rueda la luna.[10]

    Y entonces, tú, de niebla vaporosa
vestido, dejas ver en formas vagas
tu cuerpo colosal, y tu diadema
arde a par de[11] los astros.

25   Duerme tranquilo el mar, pérfido esconde
rocas aleves, áridos escollos;[12]
falso señuelo son, lejanas lumbres
engañan a las naves.

    Mas tú, cuyo esplendor todo lo ofusca,
30 tú, cuya inmoble posición indica

[1] *hoarse*
[2] *the Malta lighthouse*
[3] *te... rise up*
[4] *en... boasting a crown of fire (the beacon) on your forehead*
[5] *bellowing*
[6] *protection*
[7] *numen... a beneficent deity*
[8] *Tiende... Mild night spreads its rich blanket that the wind lovingly unrolls*
[9] *recamado... embroidered with stars*
[10] *por... around it circles the moon*
[11] *a... the same as*
[12] *rocas... treacherous rocks, dry reefs*

el trono de un monarca, eres su norte;
les adviertes su engaño.

Así de la razón arde la antorcha
en medio del furor de las pasiones
35 o de aleves halagos[13] de fortuna,
a los ojos del alma.

Desque refugio[14] de la airada suerte[15]
en esta escasa tierra que presides,
y grato albergue el cielo bondadoso
40 me concedió propicio,

ni una vez sólo a mis pesares busco
dulce olvido del sueño entre los brazos
sin saludarte,[16] ni tornar los ojos
a tu espléndida frente.

45 ¡Cuántos, ay, desde el seno de los mares
al par[17] los tornarán! Tras larga ausencia,
unos que vuelven a su patria amada,
a sus hijos y esposa.

Otros prófugos, pobres, perseguidos,
50 que asilo buscan, cual busqué, lejano,
y a quienes que lo hallaron tu luz dice,
hospitalaria estrella.[18]

Arde y sirve[19] de norte a los bajeles[20]
que de mi patria, aunque de tarde en tarde,
55 me traen nuevas amargas, y renglones
con lágrimas escritos.

Cuando la vez primera deslumbraste
mis afligidos ojos, ¡cuál mi pecho,
destrozado y hundido en la amargura,
60 palpitó venturoso!

Del Lacio moribundo[21] las riberas
huyendo inhospitables, contrastado
del viento y mar entre ásperos bajíos,[22]
vi tu lumbre divina.

[13] *flattery*
[14] *Desque... Since I have taken refuge*
[15] *airada... angry Fate*
[16] *ni... not once have I searched for sweet forgetfulness of my sorrows in the arms of sleep without acknowledging you*
[17] *al... the same way*
[18] *a... to whom your light, a friendly star, say they found it*
[19] *Arde... imperatives*
[20] *ships*
[21] *Lacio... half-dead Italy (because of Austrian domination)*
[22] *shoals*

Viéronla como yo los marineros,
y, olvidando los votos y plegarias
que en las sordas tinieblas se perdían,[23]
«¡Malta! ¡Malta!» gritaron.

Y fuiste a nuestros ojos la aureola
que orna la frente de la santa imagen
en que busca afanoso[24] el peregrino
la salud y el consuelo.

Jamás te olvidaré, jamás. Tan sólo
trocara[25] tu esplendor, sin olvidarlo,
rey de la noche, y de la excelsa cumbre
la benéfica llama,

por la llama y los fúlgidos destellos[26]
que lanza, reflejando al sol naciente,
el arcángel dorado que corona
de Córdoba la torre.

[23]los... the vows and prayers lost in the unhearing darkness
[24]anxiously
[25]I would exchange
[26]fúlgidos... resplendent flashes

JOSÉ DE ESPRONCEDA

«Elegía a la patria»

¡Cuán solitaria la nación que un día
poblara[1] inmensa gente!
¡La nación cuyo imperio se extendía
del ocaso[2] al oriente!

Lágrimas viertes,[3] infeliz, ahora,
soberana del mundo,
¡y nadie de tu faz encantadora
borra el dolor profundo!

Oscuridad y luto tenebroso[4]
en ti virtió la muerte,
y en su furor el déspota sañoso[5]
se complació en tu suerte.

[1]had populated
[2]west
[3]you pour (he is speaking to Spain)
[4]luto... gloomy mourning
[5]brutal (refers to despots in general, but also to Fernando VII, subject of the next lines)

No perdonó lo hermoso, patria mía;
cayó el joven guerrero,
cayó el anciano, y la segur impía[6]
manejó placentero.

So[7] la rabia cayó la virgen pura
del déspota sombrío,
como eclipsa la rosa su hermosura
en el sol del estío.[8]

¡Oh vosotros, del mundo habitadores!
Contemplad mi tormento.
¿Igualarse podrán ¡ah! qué dolores
al dolor que yo siento?

Yo desterrado de la patria mía,
de una patria que adoro,
perdida miro su primer valía,[9]
y sus desgracias lloro.

Hijos espúreos y el fatal tirano
sus hijos han perdido,[10]
y en campo de dolor su fértil llano
tienen ¡ay! convertido.

Tendió sus brazos la agitada España,
sus hijos implorando;
sus hijos fueron, mas traidora saña
desbarató su bando.[11]

¿Qué se hicieron tus muros torreados?[12]
¡Oh mi patria querida!
¿Dónde fueron tus héroes esforzados,[13]
tu espada no vencida?

¡Ay! de tus hijos en la humilde frente
está el rubor grabado;[14]
a sus ojos caídos tristemente
el llanto está agolpado.[15]

Un tiempo España fue; cien héroes fueron
en tiempos de ventura,[16]

[6]segur... *ruthless sickle*
[7]*Beneath*
[8]*summer*
[9]*worth*
[10]Hijos... *Bastard children and the deadly tyrant have corrupted Spain's sons*
[11]traidor... *treacherous cruelty broke up their faction*
[12]muros... *towered walls*
[13]*brave*
[14]está... *the shame is engraved*
[15]*concentrated*
[16]en... *in better times*

y las naciones tímidas la vieron
vistosa en hermosura.

Cual cedro que en el Líbano se ostenta,[17]
su frente se elevaba;
como el trueno a la virgen amedrenta,[18]
su voz las aterraba.

Mas ora,[19] como piedra en el desierto,
yaces desamparada,[20]
y el justo desgraciado vaga[21] incierto
allá en tierra apartada.

Cubren su antigua pompa y poderío
pobre yerba y arena,
y el enemigo que tembló a su brío[22]
burla y goza en su pena.

Vírgenes, destrenzad la cabellera[23]
y dadla al vago viento;
acompañad con arpa lastimera
mi lúgubre lamento.

Desterrados, ¡oh Dios!, de nuestros lares,[24]
lloremos duelo tanto;
¿quién calmará, ¡oh España!, tus pesares?
¿quién secará tu llanto?

[17]Cual... *As a cedar of Lebanon stands erect*
[18]*frightens*
[19]*ahora*
[20]*yaces... you lie abandoned*
[21]*el justo... the unfortunate just person wanders*
[22]*strength*
[23]*destrenzad... let down your hair*
[24]*hearths*

«Canción del pirata»

Con diez cañones por banda,[1]
viento en popa, a toda vela,
no corta el mar, sino vuela
un velero bergantín;[2]

bajel pirata que llaman
por su bravura el *Temido*,
en todo mar conocido
del uno al otro confín.[3]

La luna en el mar riela,[4]
en la lona gime el viento,[5]
y alza en blando movimiento
olas de plata y azul;

y ve el capitán pirata,
cantando alegre en la popa,
Asia a un lado, al otro, Europa,
y allá a su frente, Estanbul.

[1]*por... on each side*
[2]*velero... swift-sailing, two-masted, square-rigged ship*
[3]*del... from one end (of the sea) to the other*
[4]*sparkles*
[5]*en... the wind moans in the canvas*

«Navega, velero mío,
sin temor,
que[6] ni enemigo navío,[7]
ni tormenta, ni bonanza
tu rumbo a torcer alcanza[8]
ni a sujetar tu valor.

«Veinte presas[9]
hemos hecho
a despecho
del inglés,
y han rendido
sus pendones[10]
cien naciones
a mis pies.

«Que es mi barco mi tesoro,
que es mi Dios la libertad;
mi ley, la fuerza y el viento;
mi única patria, la mar.

«Allá muevan[11] feroz guerra
ciegos reyes
por un palmo más de tierra;
que yo tengo aquí por mío
cuanto abarca[12] el mar bravío,
a quien nadie impuso leyes.

«Y no hay playa,
sea cualquiera,
ni bandera
de esplendor,
que no sienta
mi derecho,
y dé pecho[13]
a mi valor.

«Que es mi barco mi tesoro,
que es mi Dios la libertad;
mi ley, la fuerza y el viento;
mi única patria, la mar.

«A la voz de ‹¡Barco viene!›
es de ver[14]
cómo vira y se previene[15]
a todo trapo[16] a escapar;
que yo soy el rey del mar,
y mi furia es de temer.

«En las presas
yo divido
lo cogido
por igual;
sólo quiero
por riqueza
la belleza
sin rival.

«Que es mi barco mi tesoro,
que es mi Dios la libertad;
mi ley, la fuerza y el viento;
mi única patria, la mar.

«¡Sentenciado estoy a muerte!
Yo me río;
no me abandone la suerte,
y al mismo que me condena,
colgaré de alguna entena,[17]
quizá en su propio navío.

«Y si caigo,
¿qué es la vida?
Por perdida
ya la di,[18]
cuando el yugo[19]
del esclavo,
como un bravo,
sacudí.

«Que es mi barco mi tesoro,
que es mi Dios la libertad;
mi ley, la fuerza y el viento;
mi única patria, la mar.

[6] here and elsewhere, que means "for"
[7] ship
[8] tu... will succeed in changing your course
[9] captures
[10] flags
[11] let them wage (subjunctive)
[12] encompasses
[13] dé... pays homage
[14] es... it's something to see
[15] cómo... how it tacks and gets prepared
[16] a... all sails set
[17] yardarm
[18] Por... I already considered it lost
[19] yoke

«Son mi música mejor
aquilones;[20]
el estrépito[21] y temblor
de los cables sacudidos,
del negro mar los bramidos[22]
y el rugir de mis cañones.

«Y del trueno
al son violento,
y del viento
al rebramar,[23]
yo me duermo
sosegado,[24]
arrullado[25]
por la mar.

«Que es mi barco mi tesoro,
que es mi Dios la libertad;
mi ley, la fuerza y el viento;
mi única patria, la mar.»

[20] north winds
[21] noise
[22] roars
[23] roar
[24] rested
[25] rocked

EJERCICIOS DE COMPRENSIÓN

1. ¿Cuáles de las siguientes expresiones de «Un castellano leal» se refieren al conde de Benavente, y cuáles al duque de Borbón?

   _____ bien nacido   _____ traición   _____ las lises

   _____ fementido traidor _____ noble sangre   _____ feroz

   _____ de reyes primo   _____ una cascada voz _____ ufano

   _____ primo de reyes

2. En la segunda sección de «Un castellano leal», busque y subraye las siguientes palabras, usadas para describir a Carlos I.

   gallardo   tranquilo   potente
   noble (tres veces)   majestad

3. ¿Por qué exige Carlos I a Benavente que permita a Borbón quedarse en su palacio?
   a. A Carlos I le gustan más los franceses que los españoles.
   b. Benavente luchó contra Carlos en la batalla de Villalar.
   c. Borbón ayudó a Carlos en la batalla de Pavía.
   d. Carlos quiere castigar la desobediencia de Benavente.

4. ¿Cómo mostró su lealtad el conde de Benavente?
   a. quemando su palacio
   b. matando al traidor Borbón
   c. permitiéndole a Borbón quedarse en su palacio
   d. alejándose para siempre a la casa de un pariente

5. «El faro de Malta» es un poema bastante complicado por la abundancia de metáforas. Averigüe a qué se refieren estas metáforas de las primeras seis estrofas:

corona _____ lengua _____

rey del caos _____ voz _____

montes _____ manto _____

pies _____ vestido _____

rebramante _____ diadema _____

6. En las primeras nueve estrofas de «El faro de Malta» se describen dos noches diferentes: en una, el caos de una tormenta, y en otra, la tranquilidad del buen tiempo. Subraye en el texto los adjetivos y verbos que expresan este cambio de tono.

7. En «Elegía a la patria», Espronceda hace una lista de las causas de la decadencia de España. Ponga los elementos de esta lista en el orden en que aparecen en el poema (1 – 7).

   _____ Las jóvenes vírgenes también han caído bajo el poder del tirano.

   _____ Los justos están ahora exiliados.

   _____ Los hijos han tenido que huir.

   _____ España tiene un déspota de rey.

   _____ Todos los fieles han muerto.

   _____ Los castillos con sus muros han sido destruidos.

   _____ España está cubierta de yerbas y arena.

8. En «Canción del pirata» se usan mucho la asonancia y la aliteración para reforzar el lirismo. Subraye en las primeras dos estrofas del texto el sonido *v/b* y en la tercera y la cuarta el sonido *l*. ¿Cuál es la vocal predominante en las estrofas cinco y seis?

9. El pirata tiene sus propios conceptos de lo que son «tesoro», «Dios», «ley», y «patria», y los expresa en el estribillo del poema. Encuentre en el poema un ejemplo de cada concepto.

CONSIDERACIONES

1. En «Un castellano leal» se intenta imitar el tono y el dramatismo de los romances viejos. Repase los que ya leyó Ud. en este texto y compárelos con «Un castellano leal».

2. Comente el significado del título «Un castellano leal» en cuanto a las acciones del duque de Borbón, el traidor francés.
3. En la segunda sección, el autor describe la ropa de Carlos V en términos que tienen que ver con sus dominios (Alemania, Flandes, Nápoles, etcétera). Examine la descripción de la ropa del conde de Benavente para ver si demuestra su «castellanía» leal.
4. Usando como base las características presentadas en la introducción a la época romántica, apunte los detalles «románticos» que Ud. encuentra en «Un castellano leal».
5. Empleando el vocabulario de «El faro de Malta», trate de explicar los sentimientos que debe sentir un exiliado al encontrar un faro como el de Malta (o una Estatua de la Libertad) después de haber tenido que huir de su país.
6. Compare el tono y el contenido del poema de exilio de Espronceda con el de Saavedra. ¿Cuál le parece más conmovedor o impresionante?
7. El pirata del «Canción del pirata» siempre ha sido considerado un héroe romántico por excelencia. ¿Cómo corresponde esta pirata con la idea que Ud. tiene del pirata típico?

PEDRO ANTONIO DE ALARCÓN

«El afrancesado»

I

En la pequeña villa de Padrón, situada en territorio gallego,[1] y allá por el año de 1808, vendía sapos y culebras y agua llovediza,[2] a fuer de legítimo boticario,[3] un tal[4] García de Paredes, misántropo solterón, descendiente acaso, y sin acaso,[5] de aquel varón ilustre que mataba un toro de una puñada.[6]

Era una fría y triste noche de otoño. El cielo estaba encapotado[7] por densas nubes, y la total carencia de alumbrado terrestre[8] dejaba a las tinieblas campar por su respeto[9] en todas las calles y plazas de la población.

---

[1] Galicia, in northwestern Spain. Padrón is 85 km south of La Coruña.
[2] sapos... frogs, snakes, and rainwater (Galicia was famous for witches and potions)
[3] a... besides being a legitimate pharmacist
[4] un... a certain
[5] y... or maybe not
[6] varón... famous Spanish soldier (1466–1530) of enormous strength
[7] cloaked
[8] carencia... lack of earthly lighting
[9] dejaba... let the shadows go where they pleased

A eso de las diez de aquella pavorosa[10] noche, que las lúgubres circunstancias de la patria hacían mucho más siniestra, desembocó[11] en la plaza que hoy se llamará «de la Constitución», un silencioso grupo de sombras, aún más negras que la oscuridad de cielo y tierra, las cuales avanzaron hacia la botica de García de Paredes, situada en un rincón próximo al Corregimiento,[12] y cerrada completamente desde las Ánimas,[13] o sea, desde las ocho y media en punto.

—¿Qué hacemos? —dijo una de las sombras en correctísimo gallego.

—Nadie nos ha visto —observó otra.

—¡Derribar la puerta! —añadió una tercera.

—¡Y matarlos! —murmuraron hasta quince voces.

[10]*fearful*
[11]*spilled out*
[12]*mayor's office*
[13]*bells rung at nightfall for the souls of the dead*

"Los fusilamientos del 3 de mayo," *by Francisco de Goya y Lucientes. Goya's two most important historical paintings are a pair, painted to be viewed together, depicting the citizen uprising in Madrid against occupying French forces on May 2, 1808, and the indiscriminate, retaliatory annihilation of scores of civilians the next day. In the first painting, Goya especially plays up France's use of Moroccan forces (from her North African colonies) to create a conscious link between the French invasion of Spain and the Arab invasion of 711, when the Christians lost most of their peninsula to the "infidels" for over half a millenium. Pedro Antonio de Alarcón's characters make the same connection between the French and Arabs that Goya did. The second painting, shown here, depicts as only Goya could the cold, mindless, faceless nature of firing squads, who unconscionably carry out their orders against defenseless victims who appear to be trying to stop the bullets with their bare hands.*

— ¡Yo me encargo del boticario![14]
— ¡De ése nos encargamos todos!
— ¡Por judío![15]
— ¡Por afrancesado!
— Dicen que hoy cenan con él más de veinte franceses...
— ¡Ya lo creo! ¡Como saben que ahí están seguros, han acudido en montón![16]
— ¡Ah! ¡Si fuera en mi casa! Tres alojados llevo echados al pozo.[17]
— Mi mujer degolló[18] ayer a uno...
— ¡Y yo — dijo un fraile con voz de figle[19] — he asfixiado a dos capitanes, dejando carbón encendido en su celda, que antes era la mía!
— ¡Y ese infame boticario los protege!
— ¡Qué expresivo estuvo ayer en las eras[20] con esos viles excomulgados![21]
— ¡Quién lo había de esperar de García de Paredes! No hace un mes que era el más valiente, el más patriota, el más realista del pueblo.
— ¡Toma![22] ¡Como que vendía en la botica retratos del príncipe Fernando!
— ¡Y ahora los vende de Napoleón!
— Antes nos excitaba a la defensa contra los invasores...
— Y, desde que vinieron a Padrón, se pasó a ellos.[23]
— ¡Y esta noche da de cenar a todos los jefes!
— ¡Oíd qué algazara[24] traen! Pues no gritan «¡Viva el emperador!»
— Paciencia — murmuró el fraile. — Todavía es muy temprano.
— Dejémoslos emborracharse — expuso una vieja. — Después entramos, ¡y ni uno ha de quedar vivo!
— ¡Pido que se haga cuartos[25] al boticario!
— ¡Se le hará ochavos, si queréis! Un afrancesado es más odiado que un francés. El francés atropella a un pueblo extraño;[26] el afrancesado vende y deshonra a su patria. El francés comete un asesinato; el afrancesado, ¡un parricidio![27]

II

Mientras tenía lugar la anterior escena en la puerta de la botica, García de Paredes y sus convidados corrían la orgía más deshecha y desaforada.[28]

Veinte eran, en efecto, los franceses que el boticario tenía a la mesa, todos ellos jefes y oficiales.

García de Paredes tendría cuarenta y cinco años. Era alto y seco y más amarillo que una momia; dijérase[29] que su piel estaba muerta hacía mucho tiempo; le llegaba la frente a la nuca,[30] gracias a una

[14] ¡Yo... I'll take care of the pharmacist!
[15] any unorthodox person was considered a Jew
[16] acudido... gathered as a group
[17] Tres... I have thrown three billeted soldiers into my well.
[18] beheaded
[19] tuba
[20] threshing floors for grain
[21] viles... vile, excommunicated people
[22] Take that!
[23] se... he went over to their side
[24] uproar
[25] se... they draw and quarter
[26] atropella... walks all over foreign people
[27] murder of a relative
[28] corrían... were having a wild and uncontrolled orgy
[29] one could say
[30] back of the neck

calva[31] limpia y reluciente, cuyo brillo tenía algo de fosfórico; sus ojos negros y apagados, hundidos en las descarnadas cuencas,[32] se parecían a esas lagunas encerradas entre montañas, que sólo ofrecen oscuridad, vértigos y muerte al que las mira; lagunas que nada reflejan, que rugen sordamente[33] alguna vez, pero sin alterarse; que devoran todo lo que cae en su superficie; que nada devuelven, que nadie ha podido sondear,[34] que no se alimentan de ningún río, y cuyo fondo busca la imaginación en los mares antípodas.[35]

La cena era abundante, el vino bueno, la conversación alegre y animada.

Los franceses reían, juraban, blasfemaban, cantaban, fumaban, comían y bebían a un mismo tiempo.

Quién[36] había contado los amores secretos de Napoleón; quién la noche del 2 de Mayo en Madrid;[37] cuál batalla de las Pirámides;[38] cuál otro la ejecución de Luis XVI.[39]

García de Paredes bebía, reía y charlaba como los demás, o quizás más que ninguno; y, tan elocuente había estado en favor de la causa imperial, que los soldados del César lo habían abrazado, lo habían vitoreado,[40] le habían improvisado himnos.

— ¡Señores! — había dicho el boticario — la guerra que os hacemos los españoles es tan necia como inmotivada. Vosotros, hijos de la Revolución, venís a sacar a España de su tradicional abatimiento,[41] a despreocuparla,[42] a disipar las tinieblas religiosas, a mejorar sus anticuadas costumbres, a enseñarnos esas utilísimas e inconcusas[43] verdades «de que no hay Dios, de que no hay otra vida, de que la penitencia, el ayuno,[44] la castidad y demás virtudes católicas son quijotescas locuras, impropias de un pueblo civilizado, y de que Napoleón es el verdadero Mesías, el redentor de los pueblos, el amigo de la especie humana».[45] ¡Señores! ¡Viva el emperador, cuanto yo deseo que viva!

— ¡Bravo, vítor! — exclamaron los hombres del 2 de Mayo.

El boticario inclinó la frente con indecible angustia.

Pronto volvió a alzarla, tan firme y tan sereno como antes.

Se bebió un vaso de vino, y continuó:

— Un abuelo mío, un García de Paredes, un bárbaro, un Sansón, un Hércules, un Milón de Crotona,[46] mató doscientos franceses en un día. Creo que fue en Italia. ¡Ya veis que no era tan afrancesado como yo! Se adiestró en las lides contra los moros del reino de Granada; le armó caballero[47] el mismo Rey Católico, y montó más de una vez la guardia en el Quirinal,[48] siendo papa nuestro tío Alejandro Borja.[49] ¡Eh, eh! ¡No me hacíais tan linajudo![50] Pues este Diego García de Paredes, este ascendiente mío, que ha tenido un descendiente boti-

[31]*bald spot*
[32]*hundidos... sunken in fleshless sockets*
[33]*rugen... rumble silently*
[34]*measure the depth*
[35]*mares... southern seas*
[36]*Quién/cuál = One of them/another of them*
[37]*the initial rebellion in 1808 of Spanish citizens against the French occupation forces*
[38]*in 1798, when Napoleon took Egypt*
[39]*in 1793, by the Revolutionary Convention*
[40]*lo... cheered him*
[41]*apathy*
[42]*free her from worry*
[43]*unquestionable*
[44]*fasting*
[45]*Spaniards considered the French to be atheists for making Napoleon their "Caesar" and "Messiah"*
[46]*Samson, Hercules, Milo of Crotona*
[47]*le... made him a knight*
[48]*Roman palace, where he stood guard*
[49]*Pope Alexander VI (1492–1503)*
[50]*¡No... You didn't think me so highborn!*

cario, tomó a Cosenza y Manfredonia;[51] entró por asalto en Ceriñola[52] y peleó como bueno en la batalla de Pavía. ¡Allí hicimos prisionero a un rey de Francia, cuya espada ha estado en Madrid cerca de tres siglos, hasta que nos la robó hace tres meses ese hijo de un posadero[53] que viene a vuestra cabeza y a quien llaman Murat![54]

Aquí hizo otra pausa el boticario. Algunos franceses demostraron querer contestarle; pero él, levantándose, e imponiendo a todos silencio con su actitud, empuñó[55] convulsivamente un vaso, y exclamó con voz atronadora:[56]

— ¡Brindo, señores, porque maldito sea mi abuelo, que era un animal, y porque se halle ahora mismo en los profundos infiernos! ¡Vivan los franceses de Francisco I y de Napoleón Bonaparte!

— ¡Vivan! — respondieron los invasores, dándose por satisfechos. Y todos apuraron[57] su vaso.

Se oyó en esto rumor en la calle, o mejor dicho, a la puerta de la botica.

— ¿Habéis oído? — preguntaron los franceses.

García de Paredes se sonrió.

— ¡Vendrán a matarme! — dijo.

— ¿Quién?

— Los vecinos de Padrón.

— ¿Por qué?

¡Por afrancesado! Hace algunas noches que rondan mi casa. Pero, ¿qué nos importa? Continuemos nuestra fiesta.

— Sí, ¡continuemos! — exclamaron los convidados. — Estamos aquí para defenderos.

Y chocando ya botellas contra botellas, que no vasos contra vasos:

— ¡Viva Napoleón! ¡Muera Fernando! ¡Muera Galicia! — gritaron a una voz.

García de Paredes esperó a que se acallase el brindis,[58] y murmuró con acento lúgubre:[59]

— ¡Celedonio!

El mancebo de la botica asomó por una puertecilla su cabeza pálida y demudada,[60] sin atreverse a penetrar en aquella caverna.

— Celedonio, trae papel y tintero[61] — dijo tranquilamente el boticario.

El mancebo volvió con recado de escribir.[62]

— Siéntate — continuó su amo. — Ahora escribe las cantidades que yo te vaya diciendo. Divídelas en dos columnas. Encima de la columna de la derecha, pon: *Deuda;* y encima de la otra: *Crédito.*

— Señor — balbuceó[63] el mancebo — en la puerta hay una especie de motín.[64] Gritan ¡muera el boticario! ¡Y quieren entrar!

[51] *cities in southern Italy*
[52] *Cerignola, where in 1503 the Spanish crushed the French army*
[53] *innkeeper*
[54] *Joachim Murat, head of the French forces in Spain*
[55] *grasped*
[56] *thundering*
[57] *emptied*
[58] *toast*
[59] *acento... dismal tone*
[60] *su... his pale and colorless face*
[61] *inkwell*
[62] *recado... writing materials*
[63] *stammered*
[64] *mutiny*

—¡Cállate y déjalos! Escribe lo que te he dicho.

Los franceses se rieron de admiración al ver al farmacéutico ocupado en ajustar cuentas cuando lo rodeaban la muerte y la ruina.

Celedonio alzó la cabeza y enristró la pluma,[65] esperando cantidades que anotar.

—Vamos a ver, señores —dijo entonces García de Paredes, dirigiéndose a sus comensales.[66] —Se trata de resumir nuestra fiesta en un solo brindis. Empecemos por orden de colocación.[67] Vos, capitán, decidme, ¿cuántos españoles habéis matado desde que pasasteis los Pirineos?

—¡Bravo! ¡Magnífica idea! —exclamaron los franceses.

—Yo —dijo el interrogado, trepándose[68] en la silla y retorciéndose[69] el bigote con petulancia. —Yo... habré matado... personalmente... con mi espada... ¡poned unos diez o doce!

—¡Once a la derecha! —gritó el boticario, dirigiéndose al mancebo.

El mancebo repitió, después de escribir:

—*Deuda:* once.

—¡Corriente![70] —prosiguió el anfitrión.

—¿Y vos? Con vos hablo, señor Julio.

—Yo, seis.

—¿Y vos, mi comandante?

—Yo, veinte.

—Yo, ocho.

—Yo, catorce.

—Yo, ninguno.

—¡Yo no sé! He tirado a ciegas[71] —respondía cada cual, según le llegaba su turno.

Y el mancebo seguía anotando cantidades a la derecha.

—Veamos ahora, capitán —continuó García de Paredes. —Volvamos a empezar por vos. ¿Cuántos españoles esperáis matar en el resto de la guerra, suponiendo que dure todavía tres años?

—¡Eh! —respondió el capitán— ¿quién calcula eso?

—Calculadlo, os lo suplico.

—Poned otros once.

—Once a la izquierda —dictó García de Paredes.

Y Celedonio repitió:

—*Crédito:* once.

—¿Y vos? —interrogó el farmacéutico por el mismo orden seguido anteriormente.

—Yo, quince.

—Yo, veinte.

«El afrancesado» · 127

[65] enristró... *raised his pen*
[66] *companions*
[67] *rank*
[68] *leaning back*
[69] *twisting*
[70] *Posted in the accounts!*
[71] He... *I shot blindly*

—Yo, ciento.
　　　　—Yo, mil... — respondían los franceses.
190　　　—Ponlos todos a diez, Celedonio— murmuró irónicamente el boticario. —Ahora, suma por separado las dos columnas.
　　　El pobre joven, que había anotado las cantidades con sudores de muerte, se vio obligado a hacer el resumen con los dedos, como las viejas, tal era su terror.
195　　　Al cabo de un rato de horrible silencio, exclamó, dirigiéndose a su amo:
　　　　—*Deuda: 285. Crédito: 200.*
　　　　—Es decir — añadió García de Paredes — doscientos ochenta y cinco muertos, y doscientos sentenciados. Total, ¡cuatrocientas
200　ochenta y cinco víctimas!
　　　Y pronunció estas palabras con voz tan honda y sepulcral, que los franceses se miraron alarmados.
　　　En tanto, el boticario ajustaba una nueva cuenta.
　　　　—¡Somos unos héroes! — exclamó al terminarla. —Nos hemos
205　bebido ciento catorce botellas, o sea ciento sesenta libras y media de vino, que, repartidas entre veintiuno, pues todos hemos bebido con la misma bizarría,[72] dan sobre unas ocho libras de líquido por cabeza. ¡Repito que somos unos héroes!
　　　Crujieron a la sazón[73] las tablas de la puerta de la botica, y el
210　mancebo balbuceó tambaleándose:[74]
　　　　—¡Ya entran!
　　　　—¿Qué hora es? — preguntó el boticario con suma tranquilidad.
　　　　—Las once. Pero, ¿no oye usted que entran?
　　　　—¡Déjalos! Ya es hora.
215　　　—¿Hora? ¿De qué? — murmuraron los franceses, procurando levantarse.
　　　Pero estaban tan ebrios que no podían moverse de sus sillas.
　　　　—¡Que entren! ¡Que entren! — exclamaban, sin embargo, con voz vinosa, sacando los sables con mucha dificultad y sin conseguir
220　ponerse de pie. —¡Que entren esos canallas! Nosotros los recibiremos.
　　　En esto, sonaba ya abajo, en la botica, el estrépito de los botes y redomas[75] que los vecinos de Padrón hacían pedazos, y se oía resonar en la escalera este grito unánime y terrible:
　　　　—¡Muera el afrancesado!

III

225　　　Se levantó García de Paredes, como impulsado por un resorte,[76] al oír semejante clamor dentro de su casa, y se apoyó en la mesa para no caer de nuevo sobre la silla. Tendió en torno suyo una mirada de

[72]*bravery*
[73]*a... at that time*
[74]*shaking all over*
[75]*estrépito... clamor of bottles and flasks*
[76]*spring*

inexplicable regocijo;[77] dejó ver en sus labios la inmortal sonrisa del triunfador, y así, transfigurado y hermoso, con el doble temblor de la muerte y del entusiasmo, pronunció las siguientes palabras, entrecortadas[78] y solemnes como las campanadas del toque de agonía:[79]

— ¡Franceses! Si cualquiera de vosotros, o todos juntos, hallarais ocasión propicia de vengar la muerte de doscientos ochenta y cinco compatriotas y de salvar la vida a otros doscientos más; si, sacrificando vuestra existencia, pudieseis desenojar[80] la indignada sombra de vuestros antepasados, castigar a los verdugos[81] de doscientos ochenta y cinco héroes, y librar de la muerte a doscientos compañeros, a doscientos hermanos, aumentando así las huestes del ejército patrio con doscientos campeones de la independencia nacional, ¿repararíais ni un momento en vuestra miserable vida? ¿Dudaríais ni un punto en abrazaros como Sansón a la columna del templo y morir, a precio de matar a los enemigos de Dios?

— ¿Qué dice? — se preguntaron los franceses.

— Señor, ¡los asesinos están en la antesala! — exclamó Celedonio.

— ¡Que entren! — gritó García de Paredes. — Ábreles la puerta de la sala. ¡Que vengan todos, a ver cómo muere el descendiente de un soldado de Pavía!

Los franceses, aterrados, estúpidos, clavados en sus sillas por un horrible letargo, creyendo que la muerte de que hablaba el español iba a entrar en aquel aposento en pos de[82] los amotinados, hacían penosos esfuerzos de levantar los sables que yacían sobre la mesa; pero ni siquiera conseguían que sus flojos dedos asiesen las empuñaduras; parecía que los hierros estaban adheridos a la tabla por una insuperable fuerza de atracción.

En esto inundaron la estancia más de cincuenta hombres y mujeres, armados con palos, puñales y pistolas, dando tremendos alaridos y lanzando fuego por los ojos.

— ¡Mueran todos! — exclamaron algunas mujeres, lanzándose las primeras.

— ¡Deteneos! — gritó García de Paredes con tal voz, con tal actitud, con tal fisionomía, que, unido este grito a la inmovilidad y silencio de los veinte franceses, impuso frío terror a la muchedumbre, la cual no se esperaba aquel tranquilo y lúgubre recibimiento.

— No tenéis para qué hundir los puñales[83] — continuó el boticario con voz desfallecida. — He hecho más que todos vosotros por la independencia de la patria. ¡Me he fingido afrancesado! Y ya veis, los veinte oficiales invasores, los veinte. No los toquéis. ¡Están envenenados!

[77]*Tendió... He cast about him a glance of incomprehensible joy*
[78]*faltering*
[79]*campanadas... death knell*
[80]*appease*
[81]*executioners*
[82]*en... behind*
[83]*No... You don't have to sink your daggers in me.*

Un grito simultáneo de terror y admiración salió del pecho de los españoles. Dieron éstos un paso más hacia los convidados, y hallaron que la mayor parte estaban ya muertos, con la cabeza caída hacia adelante, los brazos extendidos sobre la mesa, y la mano crispada[84] en la empuñadura de los sables. Los demás agonizaban silenciosamente.

— ¡Viva García de Paredes! — exclamaron entonces los españoles, rodeando el héroe moribundo.

— Celedonio — murmuró éste — Celedonio, el opio se ha concluido. Manda por opio[85] a La Coruña...

Y cayó de rodillas.

Sólo entonces comprendieron los vecinos de Padrón que el boticario estaba también envenenado.

Vierais entonces un cuadro tan sublime como espantoso.

Varias mujeres, sentadas en el suelo, sostenían en su falda y en sus brazos al expirante patriota, siendo las primeras en colmarlo[86] de caricias y bendiciones, como antes fueron las primeras en pedir su muerte.

Los hombres habían cogido todas las luces de la mesa, y alumbraban arrodillados aquel grupo, en que se veían unidos el patriotismo y la caridad.

Allá quedaban en la sombra veinte muertos o moribundos, de los cuales algunos iban desplomándose[87] contra el suelo con pavorosa pesantez.[88]

Y a cada suspiro de muerte que se oía, a cada francés que venía a tierra, una sonrisa gloriosa iluminaba la faz de García de Paredes, el cual de allí a poco devolvió su espíritu al cielo, bendecido por un ministro del Señor[89] y llorado de sus hermanos en la patria.

[84] *clenched*
[85] *el opio... the opium is all gone. Order some more.*
[86] *lavishing on him*
[87] *falling*
[88] *heaviness*
[89] *ministro... priest*

GUSTAVO ADOLFO BÉCQUER

«Rima IV»

No digáis que agotado su tesoro,
de asuntos falta, enmudeció la lira.[1]
Podrá no haber poetas, pero siempre
habrá poesía.

Mientras las ondas de la luz al beso
palpiten encendidas;[2]

[1] *No... Don't say the lyre was quiet because, lacking subject matter, its treasure got used up*
[2] *Mientras... While the waves vibrate aflame at the kiss of daylight*

Gustavo Adolfo Bécquer is considered the principal inspiration for modern Spanish and Spanish American poetry because of the personal, intimate way he expressed his thoughts. This portrait by his brother Valeriano Bécquer captures in the long, unkempt hair and penetrating enigmatic eyes the unusual character of Bécquer, perhaps the first Romantic writer to actually live the experiences and feel the emotions he described in his poems.

mientras el sol las desgarradas nubes
de fuego y oro vista;[3]

mientras el aire en su regazo[4] lleve
10 perfumes y armonías;
mientras haya en el mundo primavera,
habrá poesía.

Mientras la ciencia a descubrir no alcance
las fuentes de la vida,
15 y en el mar o en el cielo haya un abismo
que al cálculo resista;

[3] *mientras... while the sun dresses the torn clouds with fire and gold*
[4] *lap*

    mientras la humanidad siempre avanzando
no sepa a do camina;
mientras haya un misterio para el hombre,
habrá poesía.

    Mientras se sienta que se ríe el alma,
sin que los labios rían;
mientras se llore, sin que el llanto acuda
a nublar la pupila;[5]

    mientras el corazón y la cabeza
batallando prosigan;
mientras haya esperanzas y recuerdos,
habrá poesía.

    Mientras haya unos ojos que reflejen
los ojos que los miran;
mientras responda el labio suspirando
al labio que suspira;

    mientras sentirse puedan en un beso
dos almas confundidas;[6]
mientras exista una mujer hermosa,
habrá poesía.

[5]*sin... without tears coming to cloud the eye*
[6]*sentirse... two souls can feel themselves fused in a kiss*

«Rima XVI»

    Si al mecer las azules campanillas
de tu balcón,[1]
crees que suspirando pasa el viento
murmurador,
sabe que,[2] oculto entre las verdes hojas,
suspiro yo.

    Si al resonar confuso a tus espaldas
vago rumor,
crees que por tu nombre te ha llamado
lejana voz,
sabe que, entre las sombras que te cercan,
te llamo yo.

[1]*Si... If when the blue bellflowers on your balcony shake*
[2]*sabe... know that*

Si te turba medroso[3] en la alta noche
　　tu corazón,
15　al sentir en tus labios un aliento
　　abrasador,[4]
　　sabe que, aunque invisible, al lado tuyo
　　respiro yo.

[3]*fearful*
[4]*burning*

«Rima XXI»

　　　¿Qué es poesía? dices, mientras clavas[1]
　　en mi pupila tu pupila azul;
　　¿Qué es poesía? ¿Y tú me lo preguntas?
　　Poesía… eres tú.

[1]*you fix*

«Rima LIII»

　　　Volverán las oscuras golondrinas[1]
　　en tu balcón sus nidos a colgar,
　　y, otra vez, con el ala a sus cristales[2]
　　jugando llamarán;

5　　　pero aquéllas que el vuelo refrenaban
　　tu hermosura y mi dicha a contemplar,[3]
　　aquéllas que aprendieron nuestros nombres…
　　ésas… ¡no volverán!

　　　Volverán las tupidas madreselvas[4]
10　de tu jardín las tapias[5] a escalar,
　　y otra vez a la tarde, aun más hermosas,
　　sus flores se abrirán;

　　　pero aquéllas, cuajadas de rocío,[6]
　　cuyas gotas mirábamos temblar
15　y caer, como lágrimas del día…
　　ésas… ¡no volverán!

　　　Volverán del amor en tus oídos
　　las palabras ardientes a sonar;

[1]*swallows*
[2]*windowpanes*
[3]*pero… but those who stopped their flight to contemplate your beauty and my good fortune*
[4]*tupidas… thick honeysuckle*
[5]*walls*
[6]*cuajadas… drenched with dew*

134 · *The Age of Romanticism*

```
       tu corazón de su profundo sueño
20     tal vez despertará;

       pero mudo y absorto[7] y de rodillas,
       como se adora a Dios ante su altar,
       como yo te he querido… desengáñate,
       ¡así no te querrán!
```

[7]mudo… *mute and in rapture*

EJERCICIOS DE COMPRENSIÓN

1. Usando la información dada en la introducción, identifique las siguientes referencias en la primera parte de «El afrancesado».

   1808: _____

   «Las lúgubres circunstancias de la patria»:
   _____

   «la Constitución»: _____

   el príncipe Fernando: _____

   Napoleón: _____

   un afrancesado: _____

2. El aspecto físico de García de Paredes no es el del típico héroe muscular y guapo. Busque en la segunda parte las palabras usadas para describir su fisionomía.

3. Haga una lista de los siete hechos heroicos del primer García de Paredes.

4. En la segunda parte, Alarcón nos prepara para un final sorprendente con ciertas frases vagas referentes a las acciones de García de Paredes. Busque las siguientes citas en el texto, tradúzcalas y explique cómo describen los verdaderos sentimientos de García de Paredes.

   «inclinó la frente con indecible angustia»   «murmuró irónicamente»
   «murmuró con acento lúgubre»   «con voz tan honda y sepulcral»
   «dijo tranquilamente»   «con suma tranquilidad»

5. ¿Por qué se envenenó García de Paredes?
   a. para morir heroicamente por la patria
   b. para demostrar así a los españoles que no era un cobarde como ellos creían
   c. para no dar sospecha de que él estaba envenenando a los franceses
   d. por el disgusto de vivir en un país dominado por los franceses

6. En la «Rima IV», la palabra «mientras» va seguida de dieciséis sustantivos, aproximadamente. Haga una lista de ellos.

   _____   _____   _____
   _____   _____   _____
   _____   _____   _____
   _____   _____   _____
   _____   _____   _____
   _____

7. La «Rima XVI» contiene por lo menos doce palabras que se refieren a cosas invisibles: aires, suspiros, etcétera. Haga una lista de todas las palabras de este tipo que Ud. encuentra en el poema.

   _____   _____   _____
   _____   _____   _____
   _____   _____   _____
   _____   _____   _____

8. En la «Rima LIII», el poeta expresa sus presentimientos. Póngalos en el orden en que ocurren en el poema (1 – 6).

   _____ La madreselva crecerá en la tapia.

   _____ Los futuros pretendientes de la amada de Bécquer no la querrán como él la quería.

   _____ Las golondrinas volverán a llamar a la ventana.

   _____ La madreselva llena de rocío no volverá.

   _____ Las golondrinas que los conocieron no volverán.

   _____ Las palabras amorosas de los futuros pretendientes seguirán sonando en los oídos de la amada de Bécquer.

CONSIDERACIONES

1. Explique cómo los tres primeros párrafos de «El afrancesado» establecen el tono y el dramatismo del cuento a través de los adjetivos descriptivos.
2. En la segunda parte, García de Paredes describe irónicamente los «bienes» que los franceses han traído a España. ¿Cómo corresponden a los valores de la Ilustración del siglo XVIII?
3. Compare el valor del presente García de Paredes con el de su antepasado. ¿Cuál de los dos le parece más admirable? ¿Por qúe?
4. ¿Cuáles son las primeras indicaciones en el cuento de que García de Paredes no es el traidor afrancesado que todos creen?
5. Describa la idea de la poesía que Bécquer presenta en «No digáis que agotado su tesoro» y en «¿Qué es poesía?».
6. En los poemas de Bécquer, ¿hay rima? ¿Existe un sistema coordinado de ritmo (el número de sílabas en cada verso)? ¿Qué tipos de rima y ritmo usa Bécquer en sus poemas?
7. Se ha dicho que la poesía de Bécquer es la más «personal» de la lengua española. ¿Cuáles son los elementos que la hacen tan personal?

PREGUNTAS GENERALES

1. ¿Cuáles de las características «románticas» que se encuentran en la literatura que acabamos de leer han aparecido también en las lecturas anteriores? ¿Podríamos considerarlas típicas del carácter literario español?
2. Compare el patriotismo de «el afrancesado» con el de «el castellano leal». ¿Cuál le impresiona más a Ud.? ¿Por qué?
3. El hipérbaton (la inversión del orden normal de las palabras) se encuentra bastante a menudo en la poesía de Bécquer, y muchísimo en la de Garcilaso, Quevedo y Góngora. Busque ejemplos de los usos más extravagantes del hipérbaton en la obra de estos poetas.

THE AGE OF REALISM

"La familia Flaquer," by Joaquín Espalter. The self-confident sedateness of this middle-class Spanish family contrasts admirably with the agitated masses depicted by Goya and other Romantic artists. This is a family of doctors, lawyers, and politicians with their demure, unobtrusive womenfolk. They are the protagonists — and consumers — of Campoamor's poetry, as they are the unseen instigators of the tragedies described by Clarín and Blasco Ibáñez.

In Spain the second half of the nineteenth century was politically, socially, and economically unstable. Queen Isabel II, the intemperate and self-indulgent head of state, was forced from her throne in 1868 by a military-assisted liberal regime, which paradoxically lost the elections to the monarchical party the next year. After a couple of years with a "constitutional" king — Amadeo de Saboya — the liberals tried to form a Republic, only to see it fail miserably in another couple of years. In 1875, Alfonso XII, the young son of Isabel, returned to Spain and headed a conservative, Catholic, aristocratic government until his untimely death in 1885. He was followed by the equally reactionary Regency and reign of his son Alfonso XIII, until the declaration of a second Republic in 1931. The urban working classes and the farm workers in the countryside benefited little from these self-seeking governments.

The writers of the time were divided along standard political lines: conservatives, who favored the status quo, and liberals, who desired social changes that would benefit the urban lower classes and the rural folk. Both groups belong to the literary movement given the name Realism, which dominated the writing styles of Europe and America from the 1860s to the turn of the century. Generally, the realist advocates a truthful presentation of material in a matter-of-fact style with standard vocabulary, replete with elements of local dialect and slang, and a dialogue so natural that the reader can come to feel personally acquainted with the story's characters. The realist likewise prefers to depict common, average, everyday experiences and people, although in a dramatic way. The realist is also generally nonhistorical, describing present-day events with verifiable or at least verisimilar consequences.

The conservative writers focused their attention on the urban middle class and its habitual actions and minor catastrophes. They avoided situations with tragic or cataclysmic implications in favor of sentimental, optimistic themes. In Catholic Spain, they tended to be melodramatic, cute, and whimsical, and they fostered the urban middle-class values of financial stability, traditional religious feelings, and cultivation of the social graces. Ramón de Campoamor (1817–1901) was the poetic spokesman for this group, achieving immense popularity among all of Spain's educated classes; he was master of the succinct encapsulation of the mundane but often personally significant little things that spark emotions and memories in all of us. His poems persist today in the texts and anthologies for Spanish schoolchildren, who still have to memorize **"¡Quién supiera escribir!"** and similar gentle, sympathetic pieces. There is certainly no Romanticism here, since Campoamor completely avoids historical themes, heroic feats of rebellion or conquest, violent passions, all patriotic expression, and any religious feelings beyond those felt at Sunday Mass.

The liberal writers of the Age of Realism also rejected Romantic themes, endorsing instead anticlericalism, antimonarchism, anticaciquism, land reform, republicanism, and trade unions. The master of this liberal realistic literature — almost all of which was in prose — was the prolific Benito Pérez Galdós (1843–1920), who wrote seventy-seven novels, most of them detailing the customs and social problems of Madrid's middle class. Two other writers of note, Leopoldo Alas, alias "Clarín" (1852–1901) and Vicente Blasco Ibáñez (1867–1928), were regional novelists who, in addition to writing in the standard Realist mode, incorporated certain aspects of socioeconomic determinism into their works, portraying their lower-class personages as victims of environmental forces and products of social and economic factors beyond their control or full understanding. The characters of these kinds of stories thus have a pessimistic view of life and view it as a cruel game of chance that they can never win.

Clarín was from the old province of Asturias in northwestern Spain, whose provincial life he minutely detailed in **La regenta** (1884). Blasco Ibáñez wrote about his native Valencia; his most famous novel was **La barraca** (1898). Both men were acutely aware of the injustices of Spain's class system and of the uncontrolled mechanization of industry; both were also pacifists. These are the main themes of the two short stories presented here. **"¡Adiós, Cordera!"** is a strong indictment of industrial progress as symbolized by the telegraph and the train; Clarín argues that industrialization has done nothing for the country folk but carry away their animals and children as fodder for the rich and powerful. **"En el mar,"** strikingly similar in that it too concerns the loss of a child, protests less but presents a more deterministic vision of life. The sea, essential for the fishing village's existence, also inexorably claims the lives of those who depend on it for a livelihood. Blasco Ibáñez tellingly compares them to the city people who come to the sea to bathe at the shore and play in the casino with their money, made at far less cost to their health.

Both Clarín and Blasco Ibáñez thus protest the injustices created by the emergence of the urban middle class. But that class encompassed the reading public of the time, and therein lies the social relevance of this literature. Unlike the escapist Romantic literature that preceded it, Realist fiction was didactic. The readers of **"¡Adiós, Cordera!"** and **"En el mar"** were not farmers or fishermen, nor did they wish to be; they were the beneficiaries of the poverty and sacrifice that those people underwent to provide food for the tables of the urban middle class. Things haven't changed much in the past century, which may explain why these stories have a more powerful impact on us today than does the naive, paternalistic poetry of Campoamor.

RAMÓN DE CAMPOAMOR

«La opinión»

¡Pobre Carolina mía!
¡Nunca la podré olvidar!
Ved lo que el mundo decía
viendo el féretro pasar;

5   Un clérigo: — Empiece el canto.
El doctor: — ¡Cesó el sufrir!
El padre: — ¡Me ahoga el llanto!
La madre: — ¡Quiero morir!

10   Un muchacho: — ¡Qué adornada!
Un joven: — ¡Era muy bella!
Una moza: — ¡Desgraciada!
Una vieja: — ¡Feliz ella!

— ¡Duerme en paz! — dicen los buenos.
— ¡Adiós! — dicen los demás.
15   Un filósofo: — ¡Uno menos!
Un poeta: — ¡Un ángel más!

«¡Quién supiera escribir!»[1]

I

—Escribidme una carta, señor cura.
    —Ya sé para quién es.
—¿Sabéis quién es, porque una noche obscura
nos visteis juntos?
        —Pues...[2]
—Perdonad, mas...
        —No extraño ese tropiezo.
La noche... la ocasión...
Dadme pluma y papel. Gracias. Empiezo:
   Mi querido Ramón:
—¿Querido?... Pero, en fin, ya lo habéis puesto...
   —Si no queréis...
        —¡Sí, sí!
—*¡Qué triste estoy!* ¿No es eso?
        —Por supuesto.
   —*¡Qué triste estoy sin ti!*
Una congoja, al empezar, me viene[3]...
   —¿Cómo sabéis mi mal?...
—Para un viejo, una niña siempre tiene
   el pecho de cristal.[4]
¿Qué es sin ti el mundo? Un valle de amargura.
   ¿Y contigo? Un edén.
—Haced la letra clara, señor cura,
   que lo entienda eso bien.
—*El beso aquél que de marchar a punto*
te di...[5]—¿Cómo sabéis?...
—Cuando se va y se viene y se está junto,
   siempre... no os afrentéis.[6]
Y si volver tu afecto no procura,[7]
   tanto me harás sufrir...
—¿Sufrir y nada más? No, señor cura,
   ¡que me voy a morir!
—¿Morir? ¿Sabéis que es ofender al cielo?...
       —Pues, sí, señor; ¡morir!
—Yo no pongo *morir*. —¡Qué hombre de hielo!
   ¡Quién supiera escribir!

---

[1] *"If Only I Knew How To Write!"* A young woman has come to her priest to have him write a love letter to her boyfriend.
[2] *Well, yes...*
[3] *Una...* A wave of anxiety overcomes me when I begin
[4] *pecho... transparent heart*
[5] *El...* That kiss I gave you as you were about to leave...
[6] *be ashamed*
[7] *Y...* And if it doesn't manage to bring your love back

It is hard for the contemporary North American to imagine the strong hold the Catholic Church had on traditional Spanish society from the Restoration of the Monarchy (1875) until the Second Republic (1931). Before a series of land reforms early in the nineteenth century, the Church controlled one-third of Spain's land, and ten percent of the population wore religious garb. Priests and nuns were literally everywhere — every family included one — and going to confession once a week was an unquestioned obligation. The Iglesia de la Sagrada Familia in Barcelona, begun by the eccentric architect Antonio Gaudí (1852 – 1926) in 1882, is still under construction. When completed, it will be one of the largest churches in the world. Its Modernist spires have made it one of the dominant landmarks of the Catalán city.

II

— ¡Señor Rector, señor Rector![8] En vano
    me queréis complacer,
si no encarnan los signos de la mano,
    todo el ser de mi ser.[9]
Escribidle, por Dios, que el alma mía
    ya en mí no quiere estar;
que la pena no me ahoga cada día...
    porque puedo llorar.[10]
Que mis labios, las rosas de su aliento,
    no se saben abrir:
que olvidan de la risa el movimiento
    a fuerza de sentir.[11]
Que mis ojos, que él tiene por[12] tan bellos,
    cargados con mi afán,[13]
como no tienen quien se mire en ellos,
    cerrados siempre están.

[8] señor... *Sir Priest*
[9] si... *if the writing in your hand doesn't embody the totality of my being*
[10] la... *the pain doesn't drown me only because I can cry*
[11] a... *because of my sadness*
[12] tiene... *considers*
[13] cargados... *filled with my desire*

Que es, de cuantos tormentos he sufrido,
   la ausencia el más atroz;
55 que es un perpetuo sueño de mi oído
   el eco de su voz;
que siendo por su causa, el alma mía
   ¡goza tanto en sufrir!
Dios mío, ¡cuántas cosas le diría
60   si supiera escribir!

III

— Pues, Señor,[14] ¡bravo amor! Copio y concluyo:
   A don Ramón... En fin,
que es inútil saber para esto, arguyo,
   ni el griego ni el latín.[15]

[14]*Lord*
[15]*que... for neither Latin nor Greek help, I argue, for understanding this (matter of love)*

«Cosas del tiempo»

Pasan veinte años; vuelve él,
y, al verse, exclaman él y ella:
(— ¡Santo Dios! ¿Y éste es aquél?...)
(— ¡Dios mío! ¿Y ésta es aquélla?...)

EJERCICIOS DE COMPRENSIÓN

1. Sin volver a consultar el texto de «La opinión», trate de emparejar cada tipo de persona con su exclamación correspondiente.

   _____ el doctor   a. «era muy bella»
   _____ un joven   b. «duerme en paz»
   _____ un poeta   c. «cesó el sufrir»
   _____ una vieja   d. «me ahoga el llanto»
   _____ el padre   e. «un ángel más»
   _____ los buenos   f. «feliz ella»

2. «¡Quién supiera escribir!» es, en parte, un poema en diálogo. Indique quién es la persona que habla, poniendo **cura** o **novia** al principio de cada intervención.

3. ¿Por qué el cura no quiere escribir «morir»?
   a. La iglesia no permite el amor entre los jóvenes.
   b. El cura cree que la joven va a suicidarse.
   c. La iglesia prohibe la muerte causada por amores.
   d. El cura cree que exagerar un amor así es ofender a Dios.

4. Usando las mismas palabras que usa la novia en la segunda parte de «¡Quién supiera escribir!», escriba una carta de amor a Ramón, haciendo los cambios necesarios (elimine **que**, cambie **su** y **él** por **tu** y **tú**, cambie la forma verbal **tiene**).

CONSIDERACIONES

1. Trate de describir cómo es el cura del poema «¡Quién supiera escribir!».

2. El significado de las palabras del cura en la tercera parte de «¡Quién supiera escribir!» es que la erudición no sirve de ayuda para entender al amor. Presente brevemente sus ideas en favor o en contra de esta afirmación.

LEOPOLDO ALAS, «CLARÍN»

«¡Adiós, Cordera!»

Eran tres: ¡siempre los tres! Rosa, Pinín y la Cordera.
El *prao*[1] Somonte era un recorte triangular de terciopelo verde tendido, como una colgadura, cuesta abajo[2] por la loma. Uno de sus ángulos, el inferior, lo despuntaba el camino de hierro[3] de Oviedo a Gijón. Un palo de telégrafo, plantado allí como pendón de conquista, con sus jícaras[4] blancas y sus alambres paralelos, a derecha e izquierda, representaba para Rosa y Pinín el ancho mundo desconocido, misterioso, temible, eternamente ignorado.[5] Pinín, después de pensarlo

[1] prado = *meadow*
[2] cuesta... *downhill*
[3] lo... *railroad tracks cut through it*
[4] *small cups or bowls (the insulators)*
[5] *unknown*

mucho, cuando a fuerza de[6] ver días y días el poste tranquilo, inofensivo, campechano, con ganas sin duda de aclimatarse en la aldea y parecerse todo lo posible a un árbol seco, fue atreviéndose con él,[7] llevó la confianza al extremo de abrazarse al leño y trepar hasta cerca de los alambres. Pero nunca llegaba a tocar la porcelana de arriba, que le recordaba las jícaras que había visto en la rectoral[8] de Puao. Al verse tan cerca del misterio sagrado, le acometía un pánico de respeto y se dejaba resbalar[9] de prisa hasta tropezar con los pies en el césped.

Rosa, menos audaz, pero más enamorada de lo desconocido, se contentaba con arrimar el oído al palo del telégrafo, y minutos y hasta cuartos de hora pasaba escuchando los formidables rumores metálicos que el viento arrancaba[10] a las fibras del pino seco en contacto con el alambre. Aquellas vibraciones, a veces intensas como las del diapasón[11] que, aplicado al oído, parece que quema con su vertiginoso latir, eran para Rosa los papeles que pasaban, las cartas que se escribían por hilos, el lenguaje incomprensible que lo ignorado hablaba con lo ignorado; ella no tenía curiosidad por entender lo que los de allá, tan lejos, decían a los del otro extremo del mundo. ¿Qué le importaba? Su interés estaba en el ruido por el ruido mismo, por su timbre[12] y su misterio.

La Cordera, mucho más formal que sus compañeros, verdad es que, relativamente, de edad también mucho más madura, se abstenía de toda comunicación con el mundo civilizado, y miraba de lejos el palo del telégrafo, como lo que era para ella, efectivamente: cosa muerta, inútil, que no le servía siquiera para rasgarse.[13] Era una vaca que había vivido mucho. Sentada horas y horas, pues, experta en pastos,[14] sabía aprovechar el tiempo, meditaba más que comía, gozaba del placer de vivir en paz, bajo el cielo gris y tranquilo de su tierra, como quien alimenta el alma, que también tienen los brutos; y si no fuera profanación, podría decirse que los pensamientos de la vaca matrona, llena de experiencia, debían de parecerse todo lo posible a las más sosegadas y doctrinales odas de Horacio.[15]

Asistía a los juegos de los pastorcicos encargados de *llindarla*[16] como una abuela. Si pudiera, se sonreiría al pensar que Rosa y Pinín tenían por misión en el prado cuidar de que ella, de que la Cordera, no se extralimitase,[17] no se metiese por la vía del ferrocarril ni saltara a la heredad[18] vecina. ¡Qué había de saltar![19] ¡Qué se había de meter!

Pastar de cuando en cuando, no mucho, cada día menos, pero con atención, sin perder el tiempo en levantar la cabeza por curiosidad necia, escogiendo sin vacilar los mejores bocados, y, después, sentarse sobre el cuarto trasero[20] con delicia, a rumiar[21] la vida, a gozar el deleite del no padecer, del dejarse existir. Esto era lo que ella tenía que

---

[6]a... by dint of
[7]fue... he began getting brave with it
[8]rectory
[9]slide down
[10]drew out of
[11]tuning fork
[12]tone
[13]scratch herself
[14]grasses
[15]más... most peaceful and edifying odes (pastoral poems) of Horace (65–8 B.C.)
[16]care for her
[17]wander away
[18]farm
[19]¡Qué... How was she going to jump!
[20]cuarto... hindquarter
[21]chew over (as cud)

hacer, y todo lo demás, aventuras peligrosas. Ya no recordaba cuándo le había picado la mosca. El *xatu*,[22] los saltos locos por las praderas[23] adelante… ¡todo eso estaba tan lejos!

Aquella paz sólo se había turbado en los días de prueba de la inauguración del ferrocarril. La primera vez que la Cordera vio pasar el tren, se volvió loca. Saltó la sebe[24] de lo más alto del Somonte, corrió por prados ajenos, y el terror duró muchos días, renovándose, más o menos violento, cada vez que la máquina asomaba por la trinchera[25] vecina. Poco a poco se fue acostumbrando al estrépito[26] inofensivo. Cuando llegó a convencerse de que era un peligro que pasaba, una catástrofe que amenazaba sin dar,[27] redujo sus precauciones a ponerse en pie y a mirar de frente, con la cabeza erguida,[28] al formidable monstruo; más adelante no hacía más que mirarlo, sin levantarse, con antipatía y desconfianza; acabó por no mirar al tren siquiera.

En Pinín y Rosa la novedad del ferrocarril produjo impresiones más agradables y persistentes. Si al principio era una alegría loca, algo mezclada de miedo supersticioso, una excitación nerviosa que les hacía prorrumpir en gritos, gestos, pantomimas descabelladas, después fue un recreo pacífico, suave, renovado varias veces al día. Tardó mucho en gastarse aquella emoción de contemplar la marcha vertiginosa, acompañada del viento, de la gran culebra de hierro, que llevaba dentro de sí tanto ruido y tantas castas de gentes desconocidas, extrañas.

Pero telégrafo, ferrocarril, todo eso, era lo de menos:[29] un accidente pasajero[30] que se ahogaba en el mar de soledad que rodeaba el *prao* Somonte. Desde allí no se veía vivienda humana; allí no llegaban ruidos del mudo más que al pasar el tren. Mañanas sin fin, bajo los rayos del sol a veces, entre el zumbar de los insectos, la vaca y los niños esperaban la proximidad del mediodía para volver a casa. Y luego, tardes eternas, de dulce tristeza silenciosa, en el mismo prado, hasta venir la noche, con el lucero vespertino[31] por testigo mudo en la altura. Rodaban las nubes allá arriba, crecían las sombras de los árboles y de las peñas[32] en la loma y en la cañada,[33] se acostaban los pájaros, empezaban a brillar algunas estrellas en lo más obscuro del cielo azul, y Pinín y Rosa, los niños gemelos, los hijos de Antón de Chinta, teñida[34] el alma de la dulce serenidad soñadora de la solemne y seria Naturaleza, callaban horas y horas, después de sus juegos, nunca muy estrepitosos, sentados cerca de la Cordera, que acompañaba el augusto silencio de tarde en tarde con un blando son de perezosa esquila.[35]

En este silencio, en esta calma inactiva, había amores. Se amaban los dos hermanos como dos mitades de un fruto verde, unidos por la

---

[22] *stud bull*
[23] *pastures*
[24] *stake fence*
[25] *train bed*
[26] *noise*
[27] sin… *without striking*
[28] *erect*
[29] lo… *the least of it*
[30] accidente… *temporary occurrence*
[31] lucero… *evening star*
[32] *rocks*
[33] *ravine*
[34] *stained*
[35] *cowbell*

misma vida, con escasa conciencia de lo que en ellos era distinto, de cuanto los separaba; amaban Pinín y Rosa a la Cordera, la vaca abuela, grande, amarillenta, cuyo testuz parecía una cuna.[36] La Cordera recordaría a un poeta la zavala del *Ramayana*,[37] la vaca santa: tenía en la amplitud de sus formas, en la solemne serenidad de sus pausados y nobles movimientos, aires y contornos de ídolo destronado, caído, contento con su suerte, más satisfecha con ser vaca verdadera que dios falso. La Cordera, hasta donde es posible adivinar estas cosas, puede decirse que también quería a los gemelos encargados de apacentarla.

Era poco expresiva; pero la paciencia con que los toleraba cuando en sus juegos ella les servía de almohada, de escondite, de montura y para otras cosas que ideaba la fantasía de los pastores, demostraba tácitamente el afecto del animal pacífico y pensativo.

En tiempos difíciles, Pinín y Rosa habían hecho por la Cordera los imposibles de solicitud y cuidado. No siempre Antón de Chinta había tenido el prado Somonte. Este regalo[38] era cosa relativamente nueva. Años atrás, la Cordera tenía que salir a la gramática, esto es, a apacentarse como podía, a la buena ventura de los caminos y callejas, de las rapadas y escasas[39] praderías del común,[40] que tanto tenían de vía pública como de pastos. Pinín y Rosa, en tales días de penuria, la guiaban a los mejores altozanos,[41] a los parajes[42] más tranquilos y menos esquilmados,[43] y la libraban de las mil injurias a que están expuestas las pobres reses que tienen que buscar su alimento en los azares[44] de un camino.

En los días de hambre en el establo, cuando el heno[45] escaseaba y el narvaso para *estrar* el lecho caliente[46] de la vaca faltaba también, a Rosa y a Pinín debía la Cordera mil industrias que la hacían más suave la miseria. ¡Y qué decir de los tiempos heroicos del parto y la cría, cuando se entablaba[47] la lucha necesaria entre el alimento y regalo de la nación[48] y el interés de los Chintos, que consistía en robar a las ubres de la pobre madre toda la leche que no fuera absolutamente indispensable para que el ternerillo[49] subsistiese! Rosa y Pinín, en tal conflicto, siempre estaban de parte de la Cordera, y en cuanto había ocasión, a escondidas,[50] soltaban el recental,[51] que ciego y como loco, a testarazos contra todo,[52] corría a buscar el amparo de la madre, que le albergaba bajo su vientre, volviendo la cabeza agradecida y solícita, diciendo, a su manera:

— Dejen a los niños y a los recentales que vengan a mí.

Estos recuerdos, estos lazos,[53] son de los que no se olvidan.

Añádase a todo que la Cordera tenía la mejor pasta de vaca sufrida del mundo. Cuando se veía emparejada bajo el yugo[54] con cualquier

---

[36] cuyo… *whose neck seemed a cradle*
[37] *sacred cow in the Indian epic* Ramayana
[38] *luxury*
[39] rapadas… *mown and sparse*
[40] del… *public*
[41] *hills*
[42] *places*
[43] *harvested*
[44] *dangers*
[45] *hay*
[46] narvaso… *cornstalks to spread out for the warm bed*
[47] se… *began*
[48] *baby calf*
[49] *little calf*
[50] a… *secretly*
[51] soltaban… *they let the newborn calf loose*
[52] a… *obstinately*
[53] *bonds*
[54] *yoke*

compañera, fiel a la gamella,[55] sabía someter su voluntad a la ajena, y horas y horas se la veía con la cerviz inclinada, la cabeza torcida, en incómoda postura, velando en pie mientras la pareja dormía en tierra.

Antón de Chinta comprendió que había nacido para pobre cuando palpó[56] la imposibilidad de cumplir aquel sueño dorado suyo de tener un corral propio con dos yuntas[57] por lo menos. Llegó, gracias a mil ahorros, que eran mares de sudor y purgatorios de privaciones, llegó a la primera vaca, la Cordera, y no pasó de ahí; antes de poder comprar la segunda se vio obligado, para pagar atrasos[58] al amo, el dueño de la *casería*[59] que llevaba en renta, a llevar al mercado a aquel pedazo de sus entrañas, la Cordera, el amor de sus hijos. La Chinta había muerto a los dos años de tener la Cordera en casa. El establo y la cama de matrimonio estaban pared por medio, llamando pared a un tejido de ramas de castaño y de cañas de maíz. La Chinta, musa de la economía en aquel hogar miserable, había muerto mirando a la vaca por un boquete del destrozado tabique de ramaje,[60] señalándola como salvación de la familia. «Cuidadla, es vuestro sustento», parecían decir los ojos de la pobre moribunda, que murió extenuada[61] de hambre y de trabajo.

El amor de los gemelos se había concentrado en la Cordera; el regazo,[62] que tiene su cariño especial, que el padre no puede reemplazar, estaba al calor de la vaca en el establo y allá, en el Somonte.

Todo eso lo comprendía Antón a su manera, confusamente. De la venta necesaria no había que decir palabra a los niños. Un sábado de julio, al ser de día, de mal humor, Antón echó a andar hacia Gijón, llevando la Cordera por delante, sin más atavío que el collar de esquila. Pinín y Rosa dormían. Otros días había que despertarlos a azotes.[63] El padre los dejó tranquilos. Al levantarse se encontraron sin la Cordera. «Sin duda, *mío pa*[64] la había llevado al *xatu*.» No cabía otra conjetura. Pinín y Rosa opinaban que la vaca iba de mala gana; creían ellos que no deseaba más hijos, pues todos acababa por perderlos pronto, sin saber cómo ni cuándo.

Al obscurecer, Antón y la Cordera entraban por la *corrada*,[65] mohínos,[66] cansados y cubiertos de polvo. El padre no dio explicaciones, pero los hijos adivinaron el peligro.

No había vendido, porque nadie había querido llegar al precio que a él se le había puesto en la cabeza. Era excesivo: un sofisma del cariño. Pedía mucho por la vaca para que nadie se atreviese a llevársela. Los que se habían acercado a intentar fortuna se habían alejado pronto, echando pestes de aquel hombre que miraba con ojos de rencor y desafío al que osaba[67] insistir en acercarse al precio fijo en que él se

[55] *her half of the yoke*
[56] *he felt*
[57] *pairs of oxen*
[58] *back payments*
[59] *tenant farm*
[60] *boquete... gap in the broken cornstalk partition*
[61] *worn out*
[62] *lap*
[63] *a... with a beating*
[64] *mío... mi padre*
[65] *corral*
[66] *sulking*
[67] *dared*

abroquelaba.⁶⁸ Hasta el último momento del mercado estuvo Antón de Chinta en el Humedal, dando plazo a la fatalidad.⁶⁹ «No se dirá», pensaba, «que yo no quiero vender: son ellos, que no me pagan la Cordera en lo que vale». Y, por fin, suspirando, si no satisfecho, con cierto consuelo, volvió a emprender el camino por la carretera de Candás adelante, entre la confusión y el ruido de cerdos y novillos, bueyes y vacas, que los aldeanos de muchas parroquias del contorno⁷⁰ conducían con mayor o menor trabajo, según eran de antiguo las relaciones entre dueños y bestias.

En el Nataoyo, en el cruce de dos caminos, todavía estuvo expuesto el de Chinta a quedarse sin la Cordera; un vecino de Carrió que le había rondado⁷¹ todo el día ofreciéndole pocos duros⁷² menos de los que pedía, le dio el último ataque, algo borracho.

El de Carrió subía, subía luchando entre la codicia,⁷³ y el capricho de llevar la vaca. Antón, como una roca. Llegaron a tener las manos enlazadas,⁷⁴ parados en medio de la carretera, interrumpiendo el paso. Por fin, la codicia pudo más; el pico de los cincuenta⁷⁵ los separó como un abismo; se soltaron las manos, cada cual tiró por su lado; Antón, por la calleja que, entre madreselvas que aún no florecían y zarzamoras en flor, le condujo hasta su casa.

Desde aquel día en que adivinaron el peligro, Pinín y Rosa no sosegaron. A media semana se *personó* el mayordomo del corral de Antón. Era otro aldeano de la misma parroquia, de malas pulgas,⁷⁶ cruel con los *caseros* atrasados. Antón, que no admitía reprimendas,⁷⁷ se puso lívido ante las amenazas de desahucio.⁷⁸

El amo no esperaba más. Bueno, vendería la vaca a vil precio, por una merienda.⁷⁹ Había que pagar o quedarse en la calle.

Al sábado inmediato acompañó al Humedal Pinín a su padre. El niño miraba con horror a los contratistas de carnes, que eran los tiranos del mercado. La Cordera fue comprada en su justo precio por un rematante⁸⁰ de Castilla. Se la hizo una señal⁸¹ en la piel y volvió a su establo de Puao, ya vendida, ajena, tañendo tristemente la esquila. Detrás caminaban Antón de Chinta, taciturno, y Pinín, con ojos como puños.⁸² Rosa, al saber la venta, se abrazó al testuz de la Cordera, que inclinaba la cabeza a las caricias como al yugo.

«¡Se iba la vieja!» pensaba con el alma destrozada⁸³ Antón el huraño.⁸⁴ Ella será bestia, pero sus hijos no tenían otra madre ni otra abuela.

Aquellos días en el pasto, en la verdura del Somonte, el silencio era fúnebre. La Cordera, que ignoraba su suerte, descansaba y pacía como siempre… como descansaría y comería un minuto antes de que el brutal porrazo⁸⁵ la derribase muerta. Pero Rosa y Pinín yacían

---

⁶⁸en… *with which he defended himself*
⁶⁹dando… *giving more time to Fate*
⁷⁰parroquias… *neighborhood parishes*
⁷¹que… *who had hung around him*
⁷²*five-peseta coins*
⁷³*greed*
⁷⁴tener… *shake hands*
⁷⁵pico… *last of the fifty pesetas*
⁷⁶de… *ill-humored*
⁷⁷que… *who could not accept reprimands*
⁷⁸*eviction*
⁷⁹por… *for a snack (cheap)*
⁸⁰*cattle auctioneer*
⁸¹*brand*
⁸²con… *with puffy eyes*
⁸³*destroyed*
⁸⁴*surly one*
⁸⁵*blow*

desolados,[86] tendidos sobre la hierba, inútil en adelante. Miraban con rencor los trenes que pasaban y los alambres del telégrafo. Era aquel mundo desconocido, tan lejos de ellos por un lado, y por otro el que les llevaba su Cordera.

El viernes, al obscurecer, fue la despedida. Vino un encargado del rematante de Castilla por la res. Pagó; bebieron un trago Antón y el comisionado,[87] y se sacó a la quintana[88] la Cordera. Antón había apurado la botella; estaba exaltado; el peso del dinero en el bolsillo le animaba también. Quería aturdirse.[89] Hablaba mucho, alababa las excelencias de la vaca. El otro sonreía, porque las alabanzas de Antón eran impertinentes. ¿Que daba la res tantos y tantos *xarros*[90] de leche? ¿Que era noble en el yugo, fuerte con la carga? ¿Y qué,[91] si dentro de pocos días había de estar reducida a chuletas y otros bocados suculentos? Antón no quería imaginar esto; se la figuraba viva, trabajando, sirviendo a otro labrador, olvidada de él y de sus hijos, pero viva, feliz... Pinín y Rosa, sentados sobre el montón de *cucho*,[92] recuerdo para ellos sentimental de la Cordera y de los propios afanes,[93] unidos por las manos, miraban al enemigo con ojos de espanto. En el supremo instante se arrojaron sobre su amiga; besos, abrazos: hubo de todo. No podían separarse de ella. Antón, agotada de pronto la excitación del vino, cayó como en un marasmo;[94] cruzó los brazos y entró en el corral obscuro. Los hijos siguieron un buen trecho[95] por la calleja de altos setos[96] el triste grupo del indiferente comisionado y la Cordera, que iba de mala gana con un desconocido y a tales horas. Por fin, hubo que separarse. Antón, malhumorado, exclamaba desde casa:

— ¡Bah, bah, *neños*, acá vos digo: basta de *pamemas*![97] — Así gritaba de lejos el padre con voz de lágrimas.

Caía la noche; por la calleja obscura, que hacían casi negra los altos setos, formando casi bóveda,[98] se perdió el bulto de la Cordera, que parecía negra de lejos. Después no quedó de ella más que el *tintán* pausado de la esquila, desvanecido con la distancia, entre los chirridos melancólicos de cigarras[99] infinitas.

— ¡Adiós, Cordera! — gritaba Rosa, deshecha en llanto. —
¡Adiós, Cordera de *mío* alma!

— ¡Adiós, Cordera! — repetía Pinín, no más sereno.

— ¡Adiós! — contestó por último, a su modo, la esquila, perdiéndose su lamento triste, resignado, entre los demás sonidos de la noche de julio en la aldea.

Al día siguiente, muy temprano, a la hora de siempre, Pinín y Rosa fueron al *prao* Somonte. Aquella soledad no lo había sido nunca para ellos triste; aquel día el Somonte, sin la Cordera, parecía el desierto.

---

[86]yacían... were devastated
[87]middleman
[88]field
[89]to try to forget
[90]jarros = liters
[91]¿Y... And for what?
[92]dung
[93]labors
[94]apathy
[95]buen... long way
[96]hedgerows
[97]foolish acts
[98]vaulted ceiling
[99]cicadas

De repente silbó la máquina, apareció el humo, luego el tren. En un furgón[100] cerrado, con unas estrechas ventanas altas, o respiradores, vislumbraron[101] los hermanos gemelos cabezas de vacas que, pasmadas,[102] miraban por aquellos tragaluces.

— ¡Adiós, Cordera! — gritó Rosa, adivinando allí a su amiga, a la vaca abuela.

— ¡Adiós, Cordera! — vociferó Pinín con la misma fe, enseñando los puños al tren, que volaba camino de Castilla.

Y, llorando, repetía el rapaz,[103] más enterado que su hermana de las picardías del mundo:

— La llevan al matadero... Carne de vaca, para comer los señores, los curas... los indianos.[104]

— ¡Adiós, Cordera!

— ¡Adiós, Cordera!

Y Rosa y Pinín miraban con rencor la vía, el telégrafo, los símbolos de aquel mundo enemigo, que les arrebataba,[105] que les devoraba a su compañera de tantas soledades, de tantas ternuras silenciosas, para sus apetitos, para convertirla en manjares[106] de ricos glotones...

— ¡Adiós, Cordera!

— ¡Adiós, Cordera!

Pasaron muchos años. Pinín se hizo mozo y se lo llevó el Rey.[107] Ardía la guerra carlista.[108] Antón de Chinta era casero de un cacique[109] de los vencidos; no hubo influencia para declarar inútil[110] a Pinín, que, por ser, era como un roble.

Y una tarde triste de octubre, Rosa, en el *prao* Somonte, sola, esperaba el paso del tren correo de Gijón, que le llevaba a sus únicos amores, su hermano. Silbó a lo lejos la máquina, apareció el tren en la trinchera, pasó como un relámpago. Rosa, casi molida por las ruedas, pudo ver un instante en un coche de tercera multitud de cabezas de pobres quintos[111] que gritaban, gesticulaban, saludando a los árboles, al suelo, a los campos, a toda la patria familiar, a la pequeña, que dejaban para ir a morir en las luchas fratricidas de la patria grande, al servicio de un rey y de unas ideas que no conocían.

Pinín, con medio cuerpo fuera de una ventanilla, tendió los brazos a su hermana; casi se tocaron. Y Rosa pudo oír, entre el estrépito de las ruedas y la gritería de los reclutas, la voz distinta de su hermano, que sollozaba, exclamando, como inspirado por un recuerdo de dolor lejano:

— ¡Adiós, Rosa! ¡Adiós, Cordera!

— ¡Adiós, Pinín! ¡Pinín de *mío* alma!

---

[100] boxcar
[101] made out
[102] astonished
[103] boy
[104] rich emigrants returned from America
[105] snatched away
[106] dishes, food
[107] se... the Government took him away
[108] The Carlist War (1873–1876) was one of many civil uprisings in northern Spain led by conservative and separatist groups against the central government of Madrid.
[109] local political boss
[110] declarar... disqualify
[111] draftees

Allá iba, como la otra, como la vaca abuela. Se lo llevaba el mundo. Carne de vaca para los glotones, para los indianos; carne de su alma, carne de cañón para las locuras del mundo, para las ambiciones ajenas.

[112]de... *with cold cinders*

Entre confusiones de dolor y de ideas, pensaba así la pobre hermana viendo al tren perderse a lo lejos, silbando triste, con silbido que repercutían los castaños, las vegas y los peñascos.

¡Qué sola se quedaba! Ahora sí, ahora sí que era un desierto el *prao* Somonte.

— ¡Adiós, Pinín! ¡Adiós, Cordera!

Con qué odio miraba Rosa la vía manchada de carbones apagados;[112] con qué ira los alambres del telégrafo! ¡Oh!, bien hacía la Cordera en no acercarse. Aquello era el mundo, lo desconocido, que se lo llevaba todo. Y sin pensarlo, Rosa apoyó la cabeza sobre el palo clavado como un pendón en la punta del Somonte. El viento cantaba en las entrañas del pino seco su canción metálica. Ahora ya lo comprendía Rosa. Era canción de lágrimas, de abandono, de soledad, de muerte.

En las vibraciones rápidas, como quejidos, creía oír, muy lejana, la voz que sollozaba por la vía adelante:

— ¡Adiós, Rosa! ¡Adiós, Cordera!

EJERCICIOS DE COMPRENSIÓN

1. Empareje los personajes con su actitud respectiva hacia el palo del telégrafo.

    _____ Le encantaba el sonido de los alambres.

    _____ No mostraba ningún interés en el palo.

    _____ Trepaba el palo, pero no se atrevía a tocar las jícaras.

    a. Pinín
    b. Rosa
    c. la Cordera

2. ¿Cómo fue la primera reacción de la Cordera al paso del ferrocarril?
    a. Se asustó mucho.
    b. No le causó ninguna impresión.
    c. Ya estaba acostumbrada al ruido de los trenes.
    d. Temía que viniera a llevársela a la ciudad.

3. Decida cuáles de las siguientes descripciones del palo del telégrafo y del ferrocarril representan una amenaza y cuáles no.

   _____ «pendón de conquista»   _____ «la máquina»

   _____ «poste tranquilo»   _____ «estrépito inofensivo»

   _____ «árbol seco»   _____ «un peligro que pasaba»

   _____ «misterio sagrado»   _____ «una catástrofe que amenazaba sin dar»

   _____ «pino seco»   _____ «formidable monstruo»

   _____ «cosa muerta»   _____ «culebra de hierro»

4. ¿Por qué querían tanto Pinín y Rosa a su vaca, la Cordera?
   a. Era una vaca que daba mucha leche.
   b. Era una vaca sagrada.
   c. Era una vaca que les daba amor, ternura y protección.
   d. Era el único animal con que podían jugar.

5. ¿Cómo murió la madre de Rosa y Pinín?
   a. de parto
   b. de enfermedad
   c. de vejez
   d. de hambre y de trabajo

6. ¿Por qué vendió la vaca Antón de Chinta?
   a. Necesitaba dinero para pagar el alquiler.
   b. La vaca no daba leche.
   c. El gobierno quería la vaca para dar de comer al ejército.
   d. Rosa y Pinín se habían cansado de la vaca.

7. Ponga en el orden en que ocurrieron (1 – 7) los siguientes acontecimientos del viernes en que se fue la Cordera:

   _____ Pinín y Rosa gritaron varias veces «¡Adiós, Cordera!».

   _____ Pinín y Rosa besaron y abrazaron a la vaca.

   _____ Se perdió el ruido de la esquila entre los ruidos nocturnos.

   _____ Vino el comisionado por la vaca.

   _____ El comisionado llevó a la Cordera por la calleja.

   _____ Antón se emborrachó.

   _____ Antón se escondió en el corral.

CONSIDERACIONES

1. Describa la crítica emocional que hay en las palabras de Pinín al ver a la Cordera alejarse en el ferrocarril. Luego compárela con la crítica social de Rosa al ver a Pinín alejarse en el ferrocarril.
2. Describa la actitud que se percibe en este cuento en relación con la guerra e indique las líneas que mejor ilustran esta idea.
3. Compare la actitud final de Rosa hacia el telégrafo y el ferrocarril con la actitud que tenía al principio del cuento.
4. ¿Cuál es la noción de la sociedad urbana y mecanizada que «Clarín» quiere dar al lector?
5. Busque alusiones cristianas en este cuento (empezando por el nombre de «la Cordera»).

VICENTE BLASCO IBÁÑEZ

«En el mar»

A las dos de la mañana llamaron a la puerta de la barraca.[1]
— ¡Antonio! ¡Antonio!
Y Antonio saltó de la cama. Era su compadre, el compañero de pesca, que le avisaba para hacerse a la mar.[2]
Había dormido poco aquella noche. A las once todavía charlaba con Rufina, su pobre mujer, que se revolvía inquieta en la cama, hablando de los negocios. No podían marchar peor. ¡Vaya un verano![3] En el anterior, los atunes habían corrido el Mediterráneo en bandadas[4] interminables. El día que menos,[5] se mataban doscientas o trescientas arrobas;[6] el dinero circulaba como una bendición de Dios, y los que, como Antonio, guardaron buena conducta e hicieron sus ahorrillos se emanciparon de la condición de simples marineros, comprándose una barca para pescar por cuenta propia.[7]
El puertecillo estaba lleno. Una verdadera flota[8] lo ocupaba todas las noches, sin espacio apenas para moverse; pero con el aumento de barcas había venido la carencia de pesca.

[1] hut typical of the Valencian region
[2] hacerse... go out to sea
[3] ¡Vaya... What a summer!
[4] schools
[5] El... On a slow day
[6] arroba = a weight of 25 lbs.
[7] por... on their own account
[8] fleet

The Valencian region has always depended on the Mediterranean for its livelihood. Descending from the north, it is the first part of the Spanish coast to have wide, gently sloping beaches suitable for pulling the small fishing boats ashore (usually by means of a team of oxen specially trained to work in the surf). Valencia also boasts Spain's biggest lake, the Albufera, a shallow estuary famous for the rice paddies that surround its shore. The boats used on the Albufera and on the open sea are readily distinguishable as Valencian because of their large lateen sails, whose triangular shapes catch well the gentle breezes of the Mediterranean.

    Las redes sólo sacaban algas o pez menudo; morralla[9] de la que se deshace en la sartén. Los atunes habían tomado este año otro camino, y nadie conseguía izar[10] uno sobre su barca.

    Rufina estaba aterrada por esta situación. No había dinero en casa; debían en el horno[11] y en la tienda, y el señor Tomás, un patrón reti-

[9]algas... *algae or small fry; trash fish*
[10]*hoist*
[11]*bakery*

rado, dueño del pueblo por sus judiadas, les amenazaba continuamente si no entregaban algo de los cincuenta duros[12] con intereses que les había prestado para la terminación de aquella barca tan esbelta y tan velera[13] que consumió todos sus ahorros.

Antonio, mientras se vestía, despertó a su hijo, un grumete[14] de nueve años que le acompañaba en la pesca y hacía el trabajo de un hombre.

— A ver si hoy tenéis más fortuna — murmuró la mujer desde la cama. — En la cocina encontraréis el capazo de las provisiones. Ayer ya no querían fiarme[15] en la tienda. ¡Ay, Señor, y qué oficio tan perro![16]

— Calla, mujer; malo está el mar, pero Dios proveerá. Justamente vieron ayer algunos un atún que va suelto; un «viejo» que se calcula pesa más de treinta arrobas. ¡Figúrate si lo cogiéramos! Lo menos sesenta duros.

Y el pescador acabó de arreglarse pensando en aquel pescadote,[17] un solitario que, separado de su manada, volvía, por la fuerza de la costumbre, a las mismas aguas que el año anterior.

Antoñico estaba ya de pie y listo para partir, con la gravedad y satisfacción del que se gana el pan a la edad en que otros juegan; al hombro el capazo de las provisiones y en una mano la banasta de los roveles,[18] el pez favorito de los atunes, el mejor cebo[19] para atraerlos.

Padre e hijo salieron de la barraca y siguieron la playa hasta llegar al muelle de los pescadores. El compadre les esperaba en la barca preparando la vela.

La flotilla se removía en la obscuridad, agitando su empalizada de mástiles.[20] Corrían sobre ella las negras siluetas de los tripulantes, rasgaba el silencio el ruido de los palos cayendo sobre cubierta, el chirriar de las garruchas y las cuerdas,[21] y las velas desplegándose en la obscuridad como enormes sábanas.

El pueblo extendía hasta cerca del agua sus calles rectas, orladas de casitas blancas, donde se albergaban por una temporada los veraneantes, todas aquellas familias venidas del interior en busca del mar. Cerca del muelle, un caserón[22] mostraba sus ventanas como hornos encendidos, trazando regueros de luz[23] sobre las inquietas aguas.

Era el Casino. Antonio lanzó hacia él una mirada de odio. ¡Cómo trasnochaban aquellas gentes! Estarían jugándose el dinero. ¡Si tuvieran que madrugar para ganarse el pan!

— ¡Iza, iza, que van muchos delante!

El compadre y Antoñico tiraron de las cuerdas, y lentamente se remontó[24] la vela latina, estremeciéndose al ser curvada por el viento.

[12] *five-peseta coins*
[13] *sailable*
[14] *cabin boy*
[15] *give me credit*
[16] *rotten*
[17] *giant fish*
[18] banasta... *hamper of bait fish*
[19] *bait*
[20] empalizada... *stake fence (of masts)*
[21] el chirriar... *creaking of the pulleys and lines*
[22] *large house*
[23] trazando... *sketching trails of light*
[24] se... *was raised*

La barca se arrastró, primero, mansamente sobre la tranquila superficie de la bahía; después ondularon las aguas y comenzó a cabecear;[25] estaban fuera de puntas,[26] en el mar libre.

Al frente, el obscuro infinito, en el que parpadeaban las estrellas, y por todos lados, sobre la mar negra, barcas y más barcas que se alejaban como puntiagudos fantasmas resbalando[27] sobre las olas.

El compadre miraba el horizonte.

— Antonio, cambia el viento.

— Ya lo noto.

— Tendremos mar gruesa.[28]

— Lo sé; pero ¡adentro![29] Alejémonos de todos estos que barren el mar.

Y la barca, en vez de ir tras las otras, que seguían la costa, continuó con la proa[30] mar adentro.

Amaneció. El sol, rojo y recortado cual enorme oblea,[31] trazaba sobre el mar un triángulo de fuego y las aguas hervían[32] como si reflejasen un incendio.

Antonio empuñaba el timón,[33] el compañero estaba junto al mástil, y el chicuelo en la proa explorando el mar. De la popa y las bordas pendían cabelleras de hilos[34] que arrastraban sus cebos dentro del agua. De vez en cuando, tirón,[35] y arriba un pez, que se revolvía y brillaba como estaño animado.[36] Pero eran piezas menudas, nada.

Y así pasaron las horas; la barca siempre adelante, tan pronto acostada[37] sobre las olas como saltando, hasta enseñar su panza[38] roja. Hacía calor, y Antoñico se escurría por la escotilla[39] para beber del tonel de agua metido en la estrecha cala.

A las diez habían perdido de vista la tierra; únicamente se veían por la parte de popa las velas lejanas de otras barcas, como aletas de peces blancos.

— ¡Pero, Antonio! — exclamó el compadre, — ¿es que vamos a Orán[40]? Cuando la pesca no quiere presentarse, lo mismo da aquí que más adentro.

Viró Antonio y la barca comenzó a correr bordadas,[41] pero sin dirigirse a tierra.

— Ahora — dijo alegremente — tomemos un bocado. Compadre, trae el capazo. Ya se presentará la pesca cuando ella quiera.

Para cada uno un enorme mendrugo y una cebolla cruda, machacada a puñetazos sobre la borda.[42]

El viento soplaba fuerte y la barca cabeceaba rudamente sobre las olas de larga y profunda ondulación.

— ¡*Pae*![43] – gritó Antoñico desde la proa. — ¡Un pez grande, muy grande! ¡Un atún!

[25] pitched
[26] fuera... beyond the sand bars
[27] como... like pointed ghosts sliding
[28] rough
[29] (mar) adentro = out to sea
[30] prow
[31] cual... like an enormous wafer
[32] boiled
[33] rudder
[34] pendían... hung fishing lines, looking like a head of hair
[35] a strike
[36] estaño... quicksilver
[37] laid back
[38] belly (hull)
[39] hatchway
[40] city in Algeria
[41] a... to tack with the wind
[42] mendrugo... piece of bread and a raw onion crushed by banging it against the gunwale
[43] Padre

Rodaron[44] por la popa las cebollas y el pan, y los dos hombres se asomaron a la borda.

Sí, era un atún; pero enorme, ventrudo,[45] poderoso, arrastrando casi a flor de agua[46] su negro lomo de terciopelo; el solitario, tal vez, de que tanto hablaban los pescadores. Flotaba poderosamente; pero, con una ligera contracción de su fuerte cola, pasaba de un lado a otro de la barca, y tan pronto se perdía de vista como reaparecía instantáneamente.

Antonio enrojeció de emoción, y apresuradamente echó al mar el aparejo con un anzuelo grueso[47] como un dedo.

Las aguas se enturbiaron y la barca se conmovió, como si alguien con fuerza colosal tirase de ella deteniéndola en su marcha e intentando hacerla zozobrar.[48] La cubierta se bamboleaba como si huyese bajo los pies de los tripulantes, y el mástil crujía[49] a impulsos de la hinchada vela. Pero de pronto el obstáculo cedió, y la barca, dando un salto, volvió a emprender su marcha.

El aparejo, antes rígido y tirante, pendía flojo y desmayado.[50] Tiraron de él y salió a la superficie el anzuelo, pero roto, partido por la mitad, a pesar de su tamaño.

El compadre meneó tristemente la cabeza.

— Antonio, ese animal puede más que[51] nosotros. Que se vaya, y demos gracias porque ha roto el anzuelo. Por poco más vamos al fondo.

— ¿Dejarlo? — gritó el patrón. — ¡Un demonio! ¿Sabes cuánto vale esa pieza? No está el tiempo para escrúpulos ni miedos. ¡A él! ¡A él!

Y haciendo virar la barca, volvió a las mismas aguas donde se había verificado el encuentro.

Puso el anzuelo nuevo, un enorme gancho,[52] en el que ensartó varios roveles, y sin soltar el timón agarró un agudo bichero.[53] ¡Flojo golpe iba a soltarle[54] a aquella bestia estúpida y fornida como se pusiera a su alcance!

El aparejo pendía de la popa casi recto. La barca volvió a estremecerse, pero esta vez de un modo terrible. El atún estaba bien agarrado y tiraba del sólido gancho, deteniendo la barca, haciéndola danzar locamente sobre las olas.

El agua parecía hervir; subían a la superficie espumas y burbujas en turbio remolino, cual si en la profundidad se desarrollase una lucha de gigantes, y de pronto la barca, como agarrada por oculta mano, se acostó, invadiendo el agua hasta la mitad de la cubierta.

Aquel tirón derribó a los tripulantes. Antonio, soltando el timón, se vio casi en las olas; pero sonó un crujido y la barca recobró su

[44] Rolled
[45] potbellied
[46] a... at water level
[47] aparejo... rig with a thick hook
[48] capsize
[49] creaked
[50] flojo... limp and lifeless
[51] puede... is stronger than
[52] hook
[53] boathook
[54] ¡Flojo... Only a low blow would make him lose

posición normal. Se había roto el aparejo, y en el mismo instante apareció el atún junto a la borda, casi a flor de agua, levantando enormes espumarajos[55] con su cola poderosa. ¡Ah ladrón! ¡Por fin se ponía a tiro![56] Y rabiosamente, como si se tratara de un enemigo implacable, Antonio le tiró varios golpes con el bichero, hundiendo el hierro en aquella piel viscosa. Las aguas se tiñeron de sangre y el animal se hundió en un rojo remolino.

Antonio respiró al fin. De buena se habían librado;[57] todo duró algunos segundos; pero un poco más, y se hubieran ido al fondo.

Miró la mojada cubierta y vio al compadre al pie del mástil, agarrado a él, pálido, pero con inalterable tranquilidad.

—Creí que nos ahogábamos, Antonio. ¡Hasta he tragado agua! ¡Maldito animal! Pero buenos golpes le has atizado.[58] Ya verás cómo no tarda en salir a flote.

—¿Y el chico?

Esto lo preguntó el padre con inquietud, con zozobra,[59] como si temiera la respuesta.

No estaba sobre cubierta. Antonio se deslizó por la escotilla, esperando encontrarlo en la cala. Se hundió en agua hasta la rodilla; el mar la había inundado. ¿Pero quién pensaba en esto? Buscó a tientas[60] en el reducido y obscuro espacio, sin encontrar más que el tonel de agua y los aparejos de repuesto.[61] Volvió a cubierta como un loco.

—¡El chico! ¡El chico! ¡Mi Antoñico!

El compadre torció el gesto tristemente. ¿No estuvieron ellos próximos a ir al agua? Atolondrado[62] por algún golpe, se habría ido al fondo como una bala.[63] Pero el compañero, aunque pensó todo esto, nada dijo.

Lejos, en el sitio donde la barca había estado próxima a zozobrar, flotaba un objeto negro sobre las aguas.

—¡Allá está!

Y el padre se arrojó al agua nadando vigorosamente, mientras el compañero amainaba[64] la vela.

Nadó y nadó, pero sus fuerzas casi le abandonaron al convencerse de que el objeto era un remo, un despojo[65] de su barca.

Cuando las olas le levantaban, sacaba el cuerpo fuera para ver más lejos. Agua por todas partes. Sobre el mar sólo estaban él, la barca que se aproximaba y una curva negra que acababa de surgir y que se contraía espantosamente[66] sobre una gran mancha de sangre.

El atún había muerto. ¡Valiente cosa le importaba![67] ¡La vida de su hijo único, de su Antoñico, a cambio de la de aquella bestia! ¡Dios! ¿Era esto manera de ganarse el pan?

---

[55] foam
[56] ¡Por... He was finally close enough to harpoon!
[57] De... He had been very lucky
[58] given
[59] anguish
[60] a... feeling his way
[61] de... spare
[62] Stunned
[63] bullet
[64] lowered
[65] debris
[66] se... contracted terrifyingly
[67] ¡Valiente... It mattered a lot to him now!

Nadó más de una hora, creyendo a cada rozamiento[68] que el cuerpo de su hijo iba a surgir bajo sus piernas, imaginándose que las sombras de las olas eran el cadáver del niño que flotaba entre dos aguas.[69]

Allí se hubiera quedado, allí habría muerto con su hijo. El compadre tuvo que pescarlo y meterlo en la barca como un niño rebelde.

—¿Qué hacemos, Antonio?

Él no contestó.

—No hay que tomarlo así. Son cosas de la vida. El chico ha muerto donde murieron todos nuestros parientes, donde moriremos nosotros. Todo es cuestión de más pronto o más tarde. Pero ahora, a lo que estamos;[70] a pensar que somos unos pobres.

Y preparando dos nudos corredizos,[71] apresó el cuerpo del atún y lo llevó a remolque[72] de la barca, tiñendo con sangre las espumas de las olas.

El viento les favorecía; pero la barca estaba inundada, navegaba mal, y los dos hombres, marineros ante todo, olvidaron la catástrofe, y con los achicadores[73] en la mano se encorvaron[74] dentro de la cala, arrojando paletadas de agua al mar.

Así pasaron las horas. Aquella ruda faena embrutecía[75] a Antonio, le impedía pensar; pero de sus ojos rodaban lágrimas y más lágrimas, que, mezclándose con el agua de la cala, caían en el mar sobre la tumba del hijo.

La barca navegaba con creciente rapidez, sintiendo que se vaciaban sus entrañas.[76]

El puertecillo estaba a la vista, con sus masas de blancas casitas doradas por el sol de la tarde.

La vista de tierra despertó en Antonio el dolor y el espanto adormecidos.

—¿Qué dirá mi mujer? ¿Qué dirá mi Rufina? —gemía el infeliz.

Y temblaba como todos los hombres enérgicos y audaces que en el hogar son esclavos de la familia.

Sobre el mar se deslizaba como una caricia el ritmo de alegres valses. El viento de tierra saludaba a la barca con melodías vivas y alegres. Era la música que tocaba en el paseo,[77] frente al Casino. Por debajo de las achatadas palmeras desfilaban,[78] como las cuentas[79] de un rosario de colores, las sombrillas de seda, los sombreritos de paja, los trajes claros y vistosos de toda la gente de veraneo.

Los niños, vestidos de blanco y rosa, saltaban y corrían tras sus juguetes, o formaban alegres corros,[80] girando como ruedas de colores.

En el muelle se agolpaban los del oficio;[81] su vista, acostumbrada a las inmensidades del mar, había reconocido lo que remolcaba la

[68] a... whenever anything touched him
[69] entre... between two swells
[70] a... back to work
[71] nudos... slipknots
[72] a... under tow
[73] bailers
[74] se... they bent over
[75] Aquella... That rough task stupefied
[76] insides
[77] boardwalk
[78] Por... They ambled beneath the flattened palm trees
[79] beads
[80] rings
[81] los... los pescadores

barca.[82] Pero Antonio sólo miraba, al extremo de la escollera,[83] a una mujer alta, escueta y negruzca, erguida sobre un peñasco,[84] y cuyas faldas arremolinaba el viento.

230 Llegaron al muelle. ¡Qué ovación! Todos querían ver de cerca el enorme animal. Los pescadores, desde sus botes, lanzaban envidiosas miradas; los pilletes,[85] desnudos, de color de ladrillo, se echaban al agua para tocarle la enorme cola.

Rufina se abrió paso ante la gente, llegando hasta su marido, que
235 con la cabeza baja y una expresión estúpida oía las felicitaciones de los amigos.

—¿Y el chico? ¿Dónde está el chico?

El pobre hombre aún bajó más su cabeza. La hundió entre los hombros, como si quisiera hacerla desaparecer; para no oír, para no
240 ver nada.

—Pero, ¿dónde está Antoñico?

Y Rufina, con los ojos ardientes, como si fuera a devorar a su marido, le agarraba de la pechera,[86] zarandeando[87] rudamente a aquel hombrón.[88] Pero no tardó en soltarle, y, levantando los brazos, pro-
245 rrumpió en espantosos alaridos:[89]

—¡Ay, Señor! ¡Ha muerto! ¡Mi Antoñico se ha ahogado! ¡Está en el mar!

—Sí, mujer —dijo lentamente, con torpeza, balbuceando[90] y como si le ahogaran las lágrimas. —Somos muy desgraciados. El chico
250 ha muerto; está donde está su abuelo; donde estaré yo cualquier día. Del mar comemos y el mar ha de tragarnos. ¡Qué remedio! No todos nacen para obispos.[91]

Pero su mujer no le oía. Estaba en el suelo, agitada por una crisis nerviosa, y se revolcaba pataleando,[92] mostrando sus flacas y tostadas
255 desnudeces de animal de trabajo, mientras se tiraba de las greñas, arañándose el rostro.[93]

—¡Mi hijo! ¡Mi Antoñico!

Las vecinas del barrio de los pescadores acudieron a ella. Bien sabían lo que era aquello; casi todas habían pasado por trances
260 iguales.[94] La levantaron, sosteniéndola con sus poderosos brazos, y emprendieron la marcha hacia su casa.

Unos pescadores dieron un vaso de vino a Antonio, que no cesaba de llorar. Y mientras tanto, el compadre, dominado por el egoísmo[95] brutal de la vida, regateaba bravamente con los compradores de pesca-
265 do que querían adquirir la hermosa pieza.

Terminaba la tarde. Las aguas, ondeando suavemente, tomaban reflejos de oro.

---

[82] lo... *what the boat was towing*
[83] *breakwater*
[84] escueta... *plain and dark, erect on a large rock*
[85] *little rascals*
[86] *shirtfront*
[87] *jostling*
[88] *large man*
[89] prorrumpió... *she broke out into frightful wails*
[90] *stammering*
[91] *bishops*
[92] se... *she writhed, kicking about*
[93] mientras... *while she pulled on her hair, scratching her face*
[94] trances... *similar moments*
[95] *selfishness*

A intervalos sonaba cada vez más lejos el grito desesperado de aquella pobre mujer, desgreñada[96] y loca, que las amigas empujaban a casa.

[96]disheveled
[97]breath

270 — ¡Antoñico! ¡Hijo mío!

Y bajo las palmeras seguían desfilando los vistosos trajes, los rostros felices y sonrientes, todo un mundo que no había sentido pasar la desgracia junto a él, que no había lanzado una mirada sobre el drama de la miseria; y el vals elegante, rítmico y voluptuoso, himno de la
275 alegre locura, se deslizaba armonioso sobre las aguas, acariciando con su soplo[97] la eterna hermosura del mar.

EJERCICIOS DE COMPRENSIÓN

1. Empareje, a la izquierda, cada personaje de «En el mar» con su descripción respectiva. A la derecha, ponga los personajes en el orden en que Blasco Ibáñez los presenta.

   ____ Antoñico ____   a. la pobre mujer

   ____ el compadre ____   b. el dueño de la barca

   ____ el atún ____   c. un «viejo»

   ____ Rufina ____   d. el compañero de pesca

   ____ Antonio ____   e. un grumete de nueve años

2. Empareje cada parte de la barca con su equivalente en inglés.

   ____ el achicador   a. mast

   ____ la borda   b. deck

   ____ la cala   c. pulley

   ____ la cubierta   d. rope

   ____ la cuerda   e. sail

   ____ la escotilla   f. bow

   ____ la garrucha   g. rudder

   ____ el mástil   h. gunwale

   ____ la popa   i. hatchway

   ____ la proa   j. hold

   ____ el remo   k. stern

   ____ el timón   l. oar

   ____ la vela   m. bailer

3. ¿Por qué odia Antonio el Casino?
   a. Perdió mucho dinero allí.
   b. No dejan que entren los pescadores en el Casino.
   c. Los que van allí son personas que no trabajan como él lo hace.
   d. Los que van allí hacen mucho ruido toda la noche.

4. Ponga en el orden en que ocurren (1 – 7) las siguientes afirmaciones referentes a la pesca del atún.

   ____ El atún tira fuertemente de la barca.

   ____ El atún rompe el primer aparejo.

   ____ Antonio se tira al mar.

   ____ Antonio pone un anzuelo más grande.

   ____ Antoñico descubre el atún.

   ____ Antonio nota la ausencia del chico.

   ____ Antonio mata el atún con el bichero.

5. De las palabras que siguen, subraye las ocho que describen los sentimientos de Rufina al descubrir la pérdida de su hijo:

felicitación	espantosa	nerviosa
alegre	desgraciada	llorar
ovación	agitada	hermosa
envidiosa	elegante	desesperada
miseria	voluptuosa	loca

6. ¿Por qué el autor termina el cuento con una descripción de los turistas del Casino?
   a. Para mostrar la inconsciencia brutal de la gente rica.
   b. Para dar al cuento un final feliz y alegre.
   c. Para mostrar que no todos los valencianos son pobres y desgraciados.
   d. Para reforzar la idea de que el mar es de veras armonioso y hermoso.

CONSIDERACIONES

1. Comente «En el mar» desde un punto de vista darwiniano: crecimiento de las poblaciones, escaseces, lucha para sobrevivir, victoria de los más fuertes. ¿Qué personaje entiende eso mejor?
2. Examine el sentido de fatalismo que expresan los personajes de este cuento. Busque y subraye las líneas que le parezcan más fatalistas.

3. La causa principal del acto desesperado de Antonio de buscar un atún asesino es que debe dinero al patrón, «dueño del pueblo por sus judiadas». Comente este punto y el remedio que podría recomendar Blasco Ibáñez para evitar otras tragedias como las que ha descrito en su cuento.

PREGUNTAS GENERALES

1. Puede decirse que la característica sobresaliente de las lecturas en esta sección es que son una especie de declaraciones abiertas sobre la sociedad contemporánea. (En este sentido, Campoamor mantiene un punto de vista muy conservador.) Compare las declaraciones sociales de estas lecturas con las declaraciones puramente políticas de los románticos.

2. ¿Qué ha pasado con el «héroe» en la literatura realista? ¿Con cuál de los dos — el «héroe» romántico o el desgraciado realista — puede Ud. identificarse mejor?

3. Compare la actitud de Blasco Ibáñez hacia las clases medias urbanas con la de «Clarín» en «¡Adiós, Cordera!». ¿Cuál es más pesimista?

TWENTIETH-CENTURY LITERATURE

"**Guernica,**" by Pablo Ruiz Picasso (1881–1973). This enormous (approximately 12- by 27-foot) painting has become one of the twentieth century's best known, because it was painted by Picasso in Paris in 1937 in protest of the indiscriminate bombing of Spanish citizens by the German air force at Guernica, in the Basque region. Picasso lent it to the Museum of Modern Art in New York, to be returned to Spain when a democratic government was established there. After Franco's death, the painting was indeed handed over to the Spanish government and now hangs in a special gallery of the Prado Museum in Madrid. It is the culminating work of Picasso's long career of revolutionary innovation, which included Cubism and the collage technique.

This century has seen some of Spain's most turbulent periods. Trouble began with the loss of her last overseas colonies — Puerto Rico, Cuba, and the Philippines — to the United States in 1898. Next, although the country was neutral during World War I, that period brought disruption as Spain's working classes lost confidence in the monarchical system and staged serious protests against the government, culminating in a general strike in 1917. By 1923 the situation had become so chaotic that Alfonso XIII ceded power to the military, headed by Miguel Primo de Rivera. The general's harsh and fiscally irresponsible rule caused the people to demand his dismissal in 1930, and a year later the King himself abandoned the country, never to return. A second Republic was proclaimed, but by 1936 another military uprising headed by Francisco Franco split the country, initiating civil war. By 1939, Spain was in ruins. Although Spain remained neutral during World War II, the victorious Allies refused to recognize the Franco regime. They therefore boycotted the country until 1953, when the United States established a number of air bases in Spain and sponsored its entrance into the United Nations. After General Franco's death in 1975, the country was transformed, with the crowning of Juan Carlos de Borbón, into a constitutional monarchy. But even today age-old regional separatist issues and political factionalism continue to plague the government.

Spain's literary production during these years of chaos has been of surprisingly high quality, especially the writings of men and women traditionally grouped in the periods known as the Generation of '98, the Generation of '27, and the Postwar Generation. The main figures of the first group are Miguel de Unamuno, Ramón del Valle-Inclán, José Ortega y Gasset, Antonio Machado, Jacinto Benavente, and Juan Ramón Jiménez. The four outstanding members of the Generation of '27 are all primarily poets: Federico García Lorca, Rafael Alberti, Jorge Guillén, and Pedro Salinas. The Postwar Generation of writers is of course enormous; it is represented in this text by Camilo José Cela and Ana María Matute.

The Generation of '98 consisted of a number of influential writers who began their careers around the turn of the century and who felt acutely that Spain was no longer a vital entity — that it had lost its nerve and its will to survive in the modern world. They therefore began to question the country's value system, seeking answers specifically to the intellectual question "What is the style of writing appropriate to Spain?" and to the personal question "What does it mean to be a Spaniard?" They responded to the first by a solid rejection of the realistic mode of fiction as practiced in the nineteenth century, declaring that observation — the description of external things — must be replaced by "opinionation" — the subjective and spiritual expression of internal motivations. Likewise, the minutely detailed prose style of Clarín and Galdós must be replaced by a more direct and accessible style devoid of adjectives and metaphors and authorial omniscience. They answered the second question by rejecting the psychological character studies so prevalent at the time in favor of subjectivism and egocentrism; their characters would no longer think and rationalize their actions, but act directly from their souls, letting their personalities emerge from their atemporal, ahistorical existence as flesh-and-blood creatures. Miguel de Unamuno's writings best exemplify this search for characters **"de carne y hueso,"** as you will discover in reading **"El marqués de Lumbría."**

The Generation of '27 takes its name from the 300-year anniversary of Luis de Góngora's death, for many of the poets in this group altered their approach to poetry after rediscovering Góngora's use of language. Their poetry showed henceforth — in very general terms — (1) an emphasis on the intellectual process involved in reading poetry, which led to cultured and often secretive or abstruse verse; (2) a greater use of the imagination in the creative process, which led to fantastic, surrealistic images; (3) a desire for absolute autonomy from prose realism, to establish a "new" poetry subject to its own internal laws; (4) an emphasis on the description of personal feelings rather than events, thereby giving greater lyricism and emotion to the verse; and (5) the return of poetry to the people by writing about urban social problems and life.

The Postwar Generation has continued the trends established by the Generation of '27, but with a more emphatic tone called by modern critics New Realism. It is fundamentally a literature of testimony, in which the writer "testifies" in objective, hard, often dense language to the social and historical atmosphere around him. Its bent can be existential, describing the anguished plight of modern man, or social, examining the interrelationships of people within a collective unit, or purely structural, in which literary realism is shattered and then reconstructed into a "text" of higher awareness than mere prose, involving the reader in the construction of the literary work.

Another strain of contemporary Spanish literature continues the avant-garde movements of the early twentieth century. The writers of the fifties and early sixties were especially imaginative and created a number of experimental works that attempted to make a social or philosophical statement through impossible or absurd situations and characters. Presently, however, the New Realism, with its dense, dark language, dominates the literary scene in Spain.

LOS HERMANOS QUINTERO

Throughout the twentieth century, alongside the particular styles mentioned in our introductory essay, has run a strong and very popular vein of common-sense realistic fiction, especially in the Spanish theater. With the exception of the works of Ramón del Valle-Inclán, the popular theater has been directed toward mass public consumption. Moreover, the social and ethical issues addressed have always been presented within a consciously realistic and normal context. The works of Serafín (1871–1938) and Joaquín (1873–1944) Álvarez Quintero, members of the Generation of '98, typify the mood and style of that popular drama: they are light, down-to-earth, and immensely entertaining.

Mañana de sol (1905), a characteristic piece by the Quintero brothers, features lively, believable characters: two elderly people in the park on a sunny morning. Yet the plot is delicate and insightful, for these people knew each other a half-century earlier, when they were young and beautiful; now they both present a play-within-a-play that reflects how they wish to have been remembered by each other. The end of the piece, with its direct reference to Campoamor's poem **"Cosas del tiempo,"** is doubly bittersweet, since each is somewhat shocked at the decrepitude of the other but also desirous to renew the romantic feelings of a half-century ago. The language of the **paso de comedia,** as the brothers called their one-act comedies, is highly colloquial, in perfect imitation of normal Madrid conversational Spanish — the way **madrileños** still speak today. Note the importance of the stage directions, which describe in detail the appearance and character of the actors.

Mañana de sol

Lugar apartado de un paseo público, en Madrid. Un banco[1] a la izquierda del actor. Es una mañana de otoño templada y alegre.

DOÑA LAURA y PETRA *salen por la derecha. Doña Laura es una viejecita setentona, muy pulcra,[2] de cabellos muy blancos y manos muy finas y bien cuidadas. Aunque está en la edad de chochear,[3] no chochea. Se apoya de una mano en una sombrilla, y de la otra en el brazo de Petra, su criada.*

DOÑA LAURA: Ya llegamos… Gracias a Dios. Temí que me hubieran quitado el sitio. Hace una mañanita tan templada…
PETRA: Pica el sol.[4]
DOÑA LAURA: A ti, que tienes veinte años. *Se sienta en el banco.* ¡Ay! Hoy me he cansado más que otros días. *Pausa. Obersvando a Petra, que parece impaciente.* Vete, si quieres, a charlar con tu guarda.
PETRA: Señora, el guarda no es mío; es del jardín.
DOÑA LAURA: Es más tuyo que del jardín. Anda en busca, pero no te alejes.[5]
PETRA: Está allí esperándome.
DOÑA LAURA: Diez minutos de conversación, y aquí en seguida.
PETRA: Bueno, señora.
DOÑA LAURA: *Deteniéndola.* Pero escucha.
PETRA: ¿Qué quiere usted?
DOÑA LAURA: ¡Qué te llevas las miguitas[6] de pan!
PETRA: Es verdad; ni sé dónde tengo la cabeza.
DOÑA LAURA: En la escarapela[7] del guarda.
PETRA: Tome usted. *Le da un cartucho de papel pequeñito y se va por la izquierda.*
DOÑA LAURA: Anda con Dios. *Mirando hacia los árboles de la derecha.* Ya están llegando los tunantes.[8] ¡Cómo me han cogido la hora![9] *Se levanta, va hacia la derecha y arroja adentro, en tres puñaditos,[10] las migas de pan.* Éstas, para los más atrevidos… Éstas, para los más glotones… Y éstas, para los más granujas,[11] que son los más chicos… Je… *Vuelve a su banco y desde él observa complacida el festín de los pájaros.* Pero, hombre, que siempre has de bajar tú el primero. Porque eres el mismo: te conozco. Cabeza gorda, boqueras[12] grandes. Igual a mi administrador.[13] Ya baja otro. Y otro. Ahora dos juntos. Ahora tres. Ese chico va a llegar hasta aquí. Bien; muy bien: aquél coge su miga y se va a una rama a comérsela. Es un filósofo. Pero ¡qué nube! ¿De dónde salen tantos? Se conoce que ha corrido

[1] bench
[2] neat
[3] to be senile
[4] It's hot.
[5] no… don't go too far
[6] crumbs
[7] cockade
[8] rascals
[9] ¡Cómo… They've learned the time I come!
[10] little handfuls
[11] roguish
[12] beaks
[13] executor (*who pays the bills*)

Madrid's largest centrally located park is the Retiro, so called because in the Golden Age the Spanish monarchs would "retire" to a group of buildings there to escape the hectic atmosphere of the central palace (the Alcázar). The Retiro is now the gathering place for Sunday strollers, thousands of whom converge to take the ubiquitous **paseo**, sit and chat with friends, read a newspaper, or just watch one another.

    la voz…[14] Je, je… Gorrión habrá que venga desde la Guindalera.[15] Je, je… Vaya, no pelearse,[16] que hay para todos. Mañana traigo más.

Salen DON GONZALO *y* JUANITO *por la izquierda del foro. Don Gonzalo es un viejo contemporáneo de doña Laura, un poco cascarrabias.*[17] *Al andar arrastra los pies. Viene de mal temple,*[18] *del brazo de Juanito, su criado.*

DON GONZALO: Vagos,[19] más que vagos… Más valía que estuvieran diciendo misa…[20]

JUANITO: Aquí se puede usted sentar: no hay más que una señora.

Doña Laura vuelve la cabeza y escucha el diálogo.

DON GONZALO: No me da la gana, Juanito. Yo quiero un banco solo.
JUANITO: ¡Si no lo hay!
DON GONZALO: ¡Es que aquél es mío!
JUANITO: Pero si se han sentado tres curas…
DON GONZALO: ¡Pues que se levanten! ¿Se levantan, Juanito?
JUANITO: ¡Qué se han de levantar! Allí están de charla.

[14] ha… *the word has gotten out*
[15] Gorrión… *Some sparrows have probably come from Guindalera.*
[16] *fight among yourselves*
[17] *grumpy*
[18] *mood*
[19] *Lazy*
[20] Más… *It would be more worthwhile for them to be saying Mass…*

DON GONZALO: Como si los hubieran pegado al banco... No; si cuando los curas cogen un sitio... ¡cualquiera los echa![21] Ven por aquí, Juanito, ven por aquí.

Se encamina hacia la derecha resueltamente.[22] *Juanito lo sigue.*

DOÑA LAURA: *Indignada.* ¡Hombre de Dios!
DON GONZALO: *Volviéndose.* ¿Es a mí?
DOÑA LAURA: Sí, señor; a usted.
DON GONZALO: ¿Qué pasa?
DOÑA LAURA: ¡Que me ha espantado usted los gorriones, que estaban comiendo miguitas de pan!
DON GONZALO: ¿Y yo qué tengo que ver con los gorriones?
DOÑA LAURA: ¡Tengo yo!
DON GONZALO: ¡El paseo es público!
DOÑA LAURA: Entonces no se queje usted de que le quiten el asiento los curas.
DON GONZALO: Señora, no estamos presentados. No sé por qué se toma usted la libertad de dirigirme la palabra. Sígueme, Juanito.

Se van los dos por la derecha.

DOÑA LAURA: ¡El demonio del viejo! No hay como[23] llegar a cierta edad para ponerse impertinente. *Pausa.* Me alegro; le han quitado aquel banco también. ¡Anda! para que me espante los pajaritos. Está furioso... Sí, sí; busca, busca. Como[24] no te sientes en el sombrero... ¡Pobrecillo! Se limpia el sudor... Ya viene, ya viene... Con los pies levanta más polvo que un coche.
DON GONZALO: *Saliendo por donde se fue y encaminándose a la izquierda.* ¿Se habrán ido los curas, Juanito?
JUANITO: No sueñe usted con eso, señor. Allí siguen.
DON GONZALO: ¡Por vida... ! *Mirando a todas partes perplejo.* Este Ayuntamiento,[25] que no pone más bancos para estas mañanas de sol... Nada, que me tengo que conformar con el de la vieja. *Refunfuñando,*[26] *siéntase al otro extremo que doña Laura, y la mira con indignación.* Buenos días.
DOÑA LAURA: ¡Hola! ¿Usted por aquí?
DON GONZALO: Insisto en que no estamos presentados.
DOÑA LAURA: Como me saluda usted, le contesto.
DON GONZALO: A los buenos días se contesta con los buenos días, que es lo que ha debido usted hacer.
DOÑA LAURA: También usted ha debido pedirme permiso para sentarse en este banco, que es mío.
DON GONZALO: Aquí no hay bancos de nadie.
DOÑA LAURA: Pues usted decía que el de los curas era suyo.

[21] ¡cualquiera... *nobody can throw them out!*
[22] *with determination*
[23] *No... There's nothing like*
[24] *Unless*
[25] *city government*
[26] *Grumbling*

95   DON GONZALO: Bueno, bueno, bueno... se concluyó. *Entre dientes.* Vieja chocha... Podía estar haciendo calceta.²⁷

     DOÑA LAURA: No gruña usted, porque no me voy.

     DON GONZALO: *Sacudiéndose las botas con el pañuelo.* Si regaran un poco más, tampoco perderíamos nada.²⁸

100 DOÑA LAURA: Ocurrencia es:²⁹ limpiarse las botas con el pañuelo de la nariz.

     DON GONZALO: ¿Eh?

     DOÑA LAURA: ¿Se sonará usted con un cepillo?³⁰

     DON GONZALO: ¿Eh? Pero, señora, ¿con qué derecho...?

105 DOÑA LAURA: Con el de vecindad.

     DON GONZALO: *Cortando por lo sano.*³¹ Mira, Juanito, dame el libro; que no tengo ganas de oír más tonterías.

     DOÑA LAURA: Es usted muy amable.

     DON GONZALO: Si no fuera usted tan entrometida³²...

110 DOÑA LAURA: Tengo el defecto de decir todo lo que pienso.

     DON GONZALO: Y el de hablar más de lo que conviene.³³ Dame el libro, Juanito.

     JUANITO: Vaya, señor. *Saca del bolsillo un libro y se lo entrega.*

     *Paseando luego por el foro,*³⁴ *se aleja hacia la derecha y desaparece. Don*
115 *Gonzalo, mirando a doña Laura siempre con rabia, se pone unas gafas prehistóricas, saca una gran lente, y con el auxilio de toda esa cristalería*³⁵ *se dispone a leer.*³⁶

     DOÑA LAURA: Creí que iba usted a sacar ahora un telescopio.

     DON GONZALO: ¡Oiga usted!

120 DOÑA LAURA: Debe usted de tener muy buena vista.

     DON GONZALO: Como cuatro veces mejor que usted.

     DOÑA LAURA: Ya, ya se conoce.

     DON GONZALO: Algunas liebres y algunas perdices lo pudieran atestiguar.³⁷

125 DOÑA LAURA: ¿Es usted cazador?

     DON GONZALO: Lo he sido... Y aún... aún...

     DOÑA LAURA: ¿Ah, sí?

     DON GONZALO: Sí, señora. Todos los domingos, ¿sabe usted? cojo mi escopeta³⁸ y mi perro, ¿sabe usted? y me voy a una finca de mi
130 propiedad, cerca de Aravaca... A matar el tiempo, ¿sabe usted?

     DOÑA LAURA: Sí; como no mate usted el tiempo...³⁹ ¡lo que es otra cosa!

     DON GONZALO: ¿Conque no? Ya le enseñaría yo a usted una cabeza de jabalí⁴⁰ que tengo en mi despacho.

135 DOÑA LAURA: ¡Toma!⁴¹ y yo a usted una piel de tigre que tengo en mi sala. ¡Vaya un argumento!⁴²

---

²⁷Podía... She ought to be knitting.
²⁸tampoco... we wouldn't be worse off
²⁹Ocurrencia... What an idea
³⁰¿Se... Would you blow your nose with your shoebrush?
³¹Cortando... Settling things once and for all.
³²interfering
³³lo... what is suitable
³⁴stage
³⁵glassware
³⁶se... gets ready to read
³⁷Algunas... Some hares and some partridges could testify to it.
³⁸shotgun
³⁹como... if you don't kill time (you won't kill anything)
⁴⁰wild boar
⁴¹Get out of here!
⁴²¡Vaya... What stupid reasoning!

DON GONZALO: Bien está, señora. Déjeme usted leer. No estoy por darle a usted más palique.[43]
DOÑA LAURA: Pues con callar, hace usted su gusto.
DON GONZALO: Antes voy a tomar un polvito. *Saca una caja de rapé.*[44] De esto sí le doy. ¿Quiere usted?
DOÑA LAURA: Según. ¿Es fino?
DON GONZALO: No lo hay mejor. Le agradará.
DOÑA LAURA: A mí me descarga mucho la cabeza.[45]
DON GONZALO: Y a mí.
DOÑA LAURA: ¿Usted estornuda?
DON GONZALO: Sí, señora; tres veces.
DOÑA LAURA: Hombre, y yo otras tres. ¡Qué casualidad!

Después de tomar cada uno su polvito, aguardan los estornudos haciendo visajes,[46] *y estornudan alternativamente.*

DOÑA LAURA: ¡Ah… chis!
DON GONZALO: ¡Ah… chis!
DOÑA LAURA: ¡Ah… chis!
DON GONZALO: ¡Ah… chis!
DOÑA LAURA: ¡Ah… chis!
DON GONZALO: ¡Ah… chis!
DOÑA LAURA: ¡Jesús!
DON GONZALO: Gracias. Buen provechito.[47]
DOÑA LAURA: Igualmente. (Nos ha reconciliado el rapé.)
DON GONZALO: Ahora me va usted a dispensar que lea en voz alta.
DOÑA LAURA: Lea usted como guste: no me incomoda.
DON GONZALO: *Leyendo.*
   Todo en amor es triste;
   mas, triste y todo, es lo mejor que existe.
De Campoamor; es de Campoamor.
DOÑA LAURA: ¡Ah!
DON GONZALO: *Leyendo.*
   Las niñas de las madres que amé tanto,
   me besan ya como se besa a un santo.
Éstas son humoradas.[48]
DOÑA LAURA: Humoradas, sí.
DON GONZALO: Prefiero las doloras.
DOÑA LAURA: Y yo.
DON GONZALO: También hay algunas en este tomo.[49] *Busca las doloras y lee.* Escuche usted ésta:
   Pasan veinte años; vuelve él…
DOÑA LAURA: No sé qué me da[50] verlo a usted leer con tantos cristales…

[43] No… I don't feel like chatting with you.
[44] snuff, taken up the nose
[45] A… It really clears my head.
[46] haciendo… making faces
[47] Buen… Enjoy.
[48] humorous
[49] volume
[50] No… It bothers me

DON GONZALO: ¿Pero es que usted, por ventura, lee sin gafas?
DOÑA LAURA: ¡Claro!
DON GONZALO: ¿A su edad? Me permito dudarlo.
DOÑA LAURA: Déme usted el libro. *Lo toma de mano de don Gonzalo y lee*:

    Pasan veinte años; vuelve él,
    y, al verse, exclaman él y ella:
      — (¡Santo Dios! ¿Y éste es aquél?…)
      — (¡Dios mío! ¿Y ésta es aquélla?…)

Le devuelve el libro.

DON GONZALO: En efecto: tiene usted una vista envidiable.
DOÑA LAURA: (¡Como que me sé los versos de memoria!)
DON GONZALO: Yo soy muy aficionado a los buenos versos… Mucho. Y hasta los compuse en mi mocedad.[51]
DOÑA LAURA: ¿Buenos?
DON GONZALO: De todo había.[52] Fui amigo de Espronceda, de Zorrilla, de Bécquer… A Zorrilla lo conocí en América.
DOÑA LAURA: ¿Ha estado usted en América?
DON GONZALO: Varias veces. La primera vez fui de seis años.
DOÑA LAURA: ¿Lo llevaría a usted Colón en una carabela?[53]
DON GONZALO: *Riéndose.* No tanto, no tanto… Viejo soy, pero no conocí a los Reyes Católicos.
DOÑA LAURA: Je, je…
DON GONZALO: También fui gran amigo de éste: de Campoamor. En Valencia nos conocimos… Yo soy valenciano.
DOÑA LAURA: ¿Sí?
DON GONZALO: Allí me crié; allí pasé mi primera juventud… ¿Conoce usted aquello?[54]
DOÑA LAURA: Sí, señor. Cercana a Valencia, a dos o tres leguas de camino, había una finca que si aún existe se acordará de mí. Pasé en ella algunas temporadas.[55] De esto hace muchos años; muchos. Estaba próxima al mar, oculta entre naranjos y limoneros… Le decían… ¿cómo le decían?… «Maricela».
DON GONZALO: ¿«Maricela»?
DOÑA LAURA: «Maricela.» ¿Le suena a usted[56] el nombre?
DON GONZALO: ¡Ya lo creo! Como que si yo no estoy trascordado[57] — con los años se va la cabeza — allí vivió la mujer más preciosa que nunca he visto. ¡Y ya he visto algunas en mi vida! Deje usted,[58] deje usted. Su nombre era Laura… El apellido no lo recuerdo… *Haciendo memoria.* Laura… Laura… ¡Laura Llorente!

---

[51] youth
[52] De… There were all kinds.
[53] type of ship
[54] that region (Valencia)
[55] seasons
[56] ¿Le… Sound familiar to you?
[57] mistaken
[58] Wait

DOÑA LAURA: Laura Llorente...
DON GONZALO: ¿Qué?

Se miran con atracción misteriosa.

DOÑA LAURA: Nada... Me está usted recordando a mi mejor amiga.
DON GONZALO: ¡Es casualidad!
DOÑA LAURA: Sí que es peregrina[59] casualidad. «La Niña de Plata.»
DON GONZALO: «La Niña de Plata»... Así le decían los huertanos[60] y los pescadores. ¿Querrá usted creer que la veo ahora mismo, como si la tuviera presente, en aquella ventana de las campanillas azules?[61] ¿Se acuerda usted de aquella ventana?
DOÑA LAURA: Me acuerdo. Era la de su cuarto. Me acuerdo.
DON GONZALO: En ella se pasaba horas enteras. En mis tiempos, digo.
DOÑA LAURA: *Suspirando.* Y en los míos también.
DON GONZALO: Era ideal, ideal... Blanca como la nieve... Los cabellos muy negros... Los ojos muy negros y muy dulces... De su frente parecía que brotaba[62] luz... Su cuerpo era fino, esbelto,[63] de curvas muy suaves...
 ¡Qué formas de belleza soberana[64]
 modela Dios en la escultura humana!
Era un sueño, era un sueño...
DOÑA LAURA: (¡Si supieras que la tienes al lado, ya verías lo que los sueños valen!) Yo la quise de veras, muy de veras. Fue muy desgraciada. Tuvo unos amores muy tristes.
DON GONZALO: Muy tristes.

Se miran de nuevo.

DOÑA LAURA: ¿Usted lo sabe?
DON GONAZLO: Sí.
DOÑA LAURA: (¡Qué cosas hace Dios! Este hombre es aquél.)
DON GONZALO: Precisamente el enamorado galán, si es que nos referimos los dos al mismo caso...
DOÑA LAURA: ¿Al del duelo?
DON GONZALO: Justo: al del duelo. El enamorado galán era... era un pariente mío, un muchacho de toda mi predilección.[65]
DOÑA LAURA: Ya, vamos, ya. Un pariente... A mí me contó ella en una de sus últimas cartas la historia de aquellos amores verdaderamente románticos
DON GONZALO: Platónicos. No se hablaron nunca.
DOÑA LAURA: Él, su pariente de usted, pasaba todas las mañanas a caballo por la veredilla de los rosales,[66] y arrojaba a la ventana un ramo de flores, que ella cogía.

[59]*strange*
[60]*farmers*
[61]campanillas... *bluebells*
[62]*gushed forth*
[63]*slender*
[64]*supreme*
[65]de... *whom I cared for very much*
[66]veredilla... *path through the rose garden*

DON GONZALO: Y luego, a la tarde, volvía a pasar el gallardo jinete,[67] y recogía un ramo de flores que ella le echaba. ¿No es esto?

DOÑA LAURA: Eso es.[68] A ella querían casarla con un comerciante, un cualquiera,[69] sin más títulos[70] que el de enamorado.

DON GONZALO: Y una noche que mi pariente rondaba la finca para oírla cantar, se presentó de improviso[71] aquel hombre.

DOÑA LAURA: Y le provocó.

DON GONZALO: Y se enzarzaron.[72]

DOÑA LAURA: Y hubo desafío.

DON GONZALO: Al amanecer: en la playa. Y allí se quedó malamente herido el provocador. Mi pariente tuvo que esconderse primero, y luego que huir.

DOÑA LAURA: Conoce usted al dedillo[73] la historia.

DON GONZALO: Y usted también.

DOÑA LAURA: Ya le he dicho a usted que ella me la contó.

DON GONZALO: Y mi pariente a mí. (Esta mujer es Laura... ¡Qué cosas hace Dios!)

DOÑA LAURA: (No sospecha quién soy: ¿para qué decírselo? Que conserve aquella ilusión...)

DON GONZALO: (No presume que habla con el galán. ¿Qué ha de presumirlo?... Callaré.)

Pausa.

DOÑA LAURA: ¿Y fue usted, acaso, quien le aconsejó a su pariente que no volviera a pensar en Laura? (¡Anda con ésa!)[74]

DON GONZALO: ¿Yo? ¡Pero si mi pariente no la olvidó un segundo!

DOÑA LAURA: Pues ¿cómo explica su conducta?

DON GONZALO: ¿Usted sabe?... Mire usted, señora: el muchacho se refugió primero en mi casa — temeroso de las consecuencias del duelo con aquel hombre, muy querido allá — luego se trasladó a Sevilla; después vino a Madrid. Le escribió a Laura ¡qué sé yo el número de cartas! — algunas en verso, me consta[75] — pero sin duda las debieron de interceptar los padres de ella, porque Laura no contestó. Gonzalo, entonces, desesperado, desengañado, se incorporó al ejército de África, y allí, en una trinchera, encontró la muerte, abrazado a la bandera española y repitiendo el nombre de su amor: Laura... Laura... Laura...

DOÑA LAURA: (¡Qué embustero![76])

DON GONZALO: (No me he podido matar de un modo más gallardo.)

DOÑA LAURA: ¿Sentiría usted a par del alma[77] esa desgracia?

DON GONZALO: Igual que si se tratase de mi persona. En cambio, la ingrata, quién sabe si estaría a los dos meses cazando mariposas[78] en su jardín, indiferente a todo...

---

[67]gallardo... *handsome horseman*
[68]Eso... *That's right.*
[69]*nobody*
[70]*qualifications*
[71]de... *unexpectedly*
[72]se... *they began arguing*
[73]al... *in detail*
[74]¡Anda... *Take that!*
[75]me... *I feel certain*
[76]*liar*
[77]Sentiría...*Did you feel deeply*
[78]*butterflies*

DOÑA LAURA: Ah, no señor; no, señor...
DON GONZALO: Pues es condición de mujeres.
DOÑA LAURA: Pues aunque sea condición de mujeres, «La Niña de Plata» no era así. Mi amiga esperó noticias un día, y otro, y otro... y un mes, y un año... y la carta no llegaba nunca. Una tarde, a la puesta del sol, con el primer lucero[79] de la noche, se la vio salir resuelta camino de la playa... de aquella playa donde el predilecto de su corazón se jugó la vida. Escribió su nombre en la arena —el nombre de él— y se sentó luego en una roca, fija la mirada en el horizonte. Las olas murmuraban su monólogo eterno... e iban poco a poco cubriendo la roca en que estaba la niña... ¿Quiere usted saber más? Acabó de subir la marea[80]... y la arrastró consigo...
DON GONZALO: ¡Jesús!
DOÑA LAURA: Cuentan los pescadores de la playa, que en mucho tiempo no pudieron borrar las olas aquel nombre escrito en la arena. (¡A mí no me ganas tú[81] a finales poéticos!)
DON GONZALO: (¡Miente más que yo!)

Pausa.

DOÑA LAURA: ¡Pobre Laura!
DON GONZALO: ¡Pobre Gonzalo!
DOÑA LAURA: (¡Yo no le digo que a los dos años me casé con un fabricante de cervezas!)
DON GONZALO: (¡Yo no le digo que a los tres meses me largué[82] a París con una bailarina!)
DOÑA LAURA: Pero ¿ha visto usted cómo nos ha unido la casualidad, y cómo una aventura añeja[83] ha hecho que hablemos lo mismo que si fuéramos amigos antiguos?
DON GONZALO: Y eso que empezamos riñendo.[84]
DOÑA LAURA: Porque usted me espantó los gorriones.
DON GONZALO: Venía muy mal templado.
DOÑA LAURA: Ya, ya lo vi. ¿Va usted a volver mañana?
DON GONZALO: Si hace sol, desde luego. Y no sólo no espantaré los gorriones, sino que también les traeré miguitas...
DOÑA LAURA: Muchas gracias, señor. Son buena gente; se lo merecen[85] todo. Por cierto que no sé dónde anda mi chica... *Se levanta.* ¿Qué hora será ya?
DON GONZALO: *Levantándose.* Cerca de las doce. También ese bribón[86] de Juanito... *Va hacia la derecha.*
DOÑA LAURA: *Desde la izquierda del foro, mirando hacia dentro. Allí la diviso con su guarda... Hace señas con la mano para que se acerque.*[87]

[79]*star*
[80]*tide*
[81]*me... you beat me*
[82]*me... I ran away*
[83]*old*
[84]*arguing*
[85]*deserve*
[86]*rascal*
[87]*se... she approaches*

DON GONZALO: *Contemplando, mientras, a la señora.* (No... no me descubro... Estoy hecho un mamarracho tan grande...[88] Que recuerde siempre al mozo que pasaba al galope y le echaba las flores a la ventana de las campanillas azules...)

DOÑA LAURA: ¡Qué trabajo le ha costado despedirse! Ya viene.

DON GONZALO: Juanito, en cambio... ¿Dónde estará Juanito? Se habrá engolfado con alguna niñera.[89] *Mirando hacia la derecha primero, y haciendo señas como doña Laura después.* Diablo de muchacho...

DOÑA LAURA: *Contemplando al viejo.* (No... no me descubro... Estoy hecha una estantigua[90]... Vale más que recuerde siempre a la niña de los ojos negros, que le arrojaba las flores cuando él pasaba por la veredilla de los rosales...)

JUANITO *sale por la derecha y* PETRA *por la izquierda. Petra trae un manojo[91] de violetas.*

DOÑA LAURA: Vamos, mujer; creí que no llegabas nunca.

DON GONZALO: Pero, Juanito, ¡por Dios! que son las tantas[92]...

PETRA: Estas violetas me ha dado mi novio para usted.

DOÑA LAURA: Mira qué fino... Las agradezco[93] mucho... *Al cogerlas se le caen dos o tres al suelo.* Son muy hermosas...

DON GONZALO: *Despidiéndose.* Pues señora mía, yo he tenido un honor muy grande... un placer inmenso...

DOÑA LAURA: *Lo mismo.* Y yo una verdadera satisfacción...

DON GONZALO: ¿Hasta mañana?

DOÑA LAURA: Hasta mañana.

DON GONZALO: Si hace sol...

DOÑA LAURA: Si hace sol... ¿Irá usted a su banco?

DON GONZALO: No, señora; que vendré a éste.

DOÑA LAURA: Este banco es muy de usted.

Se ríen.

DON GONZALO: Y repito que traeré miga para los gorriones...

Vuelven a reírse.

DOÑA LAURA: Hasta mañana.

DON GONZALO: Hasta mañana.

Doña Laura se encamina con Petra hacia la derecha. Don Gonzalo, antes de irse con Juanito hacia la izquierda, tembloroso y con gran esfuerzo se agacha[94] a coger las violetas caídas. Doña Laura vuelve naturalmente el rostro y lo ve.

---

[88] Estoy... I've become such an old fool
[89] Se... He's probably engrossed in some babysitter.
[90] hag
[91] handful
[92] son... it's really late
[93] I appreciate
[94] se... bends over

[95]en... positive

JUANITO: ¿Qué hace usted, señor?
DON GONZALO: Espera, hombre, espera...
DOÑA LAURA: (No me cabe duda; es él...)
DON GONZALO: (Estoy en lo firme;[95] es ella...)

385 *Después de hacerse un nuevo saludo de despedida.*

DOÑA LAURA: (¡Santo Dios! ¿y éste es aquél?...)
DON GONZALO: (¡Dios mío! ¿Y ésta es aquélla?...)

Se van apoyado cada uno en el brazo de su servidor y volviendo la cara sonrientes, como si él pasara por la veredilla de los rosales y ella estu-
390 *viera en la ventana de las campanillas azules.*

EJERCICIOS DE COMPRENSIÓN

1. El personaje de doña Laura se caracteriza por el uso de diminutivos. Subraye los siguientes diminutivos en el texto.

   chico   pequeñito   dedillo
   festín   puñaditos   pajaritos
   mañanita   viejecita   pobrecillos
   miguitas   veredilla

2. ¿Por qué se queja don Gonzalo de los curas?
   a. Los curas siempre están tratando de mejorar su carácter.
   b. Los curas son muy hipócritas.
   c. Los curas no le perdonan sus pecados.
   d. Los curas tienen su asiento en el parque.

3. Ponga en el orden apropiado (1 – 7) las siguientes críticas que hace doña Laura de don Gonzalo.

   _____ Ha espantado los gorriones.

   _____ Sus gafas son demasiado gruesas.

   _____ Gruñe demasiado.

   _____ Se queja de que le quiten el asiento los curas.

   _____ No es tan buen cazador como dice.

   _____ No le pidió a Laura permiso para sentarse en el banco de ella.

   _____ Se limpia las botas con el pañuelo.

4. ¿Cuáles de los siguientes asuntos le pasaron a Laura, y cuáles a Gonzalo, según sus narraciones? Ponga o una L o una G.

   _____ Murió en África.

   _____ Pasaba por la veredilla de los rosales.

   _____ Nunca recibió ninguna carta.

   _____ Tuvo que esconderse.

   _____ Su casa tenía una ventana de unas campanillas azules.

   _____ Se trasladó a Sevilla.

   _____ Se ahogó en el mar.

   _____ Recogía un ramo de flores.

   _____ Le querían casar con una persona sin títulos.

5. ¿Cuál es la última promesa de don Gonzalo a doña Laura?
   a. No descubrir que huyó a París con una bailarina.
   b. No decirle nunca quién es de verdad.
   c. Traer miguitas para los gorriones.
   d. Casarse con ella.

CONSIDERACIONES

1. Contraste el poema de Campoamor con el argumento de este drama. ¿Cuál le parece más realista? ¿Cuál le gusta más?

2. ¿Cuáles son las razones de los dos viejos para no descubrirse? ¿Podría haber otras?

3. Trate de describir cómo serán las relaciones entre doña Laura y don Gonzalo en el futuro.

4. ¿Puede Ud. señalar algunas diferencias entre la manera de presentar los protagonistas en *Mañana de sol* y la de los cuentos de la época del realismo?

MIGUEL DE UNAMUNO

The senior and most famous member of the Generation of '98, Miguel de Unamuno (1864–1936), was an irascible professor of classical languages at the University of Salamanca who wrote in practically every genre. He has been considered an early Existentialist because of his central preoccupation with "the tragic sense of life," which resides in the fact that we know we will die, yet we desire more than anything to be immortal. This knowledge forces people to live in agony and in response to create loopholes to escape death. The most common loophole throughout the ages — and one Unamuno feels evades the dilemma — is immortality via lineage: the idea that somehow one's being is transmitted to and immortalized by succeeding generations.

"**El marqúes de Lumbría**" examines this myth with a cold intensity and critical imagination shocking to the readers of his time. The Lumbría family — the father, don Rodrigo, his second wife, doña Vicenta, and his two daughters, Carolina and Luisa — is depicted at the beginning of the story as almost paralyzed by an obsession with its continuity and with "pure" blood. The **palacio,** symbolic of the Spanish caste system (what Unamuno termed as **casticismo**), is kept closed to the common people, the sun's rays, and the flies, all symbolic of equality and mass reproduction. The only guests are Church dignitaries and — eventually — one lone pretender for Luisa's hand. Luisa appears to be a free spirit capable of bringing new life to the home, as evidenced by her cheerful nature and nurturing of flowers on the balcony.

"**Miguel de Unamuno**," *by Ignacio Zuloaga (1870–1945). This portrait of the man who agonized most about Spain's decline in world eminence and national spirit was executed by the painter who best captured the dark and anguished spirit that Generation of '98 authors depicted in works like* "**El marqués de Lumbría.**" *Zuloaga is best known for his portrayals of people on society's margins — especially bullfighters and Gypsies — and of the desolate and oppressive Castilian landscape, so similar to the one described in Unamuno's story.*

Carolina, on the other hand, appears to have the same severe, cold character as her father. Then the totally unexpected happens. As the reader learns only toward the end of the tale, Carolina seduces Luisa's suitor, Tristán, becomes pregnant, and leaves for the countryside to bear a son. The family pretends none of these events ever occurred, and Tristán marries Luisa and fathers a boy with her, much to the joy of the old marqués, who expires knowing the family lineage will not die out. Luisa, weakened by childbirth, dies soon after, also with the consolation that she bore the son needed to retain the title Marqués de Lumbría in the family.

From this midpoint in the story, everything changes to its virtual opposite. Carolina returns, marries Tristán, and opens the house to the flies, the sun, and the common people. She also brings an "adopted" boy, whom she later announces to be her son and the real Marqués de Lumbría, since he was born before Luisa's child. So it turns out that Carolina is the strong character, the one who has the **voluntad** capable of committing the worst social and moral sins in order to establish her own immortality through lineage. Tristán and Luisa, puppets in the hands of the old Marqués, have **noluntad,** no will at all. Tristán especially demonstrates the total lack of initiative, and ends the story a crestfallen, beaten man. Carolina finally triumphs in the contest of wills, but at the cost of any attempt at normal civil relations, which fall, as the last line states, to **un peso de siglos;** honor, Christian principles, public opinion, marriage laws — all collapse before the will to live on in one's children, to establish an undying lineage.

The radical aspect of Unamuno's story is not limited to its attack on the Spanish caste system. The style is also new. Note as you read that the language, although very dense, is oddly lacking in explanatory detail, and there are virtually no rhetorical devices such as foreshadowing or metaphor. Physical description in the realistic vein of Clarín and Blasco Ibáñez is absent. We do not know where Lorenza is, nor the names of any characters other than the Lumbría family, nor what year (or even century) it is, nor anything else about the normal life of the people who populate the story. Note, too, that Unamuno further breaks with the realist tradition by asking philosophical questions rather than social ones. Unamuno is simply unconcerned with the material well-being of Spaniards; he wants instead to examine how they cling to their ancient system of beliefs (**casticismo**), and how they agonize over the inevitable problem of mortality and immortality within the system. The result is a powerful, dense style that attempts to reveal these Spaniards as they really are: flesh-and-blood creatures driven by pure **voluntad** — or manipulated by their lack of it.

«El marqués de Lumbría»

La casona solariega[1] de los marqueses de Lumbría, el palacio, que es como se le llamaba en la adusta[2] ciudad de Lorenza, parecía un arca[3] de silenciosos recuerdos del misterio. A pesar de hallarse habitada, casi siempre permanecía con las ventanas y los balcones que daban al mundo cerrados. Su fachada, en la que se destacaba el gran escudo de armas del linaje de Lumbría, daba al Mediodía,[4] a la gran plaza de la Catedral, y frente a la ponderosa y barroca fábrica de ésta; pero como el sol la bañaba casi todo el día, y en Lorenza apenas hay días nublados, todos sus huecos[5] permanecían cerrados. Y ello porque el excelentísimo señor marqués de Lumbría, don Rodrigo Suárez de Tejada, tenía horror a la luz del sol y al aire libre. «El polvo de la calle y la luz del

[1] casona... ancestral manor
[2] austere
[3] storage chest
[4] daba... faced the south
[5] openings

"Autoridades del pueblo," by Valentín Zubiaurre (1884 – 1963). The depiction of these humorless city councilmen reflects the Postimpressionist movement called **tremendismo social,** which introduced a harsh, cold, realistic characterization of Spanish society. At the time, Spain was seen by Zubiaurre, Unamuno, and other members of the Generation of '98 as backward and reactionary. The somber tones, pessimistic atmosphere, and obsessed characters dominating this painting are also found in Unamuno's **"El Marqués de Lumbría."**

sol — solía decir — no hacen más que deslustrar[6] los muebles y echar a perder[7] las habitaciones, y luego, las moscas...»

El marqués tenía verdadero horror a las moscas, que podían venir de un andrajoso mendigo, acaso de un tiñoso.[8] El marqués temblaba ante posibles contagios de enfermedades plebeyas. Eran tan sucios los de Lorenza y su comarca...

Por la trasera[9] daba la casona al enorme tajo escarpado[10] que dominaba al río. Una manta de yedra[11] cubría por aquella parte grandes lienzos del palacio. Y aunque la yedra era abrigo de ratones y otras alimañas,[12] el marqués la respetaba. Era una tradición de familia. Y en un balcón puesto allí, a la umbría,[13] libre del sol y de sus moscas, solía el marqués ponerse a leer mientras le arrullaba[14] el rumor del río, que gruñía en el congosto de su cauce,[15] forcejeando con espumarajos por abrirse paso entre las rocas del tajo.

El excelentísimo señor marqués de Lumbría vivía con dos hijas, Carolina, la mayor, y Luisa, y con su segunda mujer, doña Vicenta, señora de brumoso seso,[16] que cuando no estaba durmiendo estaba quejándose de todo, y en especial del ruido. Porque así como el marqués temía al sol, la marquesa temía al ruido, y mientras aquél se iba en las tardes de estío[17] a leer en el balcón en sombra, entre yedra, al son del canto secular del río, la señora se quedaba en el salón delantero a echar la siesta sobre una vieja butaca de raso,[18] a la que no había tocado el sol, y al arrullo del silencio de la plaza de la Catedral.

El marqués de Lumbría no tenía hijos varones, y ésta era la espina dolorosísima de su vida. Como que para tenerlos se había casado, a poco de enviudar con su mujer, con doña Vicenta, su señora, y la señora le había resultado estéril.

La vida del marqués transcurría tan monótona y cotidiana, tan consuetudinaria[19] y ritual, como el gruñir del río en lo hondo del tajo o como los oficios litúrgicos del cabildo[20] de la Catedral. Administraba sus fincas y dehesas,[21] a las que iba en visita, siempre corta, de vez en cuando, y por la noche tenía su partido de tresillo[22] con el penitenciario,[23] consejero íntimo de la familia, un beneficiado[24] y el registrador de la Propiedad.[25] Llegaban a la misma hora, cruzaban la gran puerta, sobre la que se ostentaba la placa del Sagrado Corazón de Jesús[26] con su «Reinaré en España y con más veneración que en otras partes», se sentaban en derredor de[27] la mesita — en invierno una camilla[28] — , dispuesta ya,[29] y al dar las diez, como por máquina de reloj, se iban alejando, aunque hubiera puestas,[30] para el siguiente día. Entretanto, la marquesa dormitaba y las hijas del marqués hacían labores,[31] leían libros de edificación — acaso otros obtenidos a hurtadillas[32] — o reñían[33] una con otra.

[6] fade
[7] echar... ruin
[8] andrajoso... ragged beggar, perhaps a scabrous one
[9] back
[10] tajo... steep gully
[11] ivy
[12] small animals
[13] shade
[14] lulled to sleep
[15] gruñía... grumbled through the canyon of its course
[16] brumoso... foggy mind
[17] summer
[18] butaca... satin armchair
[19] habitual
[20] council
[21] pasturelands
[22] card game similar to Hearts
[23] confessor
[24] person on a church pension
[25] registrador... land appraiser
[26] Sagrado... Sacred Heart, an important Catholic order
[27] en... around
[28] round table with a brazier underneath
[29] dispuesta... already prepared
[30] bets
[31] needlework
[32] a... secretly
[33] argued

Porque como para matar el tedio que se corría desde el salón cerrado al sol y a las moscas, hasta los muros vestidos de yedra, Carolina y Luisa tenían que reñir. La mayor, Carolina, odiaba el sol, como su padre, y se mantenía rígida y observante de las tradiciones de la casa; mientras Luisa gustaba de cantar, de asomarse a las ventanas y los balcones y hasta de criar en éstos flores de tiesto,[34] costumbre plebeya, según el marqués. «¿No tienes el jardín?» le decía éste a su hija, refiriéndose a un jardincillo anejo[35] al palacio, pero al que rara vez bajaban sus habitantes. Pero ella, Luisa, quería tener tiestos en el balcón de su dormitorio, que daba a una calleja de la plaza de la Catedral, y regarlos,[36] y con este pretexto asomarse a ver quién pasaba. «Qué mal gusto de atisbar[37] lo que no nos importa...», decía el padre; y la hermana mayor, Carolina, añadía: «¡No, sino de andar a caza![38]» Y ya la tenían armada.[39]

Y los asomos al balcón del dormitorio y el riego de las flores de tiestos dieron su fruto. Tristán Ibáñez del Gamonal, de una familia linajuda[40] también y de las más tradicionales de la cuidad de Lorenza, se fijó en la hija segunda del marqués de Lumbría, a la que vio sonreír, con ojos como de violeta y boca como de geranio, por entre las flores del balcón de su dormitorio. Y ello fue que, al pasar un día Tristán por la calleja, se le vino encima el agua del riego que rebosaba de los tiestos, y al exclamar Luisa: «¡Oh, perdone, Tristán!» éste sintió como si la voz doliente de una princesa presa en un castillo encantado le llamara a su socorro.

— Esas cosas, hija — le dijo su padre —, se hacen en forma y seriamente. ¡Chiquilladas,[41] no!

— Pero, ¿a qué viene eso, padre? — exclamó Luisa.

— Carolina te lo dirá.

Luisa se quedó mirando a su hermana mayor, y ésta dijo:

— No me parece, hermana que nosotras, las hijas de los marqueses de Lumbría, hemos de andar haciendo las osas en cortejeos[42] y pelando la pava[43] desde el balcón como las artesanas.[44] ¿Para eso eran las flores?

— Que pida entrada ese joven — sentenció el padre —, y pues que, por mi parte, nada tengo que oponerle, todo se arreglará. ¿Y tú, Carolina?

— Yo — dijo ésta — tampoco me opongo.

Y se le hizo a Tristán entrar en la casa como pretendiente formal a la mano de Luisa. La señora tardó en enterarse[45] de ello.

Y mientras transcurría la sesión de tresillo, la señora dormitaba en un rincón de la sala, y, junto a ella, Carolina y Luisa, haciendo labores de punto[46] o de bolillos,[47] cuchicheaban[48] con Tristán, al cual pro-

[34]de... potted
[35]attached
[36]water them
[37]spy on
[38]andar... to go hunting
[39]Y... And then the fight really began.
[40]lineaged
[41]Childish pranks
[42]haciendo... playing the she-bear in courtship
[43]pelando... flirting
[44]craftswomen
[45]finding out
[46]needlework
[47]lacework
[48]whispered

curaban no dejarle nunca solo con Luisa, sino siempre con las dos hermanas. En esto era vigilantísimo el padre. No le importaba, en cambio, que alguna vez recibiera a solas Carolina, al que había de ser su cuñado, pues así le instruiría mejor en las tradiciones y costumbres de la casa.

* * *

Los contertulios tresillistas,[49] la servidumbre[50] de la casa y hasta los del pueblo, a quienes intrigaba el misterio de la casona, notaron que a poco de la admisión en ésta de Tristán como novio de la segundona del marqués, el ámbito espiritual de la hierática[51] familia pareció espesarse y ensombrecerse. La taciturnidad del marqués se hizo mayor, la señora se quejaba más que nunca del ruido, y el ruido era menor que nunca. Porque las riñas y querellas entre las dos hermanas eran mayores y más enconadas[52] que antes, pero más silenciosas. Cuando, al cruzarse en un pasillo, la una insultaba a la otra, o acaso la pellizcaba,[53] lo hacían como en susurro[54] y ahogaban las quejas.[55] Sólo una vez oyó Mariana, la vieja doncella, que Luisa gritaba: «Pues lo sabrá toda la ciudad, ¡sí, lo sabrá la ciudad toda! ¡Saldré al balcón de la plaza de la Catedral a gritárselo a todo el mundo!» «¡Calla!» gimió[56] la voz del marqués, y luego una expresión tal, tan inaudita allí, que Mariana huyó despavorida de junto a la puerta donde escuchaba.

A los pocos días de esto, el marqués se fue de Lorenza, llevándose consigo a su hija mayor, Carolina. Y en los días que permaneció ausente, Tristán no pareció por la casa. Cuando regresó el marqués solo, una noche se creyó obligado a dar alguna explicación a la tertulia del tresillo. «La pobre no está bien de salud —dijo mirando fijamente al penitenciario—; ello la lleva, ¡cosa de nervios!, a constantes disensiones, sin importancia, por supuesto, con su hermana, a quien, por lo demás, adora, y la he llevado a que se reponga.»[57] Nadie le contestó nada.

Pocos días después, en familia, muy en familia, se celebraba el matrimonio entre Tristán Ibáñez del Gamonal y la hija segunda del excelentísimo señor marqués de Lumbría. De fuera no asistieron más que la madre del novio y los tresillistas.

Tristán fue a vivir con su suegro, y el ámbito de la casona se espesó y entenebreció más aún.[58] Las flores del balcón del dormitorio de la recién casada se ajaron por falta de cuidado; la señora se dormía más que antes, y el señor vagaba[59] como un espectro, taciturno y cabizbajo,[60] por el salón cerrado a la luz del sol de la calle. Sentía que se le iba la vida, y se agarraba a ella. Renunció al tresillo, lo que pareció su despedida del mundo, si es que en el mundo vivió. «No tengo ya la cabeza para el juego —le dijo a su confidente el

[49]contertulios... *fellow tresillo players*
[50]*servants*
[51]*priestly*
[52]*bitter*
[53]*pinched*
[54]*a whisper*
[55]ahogaban... *they swallowed their complaints*
[56]*moaned*
[57]se... *she gets better*
[58]se... *got even denser and darker*
[59]*wandered*
[60]*crestfallen*

penitenciario—; me distraigo a cada momento y el tresillo no me distrae ya; sólo me queda prepararme a bien morir.»

Un día, amaneció con un ataque de perlesía.[61] Apenas si recordaba nada. Mas en cuanto fue recobrándose, parecía agarrarse[62] con más desesperado tesón[63] a la vida. «No, no puedo morir hasta ver cómo queda la cosa.[64]» Y a su hija, que le llevaba la comida a la cama, le preguntaba ansioso: «¿Cómo va eso? ¿Tardará?» «Ya no mucho, padre.» «Pues no me voy, no debo irme, hasta recibir al nuevo marqués; porque tiene que ser varón, ¡un varón!; hace aquí falta un hombre, y si no es un Suárez de Tejada, será un Rodrigo y un marqués de Lumbría.[65]» «Eso no depende de mí, padre...» «Pues eso más faltaba, hija—y le temblaba la voz al decirlo—, que después de habérsenos metido en casa ese... botarate,[66] no nos diera un marqués... Era capaz de...» La pobre Luisa lloraba. Y Tristán parecía un reo[67] y a la vez un sirviente.

La excitación del pobre señor llegó al colmo[68] cuando supo que su hija estaba para librar.[69] Temblaba todo él con fiebre de expectativa. «Necesitaba más cuidado que la parturiente»—dijo el médico.

— Cuando dé a luz[70] Luisa—le dijo el marqués a su yerno—, si es hijo, si es marqués, tráemelo en seguida, que lo vea, para que pueda morir tranquilo; tráemelo tú mismo.

Al oír el marqués aquel grito, se incorporó en la cama y quedó mirando hacia la puerta del cuarto, acechando.[71] Poco después entraba Tristán, compungido,[72] trayendo bien arropado al niño. «¡Marqués!»—gritó el anciano—. «¡Sí!» Echó un poco el cuerpo hacia adelante a examinar al recién nacido, le dio un beso balbuciente y tembloroso, un beso de muerte, y sin mirar siquiera a su yerno se dejó caer pesadamente sobre la almohada y sin sentido. Y sin haberlo recobrado murió dos días después.

Vistieron de luto, con un lienzo[73] negro, el escudo de la fachada de la casona, y el negro del lienzo empezó desde luego a ajarse con el sol, que le daba de lleno durante casi todo el día. Y un aire de luto pareció caer sobre la casa toda, a la que no llevó alegría ninguna el niño.

La pobre Luisa, la madre, salió extenuada del parto.[74] Se empeñó en un principio en criar a la criatura, pero tuvo que desistir de ello. «Pecho mercenario[75]..., pecho mercenario...» Suspiraba. «¡Ahora, Tristán, a criar al marqués!»—le repetía a su marido.

Tristán había caído en una tristeza indefinible y se sentía envejecer. «Soy como una dependencia[76] de la casa, casi un mueble»—se decía—. Y desde la calleja solía contemplar el balcón del que fue dormitorio de Luisa, balcón ya sin tiestos de flores.

— Si volviésemos a poner flores en tu balcón, Luisa...—se atrevió a decirle una vez a su mujer.

[61] *palsy*
[62] *to grab hold*
[63] *tenacity*
[64] *cómo... how things turn out*
[65] *si... the boy won't have his grandfather's last name, but will have his first name and his title*
[66] *fool*
[67] *accused criminal*
[68] *llegó... reached the limit*
[69] *deliver*
[70] *dé... gives birth*
[71] *watching*
[72] *uneasily*
[73] *fabric*
[74] *salió... was exhausted from the delivery*
[75] *Pecho... Stingy breast*
[76] *servant's room*

— Aquí no hay más flor que el marqués — le contestó ella.

El pobre sufría con que a su hijo no se le llamase sino el marqués.[77] Y huyendo de casa, dio en refugiarse en la Catedral. Otras veces salía, yéndose no se sabía adónde. Y lo que más le irritaba era que su mujer ni intentaba averiguarlo.

Luisa se sentía morir, que se le derretía gota a gota la vida. «Se me va la vida como un hilito de agua — decía — ; siento que se me adelgaza la sangre; me zumba la cabeza,[78] y si aún vivo, es porque me voy muriendo muy despacio.... Y si lo siento, es por él, por mi marquesito, sólo por él... ¡Qué triste vida la de esta casa sin sol!... Yo creí que tú, Tristán, me hubieses traído sol, y libertad, y alegría; pero no, tú no me has traído más que al marquesito... ¡Tráemelo!» Y le cubría de besos lentos, temblorosos y febriles.[79] Y a pesar de que se hablaran, entre marido y mujer se interponía una cortina de helado silencio. Nada decían de lo que más les atormentaba las mentes y los pechos.

Cuando Luisa sintió que el hilito de su vida iba a romperse, poniendo su mano fría sobre la frente del niño, de Rodriguín, le dijo al padre: «Cuida del marqués. ¡Sacrifícate al marqués! ¡Ah, y a ella dile que la perdono!» «¿Y a mí?» — gimió Tristán — . «¿A ti? ¡Tú no necesitas ser perdonado!» Palabras que cayeron como una terrible sentencia sobre el pobre hombre. Y poco después de oírlas se quedó viudo.

* * *

Viudo, joven, dueño de una considerable fortuna, la de su hijo el marqués, y preso en aquel lúgubre caserón cerrado al sol, con recuerdos que, siendo de muy pocos años le parecían ya viejísimos, se pasaba las horas muertas en un balcón de la trasera de la casona, entre la yedra, oyendo el zumbido del río. Poco después reanudaba[80] las sesiones de tresillo. Y se pasaba largos ratos encerrado con el penitenciario, revisando, se decía, los papeles del difunto marqués y arreglando su testamentaría.[81]

Pero lo que dio un día que hablar en toda la ciudad de Lorenza fue que, después de una ausencia de unos días, volvió Tristán a la casona con Carolina, su cuñada, y ahora su nueva mujer. ¿Pues no se decía que había entrado monja?[82] ¿Dónde, y cómo vivió durante aquellos cuatro años?

Carolina volvió arrogante y con un aire de insólito desafío[83] en la mirada. Lo primero que hizo al volver fue mandar quitar el lienzo de luto que cubría el escudo de la casa. «Que le da el sol — exclamó — , que le da el sol, y soy capaz de mandar embadurnarlo de miel[84] para que se llene de moscas. Luego mandó quitar la yedra. «Pero Carolina — suplicaba Tristán — , déjate de antiguallas.»[85]

---

[77]no... should only be called Marqués
[78]se... my blood is thinning; my head buzzes
[79]feverish
[80]he began again
[81]estate
[82]entrado... become a nun
[83]insólito... unusual defiance
[84]mandar... order it to be covered with honey
[85]déjate... forget about old relics

El niño, el marquesito, sintió, desde luego, en su nueva madre al enemigo. No se avino[86] a llamarla mamá, a pesar de los ruegos de su padre; la llamó siempre tía. «¿Pero quién le ha dicho que soy su tía? — preguntó ella — . ¿Acaso Mariana?» «No lo sé, mujer, no lo sé — contestaba Tristán — ; pero aquí, sin saber cómo, todo se sabe.» «¿Todo?» «Sí, todo; esta casa parece que lo dice todo...» «Pues callemos nosotros.»

La vida pareció adquirir dentro de la casona una recogida intensidad acerba.[87] El matrimonio salía muy poco de su cuarto, en el que retenía Carolina a Tristán. Y en tanto, el marquesito quedaba a merced de los criados y de un preceptor que iba a diario a enseñarle las primeras letras, y del penitenciario, que se cuidaba de educarle en religión.

Se reanudó la partida de tresillo; pero durante ella, Carolina, sentada junto a su marido, seguía las jugadas[88] de éste y le guiaba en ellas. Y todos notaban que no hacía sino buscar ocasión de ponerle la mano sobre la mano, y que de continuo estaba apoyándose en su brazo. Y al ir a dar las diez, le decía: «¡Tristán, ya es hora!» Y de casa no salía él sino con ella, que se le dejaba casi colgar del brazo y que iba barriendo[89] la calle con una mirada de desafío.

*   *   *

El embarazo de Carolina fue penosísimo. Y parecía no desear al que iba a venir. Cuando hubo nacido, ni quiso verlo. Y al decirle que era una niña, que nació desmedrada y enteca,[90] se limitó a contestar secamente: «¡Sí, nuestro castigo!» Y cuando poco después la pobre criatura empezó a morir, dijo la madre: «Para la vida que hubiese llevado...»[91]

— Tú estás así muy solo — le dijo años después un día Carolina a su sobrino, el marquesito — ; necesitas compañía y quien te estimule a estudiar, y así, tu padre y yo hemos decidido traer a casa a un sobrino, a uno que se ha quedado solo...

El niño, que ya a la sazón[92] tenía diez años, y que era de una precocidad enfermiza y triste, se quedó pensativo.

Cuando vino el otro, el intruso, el huérfano, el marquesito se puso en guardia, y la ciudad toda de Lorenza no hizo sino comentar el extraordinario suceso. Todos creyeron que como Carolina no había logrado tener hijos suyos, propios, traía el adoptivo, el intruso, para molestar y oprimir[93] al otro, al de su hermana.

Los dos niños se miraron, desde luego, como enemigos, porque si imperioso era el uno, no lo era menos el otro. «Pues tú qué te crees — le decía Pedrito a Rodriguín — , ¿que porque eres marqués vas a mandarme...? Y si me fastidias[94] mucho, me voy y te dejo solo.» «Déjame solo, que es como quiero estar, y tú vuélvete adonde los

[86]No... He could never be made
[87]recogida... withdrawn, bitter intensity
[88]moves
[89]sweeping
[90]desmedrada... weak and puny
[91]Para... For the life she would have had (Carolina doesn't love Tristán or want a female child since — we will learn — she has already borne a male heir to inherit the title of Marqués.)
[92]a... at that time
[93]dominate
[94]you bother

tuyos.» Pero llegaba Carolina, y con un «¡niños!» los hacía mirarse en silencio.

—Tío— (que así le llamaba), fue diciéndole una vez Pedrito a Tristán—, yo me voy, yo me quiero ir, yo quiero volverme con mis tías; no le puedo resistir[95] a Rodriguín; siempre me está echando en cara que yo estoy aquí para servirle y como de limosna.[96]

—Ten paciencia, Pedrín, ten paciencia; ¿no la tengo yo?—. Y cogiéndole al niño la cabecita se la apretó a la boca y lloró sobre ella, lloró copiosa, lenta y silenciosamente.

Aquellas lágrimas las sentía el niño como un riego de piedad. Y sintió una profunda pena por el pobre hombre, por el pobre padre del marquesito.

La que no lloraba era Carolina.

* * *

Y sucedió que un día, estando marido y mujer muy arrimados en un sofá, cogidos de las manos y mirando al vacío penumbroso de la estancia,[97] sintieron ruido de pendencia,[98] y al punto entraron los niños, sudorosos y agitados. «¡Yo me voy! ¡Yo me voy!»—gritaba Pedrito—. «¡Vete, y no vuelvas a mi casa!»—le contestaba Rodriguín. Pero cuando Carolina vio sangre en las narices de Pedrito, saltó como una leona hacia él, gritando: «¡Hijo mío! ¡Hijo mío!» Y luego, volviéndose al marquesito, le escupió[99] esta palabra: «¡Caín!»

—¿Caín? ¿Es acaso mi hermano?—preguntó, abriendo cuanto pudo los ojos el marquesito.

Carolina vaciló un momento. Y luego, como apuñándose[100] el corazón, dijo con voz ronca: «¡Pero es mi hijo!»

—¡Carolina!—gimió su marido.

—Sí—prosiguió el marquesito—, ya presumía yo que era su hijo, y por ahí lo dicen... Pero lo que no sabemos es quién sea su padre, ni si lo tiene.

Carolina se irguió[101] de pronto. Sus ojos centelleaban[102] y le temblaban los labios. Cogió a Pedrillo, a su hijo, lo apretó entre sus rodillas y, mirando duramente a su marido, exclamó:

—¿Su padre? Dile tú, el padre del marquesito, dile tú al hijo de Luisa, de mi hermana, dile tú al nieto de don Rodrigo Suárez de Tejada, marqués de Lumbría, dile quién es su padre. ¡Díselo! ¡Díselo!, que si no, se lo diré yo. ¡Díselo!

—¡Carolina!—suplicó llorando Tristán.

—¡Díselo! ¡Dile quién es el verdadero marqués de Lumbría!

—No hace falta que me lo diga—dijo el niño.

—Pues bien, sí; el marqués es éste, éste y no tú; éste, que nació antes que tú, y de mí, que era la mayorazga,[103] y de tu padre, sí, de tu

[95] stand
[96] de... charity
[97] al... the room's dark emptiness
[98] fight
[99] she spit out
[100] squeezing
[101] se... straightened up
[102] sparkled
[103] firstborn and heir

padre. Y el mío, por eso del escudo[104]... Pero yo haré quitar el escudo, y abriré todos los balcones al sol, y haré que se le reconozca a mi hijo como quien es; como el marqués.

Luego, empezó a dar voces llamando a la servidumbre, y a la señora, que dormitaba, ya casi en la imbecilidad de la segunda infancia. Y cuando tuvo a todos delante, mandó abrir los balcones de par en par,[105] y a grandes voces se puso a decir con calma:

—Éste, éste es el marqués, éste es el verdadero marqués de Lumbría; éste es el mayorazgo. Éste es el que yo tuve de Tristán, de este mismo Tristán que ahora se esconde y llora, cuando él acababa de casarse con mi hermana, al mes de haberse ellos casado. Mi padre, el excelentísimo señor marqués de Lumbría, me sacrificó a sus principios, y acaso también mi hermana estaba comprometida como yo...

—¡Carolina! —gimió el marido.

—Cállate, hombre, que hoy hay que revelarlo todo. Tu hijo, vuestro hijo, ha arrancado[106] sangre, ¡sangre azul! no, sino roja, y muy roja, de nuestro hijo, de mi hijo, del marqués...

—¡Qué ruido, por Dios! —se quejó la señora, acurrucándose[107] en una butaca de un rincón.

—Y ahora —prosiguió Carolina, dirigiéndose a los criados—, id y propalad[108] el caso por toda la ciudad; decid en las plazuelas y en los patios y en las fuentes lo que me habéis oído; que lo sepan todos, que conozcan todos la mancha[109] del escudo.

—Pero si toda la ciudad lo sabía ya... —susurró Mariana.

—¿Cómo? —gritó Carolina.

—Sí, señorita, sí; lo decían todos...

—Y para guardar un secreto que lo era a voces,[110] para ocultar un enigma que no lo era para nadie, para cubrir unas apariencias falsas, ¿hemos vivido así, Tristán? ¡Miseria y nada más! Abrid esos balcones, que entre la luz y el polvo de la calle y las moscas, y mañana mismo se quitará el escudo. Y se pondrán tiestos de flores en todos los balcones, y se dará una fiesta invitando al pueblo de la ciudad, al verdadero pueblo. Pero no; la fiesta se dará el día en que éste, mi hijo, vuestro hijo, el que el penitenciario llama hijo del pecado, cuando el verdadero pecado es el que hizo hijo al otro,[111] el día en que éste sea reconocido como quien es y marqués de Lumbría.

Al pobre Rodriguín tuvieron que recogerle de un rincón de la sala. Estaba pálido y febril. Y se negó luego a ver ni a su padre ni a su hermano.

—Le meteremos en un colegio —sentenció Carolina.

* * *

En toda la ciudad de Lorenza no se hablaba luego sino de la entereza varonil[112] con que Carolina llevaba adelante sus planes. Salía a

[104] por... *because of the coat of arms* (the title of Marqués)
[105] de... *wide open*
[106] *drawn*
[107] *curling up*
[108] id... *go and announce*
[109] *stain*
[110] a... *out loud*
[111] verdadero... *true sin was when the second boy (Rodriguín) was engendered*
[112] entereza... *manly firmness*

diario, llevando del brazo y como a un prisionero a su marido, y de la mano al hijo de su mocedad.[113] Mantenía abiertos de par en par los balcones todos de la casona, y el sol ajaba el raso de los sillones y hasta daba en los retratos de los antepasados. Recibía todas las noches a los tertulianos del tresillo, que no se atrevieron a negarse a sus invitaciones, y era ella misma la que, teniendo al lado a su Tristán, jugaba con las cartas de éste. Y le acariciaba delante de los tertulianos, y dándole golpecitos en la mejilla, le decía: «¡Pero qué pobre hombre eres, Tristán!» Y luego a los otros: «¡Mi pobre maridito no sabe jugar solo!» Y cuando se habían ellos ido, le decía a él: «La lástima es, Tristán, que no tengamos más hijos... después de aquella pobre niña... aquélla sí que era hija del pecado,[114] aquélla y no nuestro Pedrín...; pero ahora, a criar a éste, al marqués!»

Hizo que su marido lo reconociera como suyo, engendrado[115] antes de él, su padre, haberse casado, y empezó a gestionar[116] para su hijo, para su Pedrín, la sucesión del título. El otro, en tanto, Rodriguín, se consumía de rabia y de tristeza en un colegio.

—Lo mejor sería —decía Carolina— que le entre la vocación religiosa; ¿no la has sentido tú nunca, Tristán? Porque me parece que más naciste tú para fraile que para otra cosa...

—Y que lo digas tú, Carolina... —se atrevió a insinuar suplicante su marido.

—Sí, yo; lo digo yo, Tristán. Y no quieras envanecerte[117] de lo que pasó, y que el penitenciario llama nuestro pecado, y mi padre, el marqués, la mancha de nuestro escudo. ¿Nuestro pecado? ¡El tuyo, no, Tristán; el tuyo, no! ¡Fui yo quien te seduje, yo! Ella, la de los geranios, la que te regó el sombrero, el sombrero, y no la cabeza, con el agua de sus tiestos, ella te trajo acá, a la casona; pero quien te ganó fui yo. ¡Recuérdalo! Yo quise ser la madre del marqués. Sólo que no contaba con el otro.[118] Y el otro era fuerte, más fuerte que yo. Quise que te rebelaras, y tú no supiste, no pudiste rebelarte.

—Pero Carolina...

—Sí, sí, sé bien todo lo que hubo; lo sé. Tu carne ha sido siempre muy flaca.[119] Y tu pecado fue el dejarte casar con ella; ése fue tu pecado. ¡Y lo que me hicisteis sufrir! Pero yo sabía que mi hermana, que Luisa, no podría resistir a su traición y a tu ignominia.[120] Y esperé. Esperé pacientemente y criando a mi hijo. Y ¡lo que es criarlo cuando media entre los dos un terrible secreto! ¡Le he criado para la venganza! Y a ti, a su padre...

—Sí, que me despreciará...

—¡No, despreciarte, no! ¿Te desprecio yo acaso?

—¿Pues qué otra cosa?

[113] youth
[114] aquélla...: because Carolina did not love Tristán when the girl was engendered
[115] engendered
[116] negotiate
[117] no... don't get cocky
[118] no... I hadn't counted on the other one (her father)
[119] weak
[120] Luisa knew all along what had happened, and that Tristán should have married the pregnant Carolina, but she also was determined to mother the future Marqués.

— ¡Te compadezco! Tú despertaste mi carne y con ella mi orgullo de mayorazga.[121] Como nadie se podía dirigir[122] a mí sino en forma y por medio de mi padre…, como yo no iba a asomarme como mi hermana al balcón, a sonreír a la calle…, como aquí no entraban más hombres que patanes de campo[123] o esos del tresillo, patanes también de coro[124]… Y cuando entraste aquí te hice sentir que la mujer era yo, yo, y no mi hermana… ¿Quieres que te recuerde la caída?

— ¡No, por Dios, Carolina, no!

— Sí, mejor es que no te la recuerde. Y eres el hombre caído. ¿Ves cómo te decía que naciste para fraile? Pero no, no, tú naciste para que yo fuese la madre del marqués de Lumbría, de don Pedro Ibáñez del Gamonal y Suárez de Tejada. De quien haré un hombre. Y le mandaré labrar[125] un escudo nuevo, de bronce, y no de piedra. Porque he hecho quitar el de piedra para poner en su lugar otro de bronce. Y en él una mancha roja, de rojo de sangre, de sangre roja, de sangre roja como la que su hermano, su medio hermano, tu otro hijo, el hijo de la traición y del pecado, le arrancó de la cara, roja como mi sangre, como la sangre que también me hiciste sangrar tú…[126] No te aflijas[127] — y al decir esto le puso la mano sobre la cabeza — , no te acongojes,[128] Tristán, mi hombre… Y mira ahí, mira el retrato de mi padre, y dime tú, que le viste morir, qué diría si viese a su otro nieto, al marqués… ¡Con que te hizo que le llevaras a tu hijo,[129] al hijo de Luisa! Pondré en el escudo de bronce un rubí, y el rubí chispeará[130] al sol. ¿Pues qué creíais, que no había sangre, sangre roja, roja y no azul, en esta casa? Y ahora, Tristán, en cuanto dejemos dormido a nuestro hijo, el marqués de sangre roja, vamos a acostarnos.

Tristán inclinó la cabeza bajo un peso de siglos.

[121]orgullo… *my pride as the firstborn daughter and heir*
[122]*court*
[123]patanes… *field hands*
[124]patanes… *"choir boys" too*
[125]*fashion*
[126]la sangre…: *when he deflowered her*
[127]No… *Don't grieve*
[128]te… *feel sorry for yourself*
[129]¡Con… *So the old Marqués made you bring him your son*
[130]*will sparkle*

EJERCICIOS DE COMPRENSIÓN

1. ¿Cuáles son las cuatro cosas que aterrorizan al marqués de Lumbría?

2. Todas las palabras que siguen tienen que ver con el concepto del linaje. Búsquelas y subráyelas en las primeras páginas del texto.
   casona solariega
   escudo de armas
   familia
   hijas
   hijos varones
   linaje
   palacio

3. Carolina declara que Luisa cuida flores en el balcón para «andar a caza». ¿Qué quiere decir con eso?
   a. Luisa sale al balcón para buscar un marido.
   b. Luisa sale al balcón para matar las moscas tan odiadas.
   c. Luisa sale al balcón para regar las flores.
   d. Luisa sale al balcón para ver quién pasa.

4. ¿Qué quiere decir Luisa cuando grita: «Pues lo sabrá toda la cuidad»?
   a. Pronto va a casarse con Tristán.
   b. El riego de las flores dio fruto.
   c. Carolina le ha robado a Luisa el novio.
   d. El marqués sólo piensa en tener un heredero.

5. Después de casarse Luisa y Tristán, ¿cuál es la única cosa que permite al marqués seguir viviendo?
   a. sus partidos de tresillo
   b. el misterio que rodea la desaparición de Carolina
   c. el deseo de tener un nieto heredero
   d. el amor hacia su mujer doña Vicenta

6. ¿Por qué, a punto de morir, Luisa le dice a Tristán que no necesita ser perdonado?
   a. Tristán no había hecho nada malo.
   b. Tristán fue sólo un juguete en las manos de ella y Carolina.
   c. Tristán había hecho ya su parte al darle a Luisa un heredero.
   d. Tristán no sabía que lo que había hecho era malo.

7. En la segunda parte, al volver Carolina, todo cambia. Ponga los siguientes cambios en el orden en que ocurren (1 – 7).

   ____ Trajo a su sobrino a casa.

   ____ Mandó quitar el lienzo de luto del escudo.

   ____ Reanudó la partida de tresillo.

   ____ Mandó quitar la yedra.

   ____ No dejaba salir solo a Tristán.

   ____ Mandó que todos se callasen.

   ____ Dio a luz una niña, que murió.

8. ¿Por qué se casó Tristán con Luisa y no con Carolina?
   a. Se dio cuenta de que amaba únicamente a Luisa.
   b. Carolina ya estaba prometida a otro.
   c. El viejo marqués no quería el escándalo de un nieto sietemesino (nacido demasiado pronto después de la boda) ni de un compromiso roto.
   d. Luisa era más fuerte que Carolina y la dominaba.

9. En la mente de Carolina, ¿cuál de los siguientes *no* era un «pecado» cometido por ella?
    a. obedecer a su padre y no casarse con Tristán
    b. huir de casa para salvar el honor de la familia
    c. engendrar un segundo bebé (la hija) con Tristán
    d. engendrar un hijo ilegítimo con el novio de su hermana
10. ¿Cuál es la última gran revelación de Carolina?
    a. Ella fue la que sedujo a Tristán para ser madre del heredero.
    b. Tristán no era el verdadero padre de Pedro.
    c. Consintió en que Tristán la sedujera para vengarse de su padre.
    d. Luisa sabía desde el principio que Tristán amaba únicamente a Carolina.

CONSIDERACIONES

1. Comente por qué Unamuno empieza su cuento describiendo la «casona solariega» en vez de la familia Lumbría. Lea otra vez la descripción: ¿cómo nos prepara, simbólicamente, para el tema y el argumento?
2. Describa a la *marquesa* de Lumbría. ¿Qué será su función en el cuento?
3. ¿Por qué tiene el viejo marqués tan poco aprecio por Tristán?
4. Basándose en la obra entera, describa el verdadero carácter de Carolina. Dé ejemplos de su fuerza de voluntad.
5. Tristán es el típico hombre débil que tiene **noluntad.** Dé ejemplos de su falta de fuerza de voluntad.
6. Comente el papel de la religión en «El marqués de Lumbría». ¿Cómo son descritos la catedral, el penitenciario, etcétera? ¿Por qué quiere Carolina que Rodriguín se haga fraile?
7. Al final del cuento, el peso de siglos que oprime a Tristán es la idea del linaje. ¿Qué es lo que Unamuno quiere decirnos del linaje en este cuento?
8. Desde el principio se hace muchísimo uso del simbolismo en este cuento (hiedra, escudo, falta de sol, casa cerrada, moscas, el regar flores, etcétera). Haga una lista de los símbolos que le han impresionado más, con sugerencias que expliquen lo que significan.
9. Elabore una lista de las varias referencias a la *sangre* en el cuento (no olvide el color rojo y el corazón como manantial de la sangre). ¿En qué parte del cuento aparecen con más frecuencia?

MODERN POETRY

The master poet of the Generation of '98 was Antonio Machado (1875–1939). Like his contemporaries, Machado agonized over what he perceived to be Spain's decadent, irreparable condition. He best expressed his anguish in the long poem **"A orillas del Duero"** (1910), in which he personifies and apostrophizes Spain via the Castilian landscape, once a vivid tapestry of Spanish history, now as barren and antiquated as its rocky terrain and the religiously fanatic old women who populate it.

The poem is written in paired alexandrines — that is, lines of fourteen syllables, rhymed in pairs. Its structure is tripartite. The first thirty-five lines describe rather objectively the poet's climbing a hill and noting the surrounding countryside and the town of Soria, in northeastern Castile near the Duero river, which flows from there to the Atlantic. The next thirty-five lines convert the landscape into a historical lament on the rise and decline of the Spanish people, who now subsist in ragged, miserable ignorance. The final lines, an epitaph for Spain, describe the coming of gloomy night to an equally darkened and desolate nation. **"A orillas del Duero"** thus closely resembles **"El marqués de Lumbría"** in tone, atmosphere, and language; both describe Spain as a dry, mummified nation in which progress has withered on the vine.

The youngest member of the Generation of '98, Juan Ramón Jiménez (1881–1958), was a popular writer at home and abroad, especially in the United States, where he lived after the Spanish Civil War. He won the Nobel Prize for his poetry in 1956. Juan Ramón's first poems, influenced by the styles of Bécquer and contemporary Latin American writers, were melodic, effervescent, and full of symbolic color and light. Around 1915, however, he began to desentimentalize his poetry, and finally attempted to strip it of everything that was *not* poetry, to write **"poesía pura."** The result was a stark, bare poetry devoid of symbols, rhyme, sentimentalism, and historical or personal references. What is left is a group of words that express with absolute exactitude what Juan Ramón wishes to convey — frequently some idea about absolute beauty.

"El viaje definitivo" is from his early period. It expresses a sensitive understanding of mortality and the temporal nature of all things — which, ironically, are evoked in the future tense. The poem is full of color, light, and real places and people. **"Inteligencia"** (1915) attempts to define Juan Ramón's new poetic mission to describe exactly the world around him — a world of things rather than words. The poem also demonstrates the poet's intensely personal, almost egocentric approach to poetry: he realizes that his intelligence is the filter through which all things must pass, and that he as a poet is thus the crucial element in the process of making them meaningful. **"Criatura afortunada"** (1946) is one of the poet's last poems and shows most brilliantly his continual search for the precise expression of absolute beauty, here personified in a bird. Juan Ramón first imagines the creature as representing all the happy colors and free movements of life itself; he instinctively identifies it with all of nature, and then with himself as a poet. At the end, he understands the absurdity of identifying his life — tied to history through memory — with such a magnificent image of perpetual and universal beauty and freedom.

Federico García Lorca (1898–1936), a generation younger than Juan Ramón Jiménez, was a powerful poet of enormous versatility. He wrote in a number of poetic forms, from popular to esoteric; he also penned some of the best drama in Spanish (for example, ***Bodas de sangre, La casa de Bernarda Alba***). García Lorca's popularity in Spain came first from a book of poetry titled ***Romancero gitano*** (1928). Inspired by the renewed interest in Góngora and other forms of Golden Age poetry, he sought in it to renew the great popular tradition of the **romance.** His poems appealed to the masses due to their themes, involving Gypsies, civil guards, bullfights, and flamenco dancers; they also appealed to the artistic elite because of their innovative and often shocking imagery, conjuring a dark, mysterious world of elemental struggle between life and death, liberty and repression, love and vengeance. In all this, García Lorca stands at the opposite pole from Juan Ramón Jiménez. Rather than building on the established poetic tradition of his contemporaries, García Lorca reached into the depths of primitive, savage Spain, constructing his poetic work upon the popular folkloric traditions of the outcast Gypsies.

The ballad **"Antoñito el Camborio"** is an almost perfect imitation of the traditional **romance,** with its quick beginning, realistic dialogue, and abrupt ending. It describes the murder of a young **macho** Gypsy at the hands of four cousins evidently jealous of his good looks. The poem is direct and simple in format yet also artistic and innovative, with wild metaphors, symbols, and images typical of the avant-garde poetry of the time.

"La casada infiel" is also from the ***Romancero gitano*** and expresses the same Gypsy **machismo** as **"Antoñito el Camborio."** Here, however, the theme is love rather than death, and the poem contains the even more extravagant images typical of the artistic movement called Surrealism. The

Surrealist artist tries to project into his work both the conscious and unconscious (super-real, beyond the real) aspects of reality. García Lorca's daring metaphors thus cross the barrier between the natural, nonrational world of crickets, trees, rivers, fish, sand, and moon and the more "rational" world of men, women, horses, and dogs. The poem describes in the voice of a Gypsy man how he took a married woman, believing her single, down to the river bank and made love to her. The surreal metaphors used make the poem one of the most evocative descriptions of a seduction in any language.

"**Canción de jinete**" (1921) carries the Surrealist mode further into the unconscious world of dreams and visions. It chillingly describes a horseback rider's presentiment of his coming death, as he approaches Córdoba at night. The format of the poem is that of a popular song, and one can sense the musical qualities in the sharp, irregular beat and the repeated ¡**ay!** typical of flamenco ballads.

Vicente Aleixandre (1898–1984) won the Nobel Prize in Literature in 1977. He belongs chronologically to the same generation as García Lorca, though his most popular poetry, from a volume titled ***Historia del corazón,*** was written after 1945. With this group of poems, Aleixandre broke with the Surrealists, the fantasy seekers, and the political poets to write about real, concrete emotions and feelings that normal urban dwellers can express and understand. His subject matter became the mundane and ordinary: a simple touching of hands or a sunny day in the **plaza mayor**. His style took on prose characteristics, with unrhymed lines of irregular length. The form of each line thus adapts itself to the content and to the rhythm of the thought and mood of the poet, rather than to a cold, externally-imposed regulation of beat and syllables that may be unrelated to meaning.

Aleixandre's plain, pedestrian form and style magnificently enhance the direct, sincere wording of the two poems included here. "**Mano entregada**" expresses the way the poet feels when he lightly touches the hand of his beloved: his whole being, by way of his poetry, enters through her warm skin into her flesh and blood. Only the hard bone refuses his love. "**En la plaza,**" which has lines of poetry too long to fit on a page, is a slow, gentle celebration of social contact, of the therapeutic nature of relationships with other people. Aleixandre tells us, in a long series of commands, to join the crowd. Like bathers entering the ocean, we must immerse ourselves and swim confidently in the waters of life; thus, he says, our tiny hearts will beat with the larger heart of humanity.

Aleixandre's advice to the reader is certainly a long way from the nostalgic, intellectual characteristics of the poetry of the Generation of '27. It was, of course, Aleixandre's ability to transcend movements and generations and national stereotypes, being able thereby to speak confidently for the everyday individual in common language, that won for him the Nobel Prize in Literature.

ANTONIO MACHADO

«A orillas del Duero»

    Mediaba el mes de julio. Era un hermoso día.
Yo, solo, por las quiebras del pedregal[1] subía,
buscando los recodos de sombra, lentamente.
A trechos[2] me paraba para enjugar mi frente
5 y dar algún respiro al pecho jadeante;[3]
o bien, ahincando[4] el paso, el cuerpo hacia adelante
y hacia la mano diestra vencido y apoyado
en un bastón, a guisa de pastoril cayado,[5]
trepaba por los cerros que habitan las rapaces
10 aves de altura, hollando las hierbas montaraces[6]
de fuerte olor — romero, tomillo, salvia, espliego — .[7]
Sobre los agrios campos[8] caía un sol de fuego.

    Un buitre[9] de anchas alas con majestuoso vuelo
cruzaba solitario el puro azul del cielo.

[1] quiebras... *breaks in the rocky ground*
[2] A... *Now and again*
[3] *heaving*
[4] o... *or else, hurrying*
[5] a... *like a shepherd's staff*
[6] hollando... *trampling the mountain herbs*
[7] romero... *rosemary, thyme, sage, lavender*
[8] agrios... *bitter fields*
[9] *buzzard*

Partial view of Soria. One of the most innovative aspects of Machado's **"A orillas del Duero"** *is that it presents a negative view of the Spanish countryside, whereas earlier poets had invariably idealized the countryside as a pastoral Eden. Machado sees the dry, barren landscape as being a faithful reflection of the Castilian people, chained to antiquated social ideas and a reactionary, counterproductive religion.*

       Yo divisaba, lejos, un monte alto y agudo,
    y una redonda loma cual recamado escudo,[10]
    y cárdenos alcores sobre la parda tierra[11]
    — harapos esparcidos de un viejo arnés de guerra — ,[12]
    las serrezuelas calvas[13] por donde tuerce el Duero
    para formar la corva ballesta de un arquero[14]
    en torno a Soria. — Soria es una barbacana[15]
    hacia Aragón, que tiene la torre castellana — .
    Veía el horizonte cerrado por colinas
    oscuras, coronadas de robles y de encinas;[16]
    desnudos peñascales,[17] algún humilde prado
    donde el merino pace[18] y el toro, arrodillado
    sobre la hierba, rumia;[19] las márgenes del río
    lucir sus verdes álamos[20] al claro sol de estío,
    y, silenciosamente, lejanos pasajeros,
    ¡tan diminutos! — carros, jinetes y arrieros — [21]
    cruzar el largo puente, y bajo las arcadas
    de piedra ensombrecerse las aguas plateadas
    del Duero.

       El Duero cruza el corazón de roble
    de Iberia y de Castilla.

       ¡Oh, tierra triste y noble,
    la de los altos llanos y yermos y roquedas,[22]
    de campos sin arados, regatos ni arboledas;[23]
    decrépitas ciudades, caminos sin mesones
    y atónitos palurdos[24] sin danzas ni canciones
    que aún van, abandonando el mortecino hogar,
    como tus largos ríos, Castilla, hacia la mar!

       Castilla miserable, ayer dominadora,
    envuelta en sus andrajos desprecia cuanto ignora.[25]
    ¿Espera, duerme o sueña? ¿La sangre derramada
    recuerda cuando tuvo la fiebre de la espada?
    Todo se mueve, fluye, discurre, corre o gira;
    cambian la mar y el monte y el ojo que los mira.
    ¿Pasó? Sobre sus campos aún el fantasma yerra[26]
    de un pueblo que ponía a Dios sobre la guerra.

       La madre en otro tiempo fecunda en capitanes,
    madrastra es hoy apenas de humildes ganapanes.[27]

---

[10] cual... *like an embossed shield*
[11] cárdenos... *red hills on the brown earth*
[12] harapos... *(like) scattered pieces of old war armor*
[13] serrezuelas... *bald ridges*
[14] corva... *curved crossbow of an archer*
[15] *fortress*
[16] coronadas... *crowned with oaks*
[17] *rocky hills*
[18] merino... *Merino sheep graze*
[19] *ruminates*
[20] lucir... *reflecting their green poplars*
[21] carros... *carts, horsemen, muleteers*
[22] llanos... *barren plains and rocky places*
[23] arados... *plows, streams, or groves*
[24] atónitos... *stupid country bumpkins*
[25] envuelta... *wrapped in its rags despises all it doesn't understand*
[26] *wanders*
[27] *day laborers*

Castilla no es aquélla tan generosa un día,
cuando Mío Cid Rodrigo el de Vivar volvía,
ufano[28] de su nueva fortuna y su opulencia,
a regalar a Alfonso los huertos de Valencia;
o que, tras la aventura que acreditó sus bríos,[29]
pedía la conquista de los inmensos ríos
indianos[30] a la corte, la madre de soldados,
guerreros y adalides que han de tornar,[31] cargados
de plata y oro, a España, en regios galeones,
para la presa cuervos, para la lid leones.
Filósofos nutridos de sopa de convento
contemplan impasibles[32] el amplio firmamento;
y si les llega en sueños, como un rumor distante,
clamor de mercaderes de muelles de Levante,[33]
no acudirán siquiera a preguntar[34] ¿qué pasa?
Y ya la guerra ha abierto las puertas de su casa.

    Castilla miserable, ayer dominadora,
envuelta en sus harapos desprecia cuanto ignora.

    El sol va declinando. De la ciudad lejana
me llega un armonioso tañido de campana
— ya irán a su rosario[35] las enlutadas viejas —.[36]
De entre las peñas salen dos lindas comadrejas;[37]
me miran y se alejan, huyendo, y aparecen
de nuevo ¡tan curiosas!... Los campos se oscurecen.
Hacia el camino blanco está el mesón abierto[38]
al campo ensombrecido y al pedregal desierto.

[28] proud
[29] tras... after the events that established its energetic spirit
[30] of the Indies (in America)
[31] han... are supposed to return
[32] unmoved
[33] muelles... Eastern docks, i.e., a threat like the ones sixteenth-century Spain conquered
[34] no... they won't even come to ask
[35] a... counting their rosary
[36] enlutadas... old women in mourning
[37] weasels
[38] abandoned

EJERCICIOS DE COMPRENSIÓN

1. Escriba los primeros ocho versos del poema, separando las catorce sílabas de cada uno. Si necesita ayuda, consulte las páginas 18–19.
2. En la segunda estrofa, Machado usa seis palabras distintas para describir los cerros alrededor de Soria. Averigüe el sentido de cada una y explique qué las hace diferentes entre sí.

    alcores: _____   montes: _____

    colinas: _____   peñascales: _____

    lomas: _____   serrezuelas: _____

3. La tercera estrofa es una exclamación sobre la esterilidad de Castilla. Identifique los adjetivos que modifican **tierra, ciudades, palurdos** y **hogar.** También identifique las cosas que Castilla no tiene, precedidas en el texto por **sin** y **ni.**

4. La quinta estrofa (que describe lo que Castilla *no* es) contiene muchas palabras que tienen que ver con orgullo y poderío. Busque en el texto las siguientes.

aventura	fortuna	plata y oro
bríos	generosa	regalar
cargados	inmensos	regios
conquista	opulencia	ufano

CONSIDERACIONES

1. ¿Qué piensa Ud. de la larga descripción de los campos de Castilla que empieza «A orillas del Duero»? ¿Cómo prepara ésta al lector para la fuerte crítica de la España contemporánea que Machado hace a continuación?

2. En la cuarta estrofa, Machado hace ciertas preguntas sobre la condición de la España actual. ¿Cree Ud. que estas preguntas pueden ser contestadas con lógica? ¿Por qué?

3. Identifique las referencias a la guerra y a los armamentos de la guerra en «A orillas del Duero». ¿Por qué las usa Machado?

4. Busque y comente las referencias anticlericales en «A orillas del Duero» (por ejemplo, «filósofos nutridos de sopa de convento»).

JUAN RAMÓN JIMÉNEZ

«El viaje definitivo»

...y yo me iré. Y se quedarán los pájaros cantando;
y se quedará mi huerto,[1] con su verde árbol,
y con su pozo blanco.

5   Todas las tardes, el cielo será azul y plácido;
y tocarán, como esta tarde están tocando,
las campanas del campanario.

Se morirán aquellos que me amaron;
y el pueblo se hará nuevo[2] cada año:

[1] *garden*
[2] *se... will renew itself*

Juan Ramón Jiménez's view of his native rural village is happier and more idealized than Machado's; it is full of color, bright sun, water, and singing birds. Andalucía is indeed a gayer and livelier region than is Castilla, and Juan Ramón captures much of this love of life in his poetry. This town is typical of the many along the **ruta de los pueblos blancos,** *from Juan Ramón's native Moguer to Granada.*

  10   y en el rincón aquel de mi huerto florido y
            encalado,[3]
       mi espíritu errará,[4] nostálgico…

       Y yo me iré; y estaré solo, sin hogar, sin árbol
  15   verde, sin pozo blanco,
       sin cielo azul y plácido…
       y se quedarán los pájaros cantando.

[3] *whitewashed*
[4] *will wander*

«Inteligencia»

       Inteligencia, ¡dame
       el nombre exacto de las cosas!
       …que mi palabra sea
       la cosa misma,
  5   creada por mi alma nuevamente.
       Que por mí vayan todos
       los que no las conocen, a las cosas;[1]
       que por mí vayan todos
       los que ya las olvidan, a las cosas;
  10   que por mí vayan todos
       los mismos que las aman, a las cosas…
       Inteligencia, ¡dame el nombre exacto, y tuyo,
       y suyo, y mío, de las cosas!

[1] *Que… May all those (persons) who don't know them — these things — find them through me*

«Criatura afortunada»

       Cantando vas, riendo por el agua,
       por el aire silbando vas, riendo,
       en ronda[1] azul y oro, plata y verde,
       dichoso[2] de pasar y repasar
  5   entre el rojo primer brotar[3] de abril,
       ¡forma distinta, de instantáneas
       igualdades de luz, vida, color,
       con nosotros, orillas inflamadas![4]

[1] *circle*
[2] *fortunate*
[3] *budding*
[4] *con… with us, inflamed bystanders (like the banks of a river)*

¡Qué alegre eres tú, ser,
con qué alegría universal eterna!
¡Rompes feliz el ondear[5] del aire,
bogas contrario el ondular del agua![6]
¿No tienes que comer ni que dormir?
¿Toda la primavera es tu lugar?
¿Lo verde todo, lo azul todo,
lo floreciente todo es tuyo?
¡No hay temor en tu gloria;
tu destino es volver, volver, volver,
en ronda plata y verde, azul y oro,
por una eternidad de eternidades!

Nos das la mano, en un momento
de afinidad posible, de amor súbito,
de concesión radiante;
y, a tu contacto, cálido,
en loca vibración de carne y alma,
nos encendemos de armonía,
nos olvidamos, nuevos, de lo mismo,[7]
lucimos,[8] un instante, alegres de oro.
¡Parece que también vamos a ser
perennes como tú,
que vamos a volar del mar al monte,
que vamos a saltar del cielo al mar,
que vamos a volver, volver, volver
por una eternidad de eternidades!
¡Y cantamos, reímos por el aire,
por el agua reímos y silbamos!

¡Pero tú no te tienes que olvidar,
tú eres presencia casual perpetua,
eres la criatura afortunada,
el mágico ser solo, el ser insombre,[9]
el adorado por calor y gracia,
el libre, el embriagante robador,[10]
que, en ronda azul y oro, plata y verde,
riendo vas, silbando por el aire,
por el agua cantando vas, riendo!

[5] *undulation*
[6] *bogas... you row against the water's waves*
[7] *nos... we obliviate ourselves*
[8] *we light up*
[9] *ser... shadowless being*
[10] *embriagante... intoxicating thief-in-flight*

EJERCICIOS DE COMPRENSIÓN

1. Subraye los once verbos en el tiempo futuro que aparecen en «El viaje definitivo».
2. ¿Qué quiere conseguir Juan Ramón en el poema «Inteligencia»?
   a. el uso repetido de la palabra **cosas**
   b. llegar a ser un escritor famoso de «poesía pura»
   c. que su poesía describa el mundo invisible de las ideas
   d. que su poesía guíe al lector a entender mejor el mundo que le rodea
3. En «Inteligencia», ¿cuáles de estos típicos elementos poéticos faltan?

   _____ símbolos   _____ el tiempo pasado

   _____ sentimientos   _____ el amor

   _____ sustantivos descriptivos   _____ rima

   _____ cosas   _____ métrica

   _____ adjetivos   _____ otras personas

   _____ el tiempo futuro   _____ adverbios

4. ¿Cómo sabemos que la «criatura afortunada» es un pájaro?
   a. Vuela.
   b. Va riendo y silbando.
   c. Lo vemos desde la orilla.
   d. No tiene que comer ni dormir.
   e. Todo lo floreciente es suyo.
5. La presencia de la «criatura afortunada» tiene un efecto mágico sobre el lector. Encuentre este efecto subrayando, en la tercera estrofa, todos los once verbos que aparecen en primera persona plural.

CONSIDERACIONES

1. Haga un análisis del uso de los cinco sentidos (vista, oído, gusto, tacto y olfato) en «El viaje definitivo».
2. Comente la idea de la muerte — y de la vida después de la muerte — que tiene Juan Ramón en «El viaje definitivo.»

3. Comente el deseo que expresa Juan Ramón en «Inteligencia» de que «mi palabra sea la cosa misma». ¿Es posible esto? ¿Cómo?
4. ¿Qué representa la «criatura afortunada» para Juan Ramón Jiménez?

FEDERICO GARCÍA LORCA

«Antoñito el Camborio»

Voces de muerte sonaron
cerca del Guadalquivir.[1]
Voces antiguas que cercan
voz de clavel varonil.[2]
5 Les clavó sobre las botas
mordiscos de jabalí.[3]
En la lucha daba saltos
jabonados de delfín.[4]
Bañó con sangre enemiga
10 su corbata carmesí,
pero eran cuatro puñales[5]
y tuvo que sucumbir.
Cuando las estrellas clavan
rejones[6] al agua gris,
15 cuando los erales sueñan
verónicas de alhelí,[7]
voces de muerte sonaron
cerca del Guadalquivir.

«Antonio Torres Heredia,
20 Camborio de dura crin,[8]
moreno de verde luna,
voz de clavel varonil:
¿Quién te ha quitado la vida
cerca del Guadalquivir?»

25 «Mis cuatro primos Heredias,
hijos de Benamejí.[9]
Lo que en otros no envidiaban,
ya lo envidiaban en mí:
Zapatos color corinto,
30 medallones de marfil,[10]
y este cutis amasado
con aceituna y jazmín.[11]»

«¡Ay Antoñito el Camborio,
digno de una emperatriz![12]
35 Acuérdate de la Virgen,
porque te vas a morir.»

«¡Ay Federico García,
llama a la Guardia Civil!
Ya mi talle[13] se ha quebrado
40 como caña de maíz.»

Tres golpes de sangre tuvo,
y se murió de perfil.[14]
Viva moneda[15] que nunca
se volverá a repetir.
45 Un ángel marchoso[16] pone
su cabeza en un cojín.[17]
Otros de rubor cansado[18]
encendieron un candil.
Y cuando los cuatro primos
50 llegan a Benamejí,
voces de muerte cesaron
cerca del Guadalquivir.

[1] river that runs through Sevilla
[2] Voces... Ancestral voices that surround a manly, carnationlike voice.
[3] Les... He struck their legs with boarlike ferocity.
[4] daba... he took foamy, dolphinlike leaps
[5] daggers
[6] lances used by bullfighters
[7] cuando... when the calves dream about flowered cape passes (instead of real ones)
[8] de... tough-maned
[9] village southeast of Córdoba
[10] medallones... ivory lockets
[11] cutis... complexion the color of jasmine crushed with olives
[12] digno... worthy of an empress
[13] physique
[14] de... stretched out sideways
[15] Viva... Live mold (model)
[16] sprightly
[17] cushion
[18] rubor... pale, blush-colored skin

«Canción de jinete»

    Córdoba.
Lejana y sola.

    Jaca[1] negra, luna grande,
y aceitunas en mi alforja.[2]
Aunque sepa los caminos
yo nunca llegaré a Córdoba.

    Por el llano, por el viento,
jaca negra, luna roja.
La muerte me está mirando
desde las torres de Córdoba.

    ¡Ay qué camino tan largo!
¡Ay mi jaca valerosa!
¡Ay que la muerte me espera,
antes de llegar a Córdoba!

    Córdoba.
Lejana y sola.

[1] pony
[2] aceitunas... olives in my saddlebag

Córdoba, on the Guadalquivir River. The largest city in southern Spain is Sevilla, with over 1,000,000 people, but Córdoba is the spiritual capital of the region and has always expressed in its architecture and customs more of the Hispano-Arabic culture usually associated with Andalucía. Gypsies (so called because they were thought to have come from Egypt) were not part of Spain's medieval Arab culture, but Spaniards have always associated them with Arab traits because of their distinctive lifestyle, songs, and dances. García Lorca sensed these analogies and expressed them in his poetry.

«La casada infiel»

Y que yo me la llevé al río[1]
creyendo que era mozuela,[2]
pero tenía marido.

Fue la noche de Santiago[3]
y casi por compromiso.[4]
Se apagaron los faroles
y se encendieron los grillos.[5]
En las últimas esquinas
toqué sus pechos dormidos,
y se me abrieron de pronto
como ramos de jacintos.
El almidón de su enagua[6]
me sonaba en el oído
como una pieza de seda
rasgada por diez cuchillos.
Sin luz de plata en sus copas
los árboles han crecido,[7]
y un horizonte de perros
ladra muy lejos del río.

Pasadas las zarzamoras,
los juncos y los espinos,[8]
bajo su mata de pelo[9]
hice un hoyo sobre el limo.[10]
Yo me quité la corbata.
Ella se quitó el vestido.
Yo, el cinturón con revólver.
Ella, sus cuatro corpiños.[11]
Ni nardos ni caracolas[12]
tienen el cutis tan fino,
ni los cristales con luna
relumbran con ese brillo.
Sus muslos[13] se me escapaban

[1] Y... And I took her to the river
[2] unmarried girl
[3] July 25
[4] por... out of a sense of duty
[5] Se... The streetlights were turned off, the crickets were turned on (began to sing).
[6] almidón... starch in her slip
[7] Sin... The trees grew without moonlight
[8] zarzamoras... blackberries, rushes, and hawthorns
[9] su... her thick head of hair
[10] mud
[11] petticoats
[12] Ni... Neither tuberoses nor conchs
[13] thighs

Federico García Lorca won enduring acclaim by combining the spirit and folklore of his native Andalucía with the literary currents of Surrealism and political protest prevalent after World War I. His dramas **Bodas de sangre, Yerma,** *and* **La casa de Bernarda Alba** *are continually produced around the world. His cold-blooded murder by right-wing militia at the start of the Spanish Civil War made him a cult figure for those supporting the Republican cause.*

como peces sorprendidos,
  la mitad llenos de lumbre,
35 la mitad llenos de frío.
  Aquella noche corrí
  el mejor de los caminos,
  montado en potra de nácar
  sin bridas y sin estribos.[14]
40 No quiero decir, por hombre,
  las cosas que ella me dijo.
  La luz del entendimiento
  me hace ser muy comedido.[15]
  Sucia de besos y arena,
45 yo me la llevé del río.
  Con el aire se batían
  las espadas de los lirios.[16]

  Me porté[17] como quien soy.
  Como un gitano legítimo.
50 La regalé un costurero
  grande, de raso pajizo,[18]
  y no quise enamorarme
  porque teniendo marido
  me dijo que era mozuela
55 cuando la llevaba al río.

[14]*potra... mother-of-pearl filly without bridles or stirrups*
[15]*discreet*
[16]*espadas... lily spikes*
[17]*Me... I acted*
[18]*costurero... large sewing basket of straw-colored satin*

EJERCICIOS DE COMPRENSIÓN

1. Haga una breve descripción de la apariencia física de Antoñito el Camborio, incluyendo estos elementos: su voz, su cutis, su ropa (zapatos, corbata, medallones).

2. ¿Cuáles de los siguientes adjetivos y frases describen a Antoñito el Camborio?

   _____ tímido   _____ quieto

   _____ como un jabalí   _____ varonil

   _____ como un delfín   _____ digno de una emperatriz

   _____ como un alhelí   _____ cobarde

   _____ tranquilo   _____ miedoso

   _____ religioso

3. «Canción de jinete» es un poema estático en el que cada estrofa dice la misma cosa. Encuentre en el poema los usos múltiples de estas palabras:
   camino   luna
   Córdoba   muerte
   jaca   negro
   llegar

4. García Lorca mezcla muchas veces en «La casada infiel» dos cosas incongruentes. Identifique la incongruencia de estas frases.

   «se encendieron los grillos»: _____

   «un horizonte de perros»: _____

   «llenos de lumbre… llenos de frío»: _____

   «sucia de besos y arena:» _____

5. García Lorca usa también muchos símiles. Identifique el significado de los siguientes:

   «como ramos de jacintos»: _____

   «como una pieza de seda / rasgada por diez cuchillos»: _____
   _____

   «como peces sorprendidos»: _____

6. ¿Por qué el gitano regala a la mujer un costurero?
   a. Representa el estado de matrimonio.
   b. Para que cosa su enagua rasgada.
   c. Es un símbolo irónico de la casada tranquila y doméstica.
   d. Para que le sirva para justificar su ausencia con su marido.
   e. En pago de la noche que pasó con ella.

CONSIDERACIONES

1. Escriba un resumen del argumento de «Antoñito el Camborio». ¿Ocurren los sucesos en el mismo orden en el poema? ¿Qué hace el poeta con los sucesos? ¿Por qué?

2. Compare este romance de «Antoñito el Camborio» con los romances de la Edad Media en cuanto a rima, métrica y tema.

3. Comente el ritmo de «Canción de jinete», el cual empieza lentamente, sube hasta alcanzar un climax con los «ayes» y baja otra vez con la repetición del estribillo. ¿Qué función tiene el ritmo?

4. «La casada infiel» es un poema totalmente machista, en el que el hombre es a la vez narrador y actor principal y la mujer un objeto sexual. ¿Por qué escribiría Federico García Lorca un poema de este tipo?

5. García Lorca usa las imágenes del caballo y de la luna en todos estos poemas, ¿Qué significan en cada caso?

6. Compare el contenido y tono de estos poemas de García Lorca con los comentarios hechos en la introducción al siglo XX sobre la Generación del '27. ¿Hasta qué punto es esta poesía representativa de la poesía de esa época?

VICENTE ALEIXANDRE

«Mano entregada»

Pero otro día toco tu mano. Mano tibia.[1]
Tu delicada mano silente. A veces cierro
mis ojos y toco leve tu mano, leve toque
que comprueba su forma, que tienta[2]
5   su estructura, sintiendo bajo la piel alada[3] el duro hueso
insobornable, el triste hueso adonde no llega nunca
el amor. Oh carne dulce, que sí se empapa[4] del amor hermoso.

    Es por la piel secreta, secretamente abierta, invisiblemente entreabierta,
10 por donde el calor tibio propaga su voz, su afán[5] dulce;
por donde mi voz penetra hasta tus venas tibias,
para rodar por ellas en tu escondida sangre,
como otra sangre que sonara oscura, que dulcemente oscura te besara
por dentro, recorriendo despacio como sonido puro
15 ese cuerpo, que ahora resuena mío, mío poblado de mis voces profundas,
oh resonado cuerpo de mi amor, oh poseído cuerpo, oh cuerpo solo
sonido de mi voz poseyéndolo.

    Por eso, cuando acaricio tu mano, sé que sólo el hueso rehusa
20 mi amor — el nunca incandescente hueso del hombre — .
Y que una zona triste de tu ser se rehusa,
mientras tu carne entera llega un instante lúcido
en que total flamea, por virtud de ese lento contacto de tu mano,
de tu porosa mano suavísima que gime,
25 tu delicada mano silente, por donde entro
despacio, despacísimo, secretamente en tu vida,
hasta tus venas hondas totales donde bogo,[6]
donde te pueblo y canto completo entre tu carne.

[1] *warm*
[2] *feels*
[3] *quick*
[4] *se... is soaked*
[5] *labor*
[6] *I row*

«En la plaza»

Hermoso es, hermosamente humilde y confiante, vivificador y profundo,
sentirse bajo el sol, entre los demás, impelido,[1]
llevado, conducido, mezclado, rumorosamente arrastrado.

5 No es bueno
quedarse en la orilla
como el malecón[2] o como el molusco que quiere calcáreamente[3] imitar a la roca.

[1]*propelled*
[2]*jetty*
[3]*by hardening (its shell)*

*Spaniards, especially **madrileños**, are extremely sociable, spending most of their free time in the plazas near their homes, strolling (the famous **paseo**) or sitting in one of the many outdoor cafés drinking beer or wine. Indeed, the afternoon stroll and leisurely outdoor drink are the things that Spaniards miss most when they experience our North American culture, whose only similar activity is shopping in malls. This early-morning view of the enormous Plaza Mayor in Madrid is remarkable for a momentary absence of human activity.*

Sino que es puro y sereno arrasarse en la dicha[4]
10 de fluir y perderse,
encontrándose en el movimiento con que el gran corazón de los hombres palpita extendido.

Como ése que vive ahí, ignoro en qué piso,
y lo he visto bajar por unas escaleras
15 y adentrarse valientemente entre la multitud y perderse.
La gran masa pasaba. Pero era reconocible el diminuto corazón afluído.[5]
Allí, ¿quién lo reconocería? Allí con esperanza, con resolución o con fe, con temoroso denuedo,[6]
20 con silenciosa humildad, allí él también
transcurría.

Era una gran plaza abierta, y había olor de existencia.
Un olor a gran sol descubierto, a viento rizándolo,[7]
un gran viento que sobre las cabezas pasaba su mano,
25 su gran mano que rozaba[8] las frentes unidas y las reconfortaba.

Y era el serpear[9] que se movía
como un único ser, no sé si desvalido,[10] no sé si poderoso,
pero existente y perceptible, pero cubridor de la tierra.

Allí cada uno puede mirarse y puede alegrarse y puede reconocerse.
30 Cuando, en la tarde caldeada,[11] solo en tu gabinete,
con los ojos extraños y la interrogación en la boca,
quisieras algo preguntar a tu imagen,

no te busques en el espejo,
en un extinto diálogo en que no te oyes.
35 Baja, baja despacio y búscate entre los otros.
Allí están todos, y tú entre ellos.
Oh, desnúdate y fúndete,[12] y reconócete.

Entra despacio, como el bañista que, temeroso, con mucho amor y recelo[13] al agua,
40 introduce primero sus pies en la espuma,
y siente el agua subirle, y ya se atreve, y casi ya se decide.
Y ahora con el agua en la cintura todavía no se confía.
Pero él extiende sus brazos, abre al fin sus dos brazos y se entrega completo.

[4]arrasarse... *obliteration of oneself in the joy*
[5]*pulsing*
[6]con... *with fearful courage*
[7]Un... *An odor of wide-open sunlight, of wind wafting it*
[8]*caressed*
[9]*people walking in a meandering line*
[10]*helpless*
[11]*heated*
[12]*melt*
[13]*mistrust*

45   Y allí fuerte se reconoce, y crece y se lanza,[14]
        y avanza y levanta espumas, y salta y confía,
        y hiende y late[15] en las aguas vivas, y canta, y es joven.

        Así entra con pies desnudos. Entra en el hervor,[16] en la plaza.
        Entra en el torrente que te reclama y allí sé tú mismo.
50   ¡Oh pequeño corazón diminuto, corazón que quiere latir
        para ser él también el unánime corazón que le alcanza!

[14]se... *plunges*
[15]hiende... *cleaves and beats*
[16]*boiling mass*

EJERCICIOS DE COMPRENSIÓN

1. Identifique en «Mano entregada» estas palabras relacionadas con la anatomía.

   carne _____ piel _____

   cuerpo _____ sangre _____

   hueso _____ venas _____

   mano _____

2. ¿Cuáles de los siguientes adjetivos describen el carácter del autor de «Mano entregada», y cuáles no lo describen?

   _____ machista   _____ pornográfico

   _____ erótico   _____ comprensivo

   _____ delicado   _____ sádico

   _____ sensitivo   _____ enamorado

   _____ amoroso   _____ odioso

   _____ dominante   _____ degenerado

3. ¿Cuál es la filosofía que contiene el poema «En la plaza»?
   a. Debemos participar activamente en la vida humana.
   b. Debemos perfeccionar nuestras propias habilidades.
   c. Debemos dar paseos todos los días para mezclarnos con la gran masa.
   d. Debemos examinar nuestra consciencia en un espejo para conocernos a nosotros mismos.

4. «En la plaza» es un poema en que el poeta nos manda hacer algo. Para saber lo que es, subraye en el poema todos los imperativos.

CONSIDERACIONES

1. Comente la *falta* de ciertos elementos poéticos en la poesía de Vicente Aleixandre. ¿Cuáles faltan, y por qué?

   ____ rima   ____ fantasía

   ____ ritmo   ____ nostalgia

   ____ símiles   ____ exclamaciones

   ____ metáforas   ____ preguntas

2. La poesía de Vicente Aleixandre es muy *realista* en un sentido nuevo. No se basa únicamente en la realidid objetiva y física que nos rodea sino que es la descripción de algo real que nosotros mismos podemos experimentar. Todos podemos tocar una mano entregada o pasearnos por la plaza, y experimentar lo mismo que describe Aleixandre. Compare este realismo con el de Bécquer y Campoamor.

MODERN FICTION

The two major trends in Spanish fiction during the past half-century were both outgrowths of the bitter Spanish Civil War (1936–1939). The first trend was Existentialism, a worldwide, postwar movement that emphasized the meaninglessness of existence for those unable to become individually "engaged" in their personal circumstances. Existentialist literature thus tended to portray hopeless situations of human suffering, anxiety, and despair in which the only hope for contentment was to develop a true awareness of one's situation and a personal commitment to the other individuals around one. Existentialism's pessimistic bent also had an absurdist component, in that life as institutionalized by bureaucratic society eventually becomes meaningless and irrational, since the bureaucracy's aims are for mechanized efficiency rather than human well-being. The second trend was **tremendismo**, a Spanish literary movement that emphasized the brutal, animalistic side of human nature. **Tremendista** novels depicted violent, grotesque events in repugnant detail in an attempt to shock the reader. This trend was a logical response to the bloody Spanish Civil War and was used effectively to express the horror of man's inhumanity to man in times of hardship.

Ana María Matute (1926–   ) is one of Spain's best living novelists and the one who has most sensitively combined Existentialism and **tremendismo** to present a pessimistic, though sympathetic, view of post–Civil War Spanish society. Matute's typical character is an estranged, isolated individual, often handicapped physically, socially, or mentally, who struggles to find some kind of value in life. Violence and death abound in Matute's works, along with a moody emphasis on solitude, alienation, and cruelty. The short story **"El ausente"** (1961) is a prime example of the Neorealist traits of **tremendismo.** The protagonist, an embittered, childless woman who married out of spite because her boyfriend jilted her, learns through the absence of her husband that love is for romantics, that solitude is unbearable, and that human relationships depend on acceptance, understanding, and sharing. **"El ausente,"** dark and somber though it is, thus stretches out a hand of warm concern to those caught in the existential bind.

Pic-nic (1952, reworked in 1961), by Fernando Arrabal (1932–), is also an Existentialist piece, but in the Surrealist vein of the Theater of the Absurd. Arrabal, a political exile who moved to France in 1955, captures in **Pic-nic** the absurd, meaningless nature of war by placing within its context normal, everyday people who really know nothing about it. A Surrealist atmosphere is created by (1) the use of childlike language and themes — war is a game, men are always their parents' little babies, bombs can't really destroy anything, one must always be courteous to strangers, and so on; (2) the abrogation of rational, adult constraints on both thought and action — the characters, all adults, are oblivious to their surroundings and to the moral implications of their actions; (3) grotesque humor of every possible type — death, violence, and cruelty are transformed into something comical and consequently insignificant; and (4) a dreamlike atmosphere — reality remains elusive, subjective, and highly volatile. Because of these improbable, ridiculous paradoxes, the characters and events become absurd, yet achieve a "super-real" significance.

The final selection of the text is a story by Camilo José Cela (1916–), Spain's most famous living novelist. Cela has led his contemporaries in expressing each modern literary trend at some point in his career. He single-handedly popularized **tremendismo** with the publication of his short novel **La familia de Pascual Duarte** in 1942. His second-most-popular novel, **La colmena** (1951), displayed many typically Existentialist traits, but downplayed the violent brutality of **tremendismo**. More recently, the mature Cela has concentrated on writing "pure" fiction, in the sense that he hopes to avoid the mere imitation of life; rather, he makes his readers aware that what is being read *is* fiction: literature. Cela's light short stories are good examples of this preoccupation with literature's literariness. They are characterized by structural inventiveness, an ability to spin a yarn from almost any mundane event, an obviously parodic sentimental note, linguistic virtuosity, a desire to create literature from materials normally excluded from the literary world, an ability to chronicle the everyday vulgar existence of ordinary people, and a joking manipulation of the now-passé Existentialist and Absurdist techniques of his contemporaries.

«**El sentido de la responsabilidad o un reloj despertador con la campana de color marrón**» is the classic example of Cela's ability to make believable literature out of the most nondescript, ridiculous things: in this case, clocks, those brainless contraptions that control virtually everything we do from morning to night. Braulio, the alarm clock, and Inés, the wristwatch, are in love. But they are not merely machines endowed with human characteristics; they are two objects who, despite the fact that they think and feel and remember, are treated in the same mechanized way as many human beings are treated by "authorities" — whether parents, teachers, elders, administrators, bosses, or police. Braulio and Inés thus become like children, who have no control over their lives. A divorce, a death, a remarriage, a new job, military service — all can separate young people the way these two clocks are insensitively parted. The story, then, is more about the callous, thoughtless acts of rational adults than it is about the "feelings" of the irrational objects that belong to them. Like the fable of don Juan Manuel that began this text, Cela's tale is intensely ethical, recommending that everyone show kind and thoughtful consideration toward those who do not have complete control over their destinies.

ANA MARÍA MATUTE

«El ausente»

Por la noche discutieron. Se acostaron llenos de rencor el uno por el otro. Era frecuente eso, sobre todo en los últimos tiempos. Todos sabían en el pueblo — y sobre todo María Laureana, su vecina — que eran un matrimonio mal avenido.[1] Esto, quizá, la amargaba más.[2]
«Quémese la casa y no salga el humo»,[3] se decía ella, despierta, vuelta de cara a la pared. Le daba a él la espalda, deliberada, ostentosamente. También el cuerpo de él parecía escurrirse como una anguila[4] hacia el borde opuesto de la cama. «Se caerá al suelo», se dijo, en más de un momento. Luego, oyó sus ronquidos[5] y su rencor se acentuó. «Así es. Un salvaje, un bruto. No tiene sentimientos.» En cambio ella, despierta. Despierta y de cara a aquella pared encalada,[6] voluntariamente encerrada.

Era desgraciada.[7] Sí: no había por qué negarlo, allí en su intimidad. Era desgraciada, y pagaba su culpa de haberse casado sin amor. Su madre (una mujer sencilla, una campesina) siempre le dijo que era pecado casarse sin amor. Pero ella fue orgullosa. «Todo fue cosa del orgullo. Por darle en la cabeza a Marcos. Nada más.» Siempre, desde niña, estuvo enamorada de Marcos. En la oscuridad, con los ojos abiertos, junto a la pared, Luisa sintió de nuevo el calor de las lágrimas entre los párpados. Se mordió los labios. A la memoria le venía un tiempo feliz, a pesar de la pobreza. Las huertas, la recolección de la

[1] matrimonio... *couple who couldn't get along*
[2] la... *made her more bitter*
[3] «Quémese... *Don't wash your dirty clothes in public*
[4] escurrirse... *wiggle like an eel*
[5] *snoring*
[6] *whitewashed*
[7] Era... *She was unlucky in life.*

"**Niña de la jarra,**" *by Julio Romero de Torres (1880–1930). The woman depicted here is the subject of scores of famous paintings by Romero de Torres. She was considered so typically "Spanish" that this portrait was the picture on the one-hundred-peseta bill for decades around the middle of this century. Ana María Matute's character Luisa is in many ways the literary counterpart of Romero de Torres's model, in that she is meant to be a kind of Spanish Everywoman coming of age and accepting life's realities.*

fruta… «Marcos.» Allí, junto a la tapia del huerto, Marcos y ella. El sol brillaba y se oía el rumor de la acequia,[8] tras el muro. «Marcos.» Sin embargo, ¿cómo fue?… Casi no lo sabía decir: Marcos se casó con la hija mayor del juez: una muchacha torpe, ruda, fea. Ya entrada en años, por añadidura.[9] Marcos se casó con ella. «Nunca creí que Marcos hiciera eso. Nunca.» ¿Pero cómo era posible que aún le doliese, después de tantos años? También ella había olvidado. Sí: qué remedio. La vida, la pobreza, las preocupaciones, le borran a una esas cosas de la cabeza. «De la cabeza, puede… pero en algún lugar queda la pena. Sí: la pena renace, en momentos como éste…» Luego, ella se casó con Amadeo. Amadeo era un forastero,[10] un desgraciado obrero de las minas. Uno de aquellos que hasta los jornaleros[11] más humildes miraban por encima del hombro.[12] Fue aquél un momento malo. El mismo día de la boda sintió el arrepentimiento. No le amaba ni le amaría nunca. Nunca. No tenía remedio. «Y ahí está: un matrimonio desavenido. Ni más ni menos. Este hombre no tiene corazón, no sabe lo que es una delicadeza. Se puede ser pobre, pero… Yo misma, hija de una familia de aparceros.[13] En el campo tenemos cortesía, delicadeza… Sí: la tenemos. ¡Sólo este hombre!» Se sorprendía últimamente diciendo: «este hombre», en lugar de Amadeo. «Si al menos hubiéramos tenido

[8]*irrigation ditch*
[9]*por… in addition*
[10]*out-of-towner*
[11]*day laborers*
[12]*miraban… looked down on*
[13]*tenant farmers*

un hijo...» Pero no lo tenían, y llevaban ya cinco años largos de matrimonio.

Al amanecer lo oyó levantarse. Luego, sus pasos por la cocina, el ruido de las cacharros.[14] «Se prepara el desayuno.» Sintió una alegría pueril: «Que se lo prepare él. Yo no voy.» Un gran rencor la dominaba. Tuvo un ligero sobresalto: «¿Lo odiaré acaso?» Cerró los ojos. No quería pensarlo. Su madre le dijo siempre: «Odiar es pecado, Luisa.» (Desde que murió su madre, sus palabras, antes oídas con rutina, le parecían sagradas, nuevas y terribles.)

Amadeo salió al trabajo, como todos los días. Oyó sus pisadas y el golpe de la puerta. Se acomodó en la cama, y durmió.

Se levantó tarde. De mal humor aseó la casa. Cuando bajó a dar de comer a las gallinas la cara de comadreja[15] de su vecina María Laureana asomó por el corralillo.

—Anda, mujer: mira que se oían las voces anoche...

Luisa la miró, colérica.

—¿Y qué te importan a ti, mujer, nuestras cosas?

María Laureana sonreía con cara de satisfacción.

—No seas así, muchacha... si te comprendemos todos, todos... ¡Ese hombre no te merece, mujer!

Prosiguió en sus comentarios, llenos de falsa compasión. Luisa, con el ceño fruncido,[16] no la escuchaba. Pero oía su voz, allí, en sus oídos, como un veneno lento. Ya lo sabía, ya estaba acostumbrada.

—Déjale, mujer... déjale. Vete con tus hermanas, y que se las apañe solo.[17]

Por primera vez pensó en aquello. Algo le bullía[18] en la cabeza: «Volver a casa.» A casa, a trabajar de nuevo la tierra. ¿Y qué? ¿No estaba acaso acostumbrada? «Librarme de él.» Algo extraño la llenaba: como una agria alegría de triunfo, de venganza. «Lo he de pensar», se dijo.

Y he aquí que ocurrió lo inesperado. Fue él quien no volvió.

Al principio, ella no le dio importancia. «Ya volverá», se dijo. Habían pasado dos horas más desde el momento en que él solía entrar por la puerta de la casa. Dos horas, y nada supo de él. Tenía la cena preparada y estaba sentada a la puerta, desgranando alubias.[19] En el cielo, azul pálido, brillaba la luna, hermosa e hiriente.[20] Su ira se había transformado en una congoja[21] íntima, callada. «Soy una desgraciada. Una desgraciada.» Al fin, cenó sola. Esperó algo más. Y se acostó.

Despertó al alba, con un raro sobresalto. A su lado la cama seguía vacía. Se levantó descalza y fue a mirar: la casucha[22] estaba en silencio. La cena de Amadeo intacta. Algo raro le dio en el pecho, algo

[14]*saucepans*
[15]*weasel*
[16]*ceño... brow wrinkled*
[17]*que... let him get by on his own*
[18]*boiled*
[19]*desgranando...shucking beans*
[20]*sharp*
[21]*anguish*
[22]*shack*

como un frío. Se encogió de hombros y se dijo: «Allá él. Allá él con sus berrinches.»²³ Volvió a la cama, y pensó: «Nunca faltó de noche». Bien, ¿le importaba acaso? Todos los hombres faltaban de noche en sus casas, todos bebían en la taberna, a veces más de la cuenta.²⁴ Qué raro: él no lo hacía nunca. Sí: era un hombre raro. Trató de dormir, pero no pudo. Oía las horas en el reloj de la iglesia. «Una desgraciada. Ni más ni menos.»

El día llegó. Amadeo no había vuelto. Ni volvió al día siguiente, ni al otro.

La cara de comadreja de María Laureana apareció en el marco de la puerta.

— Pero, muchacha... ¿qué es ello? ¿Es cierto que no va Amadeo a la mina? ¡Mira que el capataz lo va a despedir!²⁵

Luisa estaba pálida. No comía. «Estoy llena de odio. Sólo llena de odio», pensó, mirando a María.

— No sé —dijo—. No sé, ni me importa.

Le volvió la espalda y siguió en sus trabajos.

— Bueno —dijo la vecina—, mejor es así, muchacha... ¡para la vida que te daba!

²³ *Allá... It's his problem, with his temper tantrums.*
²⁴ *más... more than they should*
²⁵ *¡Mira... The boss is going to fire him!*

A small village in Extremadura. Life in Spain's rural villages traditionally has been unpleasant because of the country's harsh terrain. Before modern modes of communication, the little towns were invariably isolated from the large cities, so their inhabitants subsisted on what they could grow and produce. Since the 1940s, when Ana María Matute wrote **"El ausente,"** *many of these villages have been abandoned by their centuries-old families, who have moved to the cities or abroad to industrial jobs.*

Se marchó y Luisa quedó sola. Absolutamente sola. Se sentó desfallecida.[26] Las manos dejaron caer el cuchillo contra el suelo. Tenía frío, mucho frío. Por el ventanuco entraban los gritos de los vencejos,[27] el rumor del río entre las piedras. «Marcos, tú tienes la culpa... tú, porque Amadeo...» De pronto, tuvo miedo. Un miedo extraño, que hacía temblar sus manos. «Amadeo me quería. Sí: él me quería.» ¿Cómo iba a dudarlo? Amadeo era brusco, desprovisto de ternura,[28] callado, taciturno. Amadeo — a medias palabras ella lo entendió — tuvo una infancia dura, una juventud amarga. Amadeo era pobre y ganaba su vida — la de él, la de ella y la de los hijos que hubieran podido tener — en un trabajo ingrato que destruía su salud. Y ella: ¿tuvo ternura para él? ¿Comprensión? ¿Cariño? De pronto, vio algo. Vio su silla, su ropa allí, sucia, a punto de lavar. Sus botas, en el rincón, aún llenas de barro. Algo le subió, como un grito: «Si me quería... acaso ¿será capaz de matarse?»

Se le apelotonó la sangre en la cabeza.[29] «¿Matarse?» ¿No saber nunca nada más de él? ¿Nunca verle allí: al lado, pensativo, las manos grandes enzarzadas[30] una en otra, junto al fuego; el pelo negro sobre la frente, cansado, triste? Sí: triste. Nunca lo pensó: triste. Las lágrimas corrieron por sus mejillas. Pensó rápidamente en el hijo que no tuvieron, en la cabeza inclinada de Amadeo. «Triste. Estaba triste. Es hombre de pocas palabras y fue un niño triste, también. Triste y apaleado.[31] Y yo: ¿qué soy para él?»

Se levantó y salió afuera. Corriendo, jadeando,[32] cogió el camino de la mina. Llegó sofocada y sudorosa. No: no sabían nada de él. Los hombres la miraban con mirada dura y reprobativa. Ella lo notaba y se sentía culpable.

Volvió llena de desesperanza. Se echó sobre la cama y lloró, porque había perdido su compañía. «Sólo tenía en el mundo una cosa: su compañía.» ¿Y era tan importante? Buscó con ansia pueril la ropa sucia, las botas embarradas. «Su compañía. Su silencio al lado. Sí: su silencio al lado, su cabeza inclinada, llena de recuerdos, su mirada.» Su cuerpo allí al lado, en la noche. Su cuerpo grande y oscuro pero lleno de sed, que ella no entendía. Ella era la que no supo: ella la ignorante, la zafia,[33] la egoísta. «Su compañía.» Pues bien, ¿y el amor? ¿No era tan importante, acaso? «Marcos... ». Volvía el recuerdo; pero era un recuerdo de estampa,[34] pálido y frío, desvaído. «Pues, ¿y el amor? ¿No es importante?» Al fin, se dijo: «¿y qué sé yo qué es eso del amor? ¡Novelerías!»

La casa estaba vacía y ella estaba sola.

Amadeo volvió. A la noche lo vio llegar, con paso cansino. Bajó corriendo a la puerta. Frente a frente, se quedaron como mudos, mirándose. Él estaba sucio, cansado. Seguramente hambriento. Ella

[26] *faint*
[27] *swifts (kind of bird)*
[28] *desprovisto... devoid of tenderness*
[29] *Se... Her blood rushed to her head.*
[30] *intertwined*
[31] *mistreated*
[32] *panting*
[33] *uncouth one*
[34] *de... impersonal*

sólo pensaba: «Quiso huir de mí, dejarme, y no ha podido. No ha podido. Ha vuelto.»
— Pasa, Amadeo — dijo, todo lo suave que pudo, con su voz áspera de campesina. — Pasa, que me has tenido en un hilo…[35]

150 Amadeo tragó algo: alguna brizna,[36] o quién sabe qué cosa, que masculleaba entre los dientes. Pasó el brazo por los hombros de Luisa y entraron en la casa.

[35] que… you've had me worried sick
[36] blade of grass

EJERCICIOS DE COMPRENSIÓN

1. Dé los nombres y algunas características de los personajes de «El ausente».

   el marido _____

   la esposa _____

   la vecina _____

   el antiguo novio _____

2. ¿Por qué se siente desgraciada Luisa?
   a. Su vecina es una comadreja.
   b. Su marido es un salvaje, un bruto.
   c. Sigue enamorada de Marcos.
   d. Es orgullosa y se cree mejor que su marido.

3. ¿Cómo se gana la vida Amadeo?
   a. Es minero.
   b. Es jornalero.
   c. Es aparcero.
   d. Está sin empleo.

4. ¿Cuáles de las siguientes palabras describen el carácter de María Laureana?

   _____ comadreja   _____ simpática

   _____ sensible   _____ entrometida

   _____ envidiosa   _____ comprensiva

   _____ caritativa   _____ indiscreta

   _____ venenosa   _____ amorosa

   _____ intrusa   _____ molesta

5. ¿Cuáles de esto adjetivos describen los sentimientos de Luisa después de irse Amadeo?

    _____ desfallecida   _____ temerosa

    _____ preocupada   _____ comprensiva

    _____ feliz   _____ triste

    _____ solitaria   _____ desesperada

    _____ arrepentida   _____ vacía

    _____ dichosa

6. ¿Cuántas noches estuvo Amadeo fuera de la casa?

CONSIDERACIONES

1. Describa los sentimientos que expresa Luisa al principio de «El ausente» sobre su vida con Amadeo. Busque ejemplos de la idea del destino, o de la suerte, en sus pensamientos.
2. Compare el egoísmo de Luisa, al principio de este cuento, con la comprensión que demuestra por los sentimientos de los demás al final del cuento. Dé ejemplos específicos.
3. Luisa se da cuenta que su idea juvenil y romántica del amor era «novelerías». ¿En qué consiste, entonces, su nueva idea madura y realista del amor?

FERNANDO ARRABAL

Pic-nic

I

Decorado: Campo de batalla. Cruza el escenario, de derecha a izquierda, una alambrada.[1] Junto a esta alambrada hay unos sacos de tierra.

(La batalla hace furor. Se oyen tiros, bombazos, ráfagas de ametralladora.[2] ZAPO, *solo en escena, está acurrucado[3] entre los sacos. Tiene mucho miedo.*

[1] *barbed-wire barrier*
[2] *ráfagas… bursts of machine-gun fire*
[3] *curled up*

Cesa el combate. Silencio. Zapo saca de una cesta de tela una madeja de lana y unas agujas.[4] Se pone a hacer un jersey que ya tiene bastante avanzado. Suena el timbre del teléfono de campaña que Zapo tiene a su lado.)

ZAPO: Diga... Diga... A sus órdenes, mi capitán... En efecto, soy el centinela de la cota 47[5]... Sin novedad, mi capitán... Perdone, mi capitán, ¿cuándo comienza otra vez la batalla?... Y las bombas, ¿cuándo las tiro?... Pero, por fin, hacia dónde las tiro, hacia atrás o hacia adelante?... No se ponga usted así conmigo. No lo digo para molestarle... Capitán, me encuentro muy solo. ¿No podría enviarme un compañero?... Aunque sea la cabra... (*El capitán le riñe.*[6]) A sus órdenes... A sus órdenes, mi capitán. (*Zapo cuelga el teléfono. Refunfuña.*[7])

[4]*de una cesta... from a cloth basket a ball of yarn and knitting needles*
[5]*cota... "Hill 47"*
[6]*scolds*
[7]*He grumbles*

Arrabal dissented from everything associated with the authoritarian regime (1939–1975) of Francisco Franco. The largest monument of the Franco period is the Valle de los Caídos, a gigantic military-religious structure in which thousands of victims of the Civil War are buried. From the outside the complex is unimposing, but in reality the whole mountain is hollowed out and contains the largest church in Spain. Franco himself is buried there, and every November 21 the few remaining Franco loyalists make a pilgrimage there in his memory.

(*Silencio. Entra en escena el matrimonio* TEPÁN *con cestas, como si viniera a pasar un día en el campo. Se dirigen a su hijo, Zapo, que, de espaldas y escondido entre los sacos, no ve lo que pasa.*)

20 SR. TEPÁN: (*Ceremoniosamente.*) Hijo, levántate y besa en la frente a tu madre. (*Zapo, aliviado*[8] *y sorprendido, se levanta y besa en la frente a su madre con mucho respeto. Quiere hablar. Su padre le interrumpe.*) Y ahora, bésame a mí. (*Lo besa en la frente.*)
 ZAPO: Pero papaitos,[9] ¿cómo os habéis atrevido a venir aquí con lo
25 peligroso que es? Iros inmediatamente.
 SR. TEPÁN: ¿Acaso quieres dar a tu padre una lección de guerras y peligros? Esto para mí es un pasatiempo. Cuántas veces, sin ir más lejos,[10] he bajado del Metro en marcha.[11]
 SRA. TEPÁN: Hemos pensado que te aburrirías, por eso te hemos venido
30 a ver. Tanta guerra te tiene que aburrir.
 ZAPO: Eso depende.
 SR. TEPÁN: Muy bien sé yo lo que pasa. Al principio la cosa de la novedad gusta. Eso de matar y de tirar bombas y de llevar casco,[12] que hace tan elegante, resulta agradable, pero terminará por
35 fastidiarte.[13] En mi tiempo hubiera pasado otra cosa. Las guerras eran mucho más variadas, tenían color. Y, sobre todo, había caballos, muchos caballos. Daba gusto: que el capitán decía: «al ataque», ya estábamos allí todos con el caballo y el traje de color rojo. Eso era bonito. Y luego, unas galopadas con la espada en la mano y ya
40 estábamos frente al enemigo, que también estaba a la altura de[14] las circunstancias, con sus caballos — los caballos nunca faltaban, muchos caballos y muy gorditos — y sus botas de charol[15] y sus trajes verdes.
 SRA. TEPÁN: No, no eran verdes los trajes del enemigo, eran azules. Lo
45 recuerdo muy bien, eran azules.
 SR. TEPÁN: Te digo que eran verdes.
 SRA. TEPÁN: No, te repito que eran azules. Cuántas veces, de niñas, nos asomábamos al balcón para ver batallas y yo le decía al vecinito: «Te apuesto una chocolatina a que ganan los azules». Y los azules
50 eran nuestros enemigos.
 SR. TEPÁN: Bueno, para ti la perra gorda.[16]
 SRA. TEPÁN: Yo siempre he sido muy aficionada a las batallas. Cuando niña, siempre decía que sería, de mayor, coronel de caballería. Mi mamá se opuso, ya conoces sus ideas anticuadas.
55 SR. TEPÁN: Tu madre siempre tan burra.[17]
 ZAPO: Perdonadme. Os tenéis que marchar. Está prohibido venir a la guerra si no se es soldado.

[8] relieved
[9] dear parents
[10] sin... to give only one example
[11] del... from a moving subway
[12] helmet
[13] annoying you
[14] estaba... rose to
[15] de... patent leather
[16] para... you're concerned only with little details
[17] dumb

SR. TEPÁN: A mí me importa un pito.[18] Nosotros no venimos al frente para hacer la guerra. Sólo queremos pasar un día de campo contigo, aprovechando que es domingo.

SRA. TEPÁN: Precisamente he preparado una comida muy buena. He hecho una tortilla de patatas que tanto te gusta, unos bocadillos de jamón, vino tinto, ensalada y pasteles.

ZAPO: Bueno, lo que queráis, pero si viene el capitán, yo diré que no sabía nada. Menudo se va a poner.[19] Con lo que le molesta a él eso de que haya visitas en la guerra. Él nos repite siempre: «En la guerra, disciplina y bombas, pero nada de visitas.»

SR. TEPÁN: No te preocupes, ya le diré yo un par de cosas a ese capitán.

ZAPO: ¿Y si comienza otra vez la batalla?

SR. TEPÁN: ¿Te piensas que me voy a asustar? En peores me he visto. Y si aún fuera como antes, cuando había batallas con caballos gordos. Los tiempos han cambiado, ¿comprendes? (*Pausa.*) Hemos venido en motocicleta. Nadie nos ha dicho nada.

ZAPO: Supondrían que erais los árbitros.[20]

SR. TEPÁN: Lo malo fue que, como había tantos tanques y jeeps, resultaba muy difícil avanzar.

SRA. TEPÁN: Y luego, al final, acuérdate aquel cañón que hizo un atasco.[21]

SR. TEPÁN: De las guerras, es bien sabido, se puede esperar todo.

SRA. TEPÁN: Bueno, vamos a comer.

SR. TEPÁN: Sí, vamos, que tengo un apetito enorme. A mí, este tufillo de pólvora,[22] me abre el apetito.

SRA. TEPÁN: Comeremos aquí mismo, sentados sobre la manta.

ZAPO: ¿Como con el fusil?[23]

SRA. TEPÁN: Nada de fusiles. Es de mala educación[24] sentarse a la mesa con fusil. (*Pausa.*) Pero qué sucio estás, hijo mío... ¿Cómo te has puesto así? Enséñame las manos.

ZAPO: (*Avergonzado se las muestra.*) Me he tenido que arrastrar[25] por el suelo con eso de las maniobras.[26]

SRA. TEPÁN: Y las orejas ¿qué?

ZAPO: Me las he lavado esta mañana.

SRA. TEPÁN: Bueno, pueden pasar. ¿Y los dientes? (*Enseña los dientes.*) Muy bien. ¿Quién le va a dar su niñito un besito por haberse lavado los dientes? (*A su marido.*) Dale un beso a tu hijo que se ha lavado bien los dientes. (*El Sr. Tepán besa a su hijo.*) Porque lo que no se te puede consentir es que con el cuento de[27] la guerra te dejes de lavar.

ZAPO: Sí, mamá. (*Se ponen a comer.*)

SR. TEPÁN: Qué, hijo mío, ¿has matado muchos?

---

[18] A... I couldn't care less.
[19] Menudo... He's going to get mad.
[20] referees
[21] traffic jam
[22] tufillo... smell of gunpowder
[23] rifle
[24] de... bad manners
[25] crawl
[26] maneuvers
[27] con... with the excuse of

ZAPO: ¿Cuándo?
SR. TEPÁN: Pues estos días.
ZAPO: ¿Dónde?
SR. TEPÁN: Pues en esto de la guerra.
ZAPO: No mucho. He matado poco. Casi nada.
SR. TEPÁN: ¿Qué es lo que has matado más, caballos enemigos o soldados?
ZAPO: No, caballos no. No hay caballos.
SR. TEPÁN: ¿Y soldados?
ZAPO: A lo mejor.[28]
SR. TEPÁN: ¿A lo mejor? ¿Es que no estás seguro?
ZAPO: Sí, es que disparo[29] sin mirar. (*Pausa.*) De todas formas, disparo muy poco. Y cada vez que disparo, rezo un Padrenuestro[30] por el tío que he matado.
SR. TEPÁN: Tienes que tener más valor. Como tu padre.
SRA. TEPÁN: Voy a poner un disco en el gramófono.

(*Pone un disco. Los tres, sentados en el suelo, escuchan.*)

SR. TEPÁN: Esto es música, sí señor.

(*Continúa la música. Entra un soldado enemigo: ZEPO. Viste como Zapo. Sólo cambia el color del traje. Zepo va de verde y Zapo de gris. Zepo, extasiado, oye la música a espaldas de la familia Tepán. Termina el disco. Al ponerse de pie, Zapo descubre a Zepo. Ambos se ponen manos arriba llenos de terror. Los esposos Tepán los contemplan extrañados.[31]*)

SR. TEPÁN: ¿Qué pasa?

(*Zapo reacciona. Duda. Por fin, muy decidido, apunta con el fusil a Zepo.*)

ZAPO: ¡Manos arriba!

(*Zepo levanta aún más las manos, todavía más amedrentado.[32] Zapo no sabe qué hacer. De pronto va hacia Zepo y le golpea suavemente en el hombro mientras le dice*):

ZAPO: ¡Pan y tomate[33] para que no te escapes!
SR. TEPÁN: Bueno, ¿y ahora qué?
ZAPO: Pues ya ves, a lo mejor, en premio, me hacen cabo.[34]
SR. TEPÁN: Átale, no sea que se escape.
ZAPO: ¿Por qué atarle?
SR. TEPÁN: Pero, ¿es que aún no sabes que a los prisioneros hay que atarles inmediatamente?
ZAPO: ¿Cómo le ato?
SR. TEPÁN: Átale las manos.

[28] A... Perhaps.
[29] I shoot
[30] Lord's Prayer
[31] surprised
[32] frightened
[33] ¡Pan... Freeze (a children's game)
[34] corporal

SRA. TEPÁN: Sí. Eso sobre todo. Hay que atarle las manos. Siempre he visto que se hace así.

ZAPO: Bueno. (*Al prisionero.*) Haga el favor de poner las manos juntas, que le voy a atar.

ZEPO: No me haga mucho daño.

ZAPO: No.

ZEPO: Ay, qué daño me hace…

SR. TEPÁN: Hijo, no seas burro. No maltrates al prisionero.

SRA. TEPÁN: ¿Eso es lo que yo te he enseñado? ¿Cuántas veces te he repetido que hay que ser bueno con todo el mundo?

ZAPO: Lo había hecho sin mala intención. (*A Zepo.*) ¿Y así, le hace daño?

ZEPO: No. Así, no.

SR. TEPÁN: Diga usted la verdad. Con toda confianza. No se avergüence porque estemos delante. Si le molestan, díganoslo y se las ponemos más suavemente.

ZEPO: Así está bien.

SR. TEPÁN: Hijo, átale también los pies para que no se escape.

ZAPO: ¿También los pies? Qué de cosas…[35]

SR. TEPÁN: Pero ¿es que no te han enseñado las ordenanzas?[36]

ZAPO: Sí.

SR. TEPÁN: Bueno, pues todo eso se dice en las ordenanzas.

ZAPO: (*Con muy buenas maneras.*) Por favor, tenga la bondad de sentarse en el suelo que le voy a atar los pies.

ZEPO: Pero no me haga daño como la primera vez.

SR. TEPÁN: Ahora te vas a ganar que te tome tirria.[37]

ZAPO: No me tomará tirria. ¿Le hago daño?

ZEPO: No. Ahora está perfecto.

ZAPO: (*Iluminado por una idea.*) Papá, hazme una foto con el prisionero en el suelo y yo con un pie sobre su tripa.[38] ¿Te parece?

SR. TEPÁN: ¡Ay, sí! ¡Qué bien va a quedar!

ZEPO: No. Eso no.

SRA. TEPÁN: Diga usted que sí. No sea testarudo.[39]

ZEPO: No. He dicho que no y es que no.

SRA. TEPÁN: Pero total, una foto de nada no tiene importancia para usted, y nosotros podríamos colocarla en el comedor junto al diploma de salvador de náufragos[40] que ganó mi marido hace trece años…

ZEPO: No crean que me van a convencer.

ZAPO: Pero, ¿por qué no quiere?

ZEPO: Es que tengo una novia, y si luego ella ve la foto va a pensar que no sé hacer la guerra.

[35] Qué… *How many things (I have to know)*
[36] *rule books*
[37] Ahora… *Now he's going to dislike you.*
[38] *stomach*
[39] *hardheaded*
[40] salvador… *lifesaver*

ZAPO: No. Dice usted que no es usted; que lo que hay debajo es una pantera.
SRA. TEPÁN: Anda, diga que sí.
ZEPO: Bueno. Pero sólo por hacerles un favor.
ZAPO: Póngase completamente tumbado.[41]

(*Zepo se tiende sobre el suelo. Zapo coloca un pie sobre su tripa y, con aire muy fiero, agarra el fusil.*)

SRA. TEPÁN: Saca más el pecho.[42]
ZAPO: ¿Así?
SRA. TEPÁN: Sí. Eso. Así. Sin respirar.
SR. TEPÁN: Pon más cara de héroe.
ZAPO: ¿Cómo es la cara de héroe?
SR. TEPÁN: Es bien sencillo: pon la misma cara que ponía el carnicero cuando contaba sus conquistas amorosas.
ZAPO: ¿Así?
SR. TEPÁN: Sí, así.
SRA. TEPÁN: Sobre todo, hincha bien el pecho y no respires.
ZEPO: Pero, ¿van a terminar de una vez?
SR. TEPÁN: Tenga un poco de paciencia. A la una, a las dos y... a las tres.
ZAPO: Tengo que haber salido muy bien.
SRA. TEPÁN: Sí, tenías el aire muy marcial.
SR. TEPÁN: Sí, has quedado muy bien.
SRA. TEPÁN: A mí también me han entrado ganas de hacerme una contigo.
SR. TEPÁN: Sí, una nuestra quedará también muy bien.
ZAPO: Bueno, si queréis yo os la hago.
SRA. TEPÁN: ¿Me dejarás el casco para hacer más militar?
ZEPO: No quiero más fotos. Con una ya hay de sobra.[43]
ZAPO: No se ponga usted así. ¿A usted qué más le da?
ZEPO: Nada, no consiento que me hagan más fotos. Es mi última palabra.
SR. TEPÁN: (*A su mujer.*) No insistáis más. Los prisioneros suelen ser muy susceptibles. Si continuamos así, se disgustará y nos ahogará la fiesta.[44]
ZAPO: Bueno, ¿y qué hacemos ahora con el prisionero?
SRA. TEPÁN: Lo podemos invitar a comer. ¿Te parece?
SR. TEPÁN: Por mí no hay inconveniente.
ZAPO: (*A Zepo.*) ¿Qué? ¿Quiere comer con nosotros?
ZEPO: Pues...
SR. TEPÁN: Hemos traído un buen tintorro.[45]

---

[41] stretched out
[42] Saca... Stick your chest out more.
[43] ya... there's more than enough
[44] se... he'll get mad and ruin our party
[45] red wine

220 ZEPO: Si es así, bueno.
SR. TEPÁN: Usted haga como si estuviera en su casa. Pídanos lo que quiera.
ZEPO: Bueno.
SR. TEPÁN: ¿Qué?, ¿y usted, ha matado muchos?
225 ZEPO: ¿Cuándo?
SR. TEPÁN: Pues estos días.
ZEPO: ¿Dónde?
SR. TEPÁN: Pues en esto de la guerra.
ZEPO: No mucho. He matado poco. Casi nada.
230 SR. TEPÁN: ¿Qué es lo que ha matado más, caballos enemigos o soldados?
ZEPO: No, caballos no. No hay caballos.
SR. TEPÁN: ¿Y soldados?
ZEPO: A lo mejor.
235 SR. TEPÁN: ¿A lo mejor? ¿Es que no está seguro?
ZEPO: Sí, es que disparo sin mirar. (*Pausa.*) De todas formas, disparo muy poco. Y cada vez que disparo, rezo un Avemaría[46] por el tío que he matado.
SR. TEPÁN: ¿Un Avemaría? Yo creí que rezaría un Padrenuestro.
240 ZEPO: No. Siempre un Avemaría. (*Pausa.*) Es más corto.
SR. TEPÁN: Ánimo, hombre. Hay que tener más valor.
SRA. TEPÁN: (*A Zepo.*) Si quiere usted, le soltamos las ligaduras.[47]
ZEPO: No, déjelo, no tiene importancia.
SR. TEPÁN: No vaya usted ahora a andar con vergüenza con nosotros.
245 Si quiere que le soltemos las ligaduras, díganoslo.
SRA. TEPÁN: Usted póngase lo más cómodo que pueda.
ZEPO: Bueno, si se ponen así, suélteme las ligaduras. Pero sólo se lo digo por darles gusto.
SR. TEPÁN: Hijo, quítaselas. (*Zapo le quita las ligaduras de los pies.*)
250 SRA. TEPÁN: ¿Qué, se encuentra usted mejor?
ZEPO: Sí, sin duda. A lo mejor les estoy molestando mucho.
SR. TEPÁN: Nada de molestarnos. Usted, considérese como en su casa. Y si quiere que le soltemos las manos, no tiene nada más que decírmelo.
255 ZEPO: No. Las manos, no. Es pedir demasiado.
SR. TEPÁN: Que no, hombre, que no. Ya le digo que no nos molesta en absoluto.
ZEPO: Bueno... Entonces, desátenme las manos. Pero sólo para comer, ¿eh?, que no quiero yo que me digan luego que me ofrecen el dedo y me tomo la mano entera.
260 SR. TEPÁN: Niño, quítale las ligaduras de las manos.

[46] Hail Mary
[47] le... we'll loosen your bonds

SRA. TEPÁN: Qué bien, con lo simpático que es el señor prisionero, vamos a pasar un buen día de campo.
ZEPO: No tiene usted que decirme «señor prisionero», diga «prisionero» a secas.[48]
SRA. TEPÁN: ¿No le va a molestar?
ZEPO: No, en absoluto.
SR. TEPÁN: Desde luego hay que reconocer que es usted modesto.

(*Ruido de aviones.*)

II

ZAPO: Aviones. Seguramente van a bombardearnos.

(*Zapo y Zepo se esconden, a toda prisa, entre los sacos terreros.*[49]) (*Se impone poco a poco el ruido de los aviones. Inmediatamente empiezan a caer bombas. Explotan cerca, pero ninguna cae en el escenario. Gran estruendo.*[50] *Zapo y Zepo están acurrucados entre los sacos. El Sr. Tepán habla tranquilamente con su esposa. Ella le responde en un tono también muy tranquilo. No se oye su diálogo a causa del bombardeo. La Sra. Tepán se dirige a una de las cestas y saca un paraguas. Lo abre. Los Tepán se cubren con el paraguas como si estuviera lloviendo. Están de pie. Parecen mecerse*[51] *con una cadencia tranquila apoyándose alternativamente en uno y otro pie mientras hablan de sus cosas. Continúa el bombardeo. Los aviones se van alejando. Silencio. El Sr. Tepán extiende un brazo y lo saca del paraguas para asegurarse de que ya no cae nada del cielo.*)

SR. TEPÁN: (*A su mujer.*) Puedes cerrar ya el paraguas.

(*La Sra. Tepán lo hace. Ambos se acercan a su hijo y le dan unos golpecitos en el culo*[52] *con el paraguas.*)

SR. TEPÁN: Ya podéis salir. El bombardeo ha terminado.

(*Zapo y Zepo salen de su escondite.*)

ZAPO: ¿No os ha pasado nada?
SR. TEPÁN: ¿Qué querías que le pasara a tu padre? (*Con orgullo.*) Bombitas a mí...

(*Entra, por la izquierda, una pareja de soldados de la Cruz Roja. Llevan una camilla.*)

PRIMER CAMILLERO: ¿Hay muertos?
ZAPO: No. Aquí no.
PRIMER CAMILLERO: ¿Está seguro de haber mirado bien?
ZAPO: Seguro.

[48] a... only
[49] sacos... sandbags
[50] noise
[51] sway
[52] rump

PRIMER CAMILLERO: ¿Y no hay ni un solo muerto?
ZAPO: Ya le digo que no.
PRIMER CAMILLERO: ¿Ni siquiera un herido?
ZAPO: No.
CAMILLERO SEGUNDO: ¡Pues estamos apañados![53] (A *Zapo, con un tono persuasivo.*) Mire bien por todas partes a ver si encuentra un fiambre.[54]
PRIMER CAMILLERO: No insistas. Ya te han dicho que no hay.
CAMILLERO SEGUNDO: ¡Vaya jugada![55]
ZAPO: Lo siento muchísimo. Les aseguro que no lo he hecho a posta.[56]
PRIMER CAMILLERO: Venga, hombre, no molestes al caballero.
SR. TEPÁN: (*Servicial.*) Si podemos ayudarle lo haremos con gusto. Estamos a sus órdenes.
CAMILLERO SEGUNDO: Bueno, pues si seguimos así ya verás lo que nos va a decir el capitán.
SR. TEPÁN: ¿Pero qué pasa?
PRIMER CAMILLERO: Sencillamente, que los demás tienen ya las muñecas[57] rotas a fuerza de transportar cadáveres y heridos y nosotros todavía sin encontrar nada. Y no será porque no hemos buscado...
SR. TEPÁN: Desde luego que es un problema. (*A Zapo.*) ¿Estás seguro de que no hay ningún muerto?
ZAPO: Pues claro que estoy seguro, papá.
SR. TEPÁN: ¿Has mirado bien debajo de los sacos?
ZAPO: Sí, papá.
SR. TEPÁN: (*Muy disgustado.*) Lo que te pasa a ti es que no quieres ayudar a estos señores. Con lo agradables que son. ¿No te da vergüenza?
PRIMER CAMILLERO: No se ponga usted así, hombre. Déjelo tranquilo. Esperemos tener más suerte y que en otra trinchera hayan muerto todos.
SR. TEPÁN: No sabe cómo me gustaría.
SRA. TEPÁN: A mí también me encantaría. No puede imaginar cómo aprecio a la gente que ama su trabajo.
SR. TEPÁN: (*Indignado, a todos.*) Entonces, ¿qué? ¿Hacemos algo o no por estos señores?
ZAPO: Si de mí dependiera, ya estaría hecho.
ZEPO: Lo mismo digo.
SR. TEPÁN: Pero, vamos a ver, ¿ninguno de los dos está ni siquiera herido?
ZAPO: (*Avergonzado.*) No, yo no.
SR. TEPÁN: (*A Zepo.*) ¿Y usted?

---

[53] ¡Pues... *Now we're in a bind!*
[54] *cold meat (a body)*
[55] ¡Vaya... *It's not fair!*
[56] a... *on purpose*
[57] *wrists*

ZEPO: (*Avergonzado.*) Yo tampoco. Nunca he tenido suerte…
SRA. TEPÁN: (*Contenta.*) ¡Ahora que me acuerdo! Esta mañana al pelar las cebollas me di un corte en el dedo. ¿Qué les parece?
SR. TEPÁN: ¡Perfecto! (*Entusiasmado.*) En seguida te llevan.
PRIMER CAMILLERO: No. Las señoras no cuentan.
SR. TEPÁN: Pues estamos en lo mismo.[58]
PRIMER CAMILLERO: No importa.
CAMILLERO SEGUNDO: A ver si nos desquitamos[59] en las otras trincheras.

(*Empiezan a salir.*)

SR. TEPÁN: No se preocupen ustedes, si encontramos un muerto, se lo guardamos. Estén ustedes tranquilos que no se lo daremos a otros.
CAMILLERO SEGUNDO: Muchas gracias, caballero.
SR. TEPÁN: De nada, amigo. Pues no faltaba más…

(*Los camilleros les dicen adiós al despedirse y los cuatro responden. Salen los camilleros.*)

SRA. TEPÁN: Esto es lo agradable de salir los domingos al campo. Siempre se encuentra gente simpática. (*Pausa.*) Y usted, ¿por qué es enemigo?
ZEPO: No sé de estas cosas. Yo tengo muy poca cultura.
SRA. TEPÁN: ¿Eso es de nacimiento, o se hizo usted enemigo más tarde?
ZEPO: No sé. Ya le digo que no sé.
SR. TEPÁN: Entonces, ¿cómo ha venido a la guerra?
ZEPO: Yo estaba un día en mi casa arreglando una plancha[60] eléctrica de mi madre cuando vino un señor y me dijo: «¿Es usted Zepo? Sí. Pues que me han dicho que tienes que ir a la guerra». Y yo entonces le pregunté: «Pero ¿a qué guerra?» Y él me dijo: «Qué bruto eres, ¿es que no lees los periódicos?» Yo le dije que sí, pero que no lo de las guerras…
ZAPO: Igualito, igualito me pasó a mí.
SR. TEPÁN: Sí, igualmente te vinieron a ti a buscar.
SRA. TEPÁN: No, no era igual, aquel día tú no estabas arreglando una plancha eléctrica, sino una avería[61] del coche.
SR. TEPÁN: Digo en lo otro.[62] (*A Zepo.*) Continúe. ¿Y qué pasó luego?
ZEPO: Le dije que además tenía novia y que si no iba conmigo al cine los domingos lo iba a pasar muy aburrido. Me respondió que eso de la novia no tenía importancia.
ZAPO: Igualito, igualito que a mí.

---

[58] en… *back where we started*
[59] nos… *we make up for it*
[60] *iron*
[61] *breakdown*
[62] Digo… *I mean about not knowing about the war.*

ZEPO: Luego bajó mi padre y dijo que yo no podía ir a la guerra porque no tenía caballo.

ZAPO: Igualito dijo mi padre.

ZEPO: Pero el señor dijo que no hacía falta caballo y yo le pregunté si podía llevar a mi novia, y me dijo que no. Entonces le pregunté se podía llevar a mi tía para que me hiciera natillas[63] los jueves, que me gustan mucho.

SRA. TEPÁN: (*Dándose cuenta de que ha olvidado algo.*) ¡Ay, las natillas!

ZEPO: Y me volvió a decir que no.

ZAPO: Igualito me pasó a mí.

ZEPO: Y, desde entonces, casi siempre solo en esta trinchera.

SRA. TEPÁN: Yo creo que ya que el señor prisionero y tú os encontráis tan cerca y tan aburridos, podríais reuniros todas las tardes para jugar juntos.

ZAPO: Ay, no, mamá. Es un enemigo.

SR. TEPÁN: Nada, hombre, no tengas miedo.

ZAPO: Es que si supieras lo que el general nos ha contado de los enemigos.

SRA. TEPÁN: ¿Qué ha dicho el general?

ZAPO: Pues nos ha dicho que los enemigos son muy malos, muy malos, muy malos. Dice que cuando cogen prisioneros les ponen chinitas[64] en los zapatos para que cuando anden se hagan daño.

SRA. TEPÁN: ¡Qué barbaridad! ¡Qué malísimos son!

SR. TEPÁN: (*A Zepo, indignado.*) ¿Y no le da a usted vergüenza pertenecer a ese ejército de criminales?

ZEPO: Yo no he hecho nada. Yo no me meto con nadie.[65]

SRA. TEPÁN: Hemos hecho mal en desatarlo; a lo mejor, si nos descuidamos, nos mete unas chinitas en los zapatos.

ZEPO: No se pongan conmigo así.

SR. TEPÁN: ¿Y cómo quiere que nos pongamos? Esto me indigna. Ya sé lo que voy a hacer: voy a ir al capitán y le voy a pedir que me deje entrar en la guerra.

ZAPO: No te van a dejar. Eres demasiado viejo.

SR. TEPÁN: Pues entonces me compraré un caballo y una espada y vendré a hacer la guerra por mi cuenta.

SRA. TEPÁN: Muy bien. De ser hombre, yo haría lo mismo.

ZEPO: Señora, no se ponga así conmigo. Además le diré que a nosotros nuestro general nos ha dicho lo mismo de ustedes.

SRA. TEPÁN: ¿Cómo se ha atrevido a mentir de esa forma?

ZAPO: Pero, ¿todo igual?

ZEPO: Exactamente igual.

[63] custard
[64] little pebbles
[65] Yo... I don't bother anyone.

SR. TEPÁN: ¿No sería el mismo el que os habló a los dos?
SRA. TEPÁN: Pero si es el mismo, por lo menos podría cambiar el discurso. Tambíen tiene poca gracia eso de que a todo el mundo le diga las mismas cosas.
SR. TEPÁN: (A Zepo, cambiando de tono.) ¿Quiere otro vasito?
SRA. TEPÁN: Espero que nuestro almuerzo le haya gustado...
SR. TEPÁN: Por lo menos ha estado mejor que el del domingo pasado.
ZEPO: ¿Qué les pasó?
SR. TEPÁN: Pues que salimos al campo, colocamos la comida encima de la manta y en cuanto nos dimos la vuelta,[66] llegó una vaca y se comió toda la merienda. Hasta las servilletas.
ZEPO: ¡Vaya una vaca sinvergüenza!
SR. TEPÁN: Sí, pero luego, para desquitarnos, nos comimos la vaca. (Ríen.)
ZAPO: (A Zepo.) Pues, desde luego se quitarían el hambre...
SR. TEPÁN: ¡Salud! (Beben.)
SRA. TEPÁN: (A Zepo.) Y en la trinchera, ¿qué hace usted para distraerse?
ZEPO: Yo para distraerme, lo que hago es pasarme el tiempo haciendo flores de trapo.[67] Me aburro mucho.
SRA. TEPÁN: ¿Y qué hace usted con las flores?
ZEPO: Antes se las enviaba a mi novia. Pero un día me dijo que ya había llenado el invernadero[68] y la bodega de flores de trapo y que si no me molestaba que la enviara otra cosa, que ya no sabía qué hacer con tanta flor.
SRA. TEPÁN: ¿Y qué hizo usted?
ZEPO: Intenté aprender a hacer otra cosa, pero no pude. Así que seguí haciendo flores de trapo para pasar el tiempo.
SRA. TEPÁN: ¿Y las tira?
ZEPO: No. Ahora les he encontrado una buena utilidad: doy una flor para cada compañero que muere. Así ya sé que por muchas que haga, nunca daré abasto.[69]
SR. TEPÁN: Pues ha encontrado una buena solución.
ZEPO: (Tímido.) Sí.
ZAPO: Pues yo me distraigo haciendo jerseys.
SRA. TEPÁN: Pero, oiga, ¿es que todos los soldados se aburren tanto como usted?
ZEPO: Eso depende de lo que hagan para divertirse.
ZAPO: En mi lado ocurre lo mismo.
SR. TEPÁN: Pues entonces podemos hacer una cosa: parar la guerra.
ZEPO: ¿Cómo?

[66]en... as soon as we turned around
[67]cloth
[68]greenhouse
[69]nunca... I'll never satisfy the demand

SR. TEPÁN: Pues muy sencillo. Tú le dices a todos los soldados de nuestro ejército que los soldados enemigos no quieren hacer la guerra, y usted le dice lo mismo a sus amigos. Y cada uno se vuelve a su casa.

ZAPO: ¡Formidable!

SRA. TEPÁN: Y así podrá usted terminar de arreglar la plancha eléctrica.

ZAPO: ¿Cómo no se nos habrá ocurrido antes una idea tan buena para terminar con este lío[70] de la guerra?

SRA. TEPÁN: Estas ideas sólo las puede tener tu padre. No olvides que es universitario y filatélico.[71]

ZEPO: Oiga, pero si paramos así la guerra, ¿qué va a pasar con los generales y los cabos?

SRA. TEPÁN: Les daremos unas panoplias[72] para que se queden tranquilos.

ZEPO: Muy buena idea.

SR. TEPÁN: ¿Veis qué fácil? Ya está todo arreglado.

ZEPO: Tendremos un éxito formidable.

ZAPO: Qué contentos se van a poner mis amigos.

SRA. TEPÁN: ¿Qué os parece si para celebrarlo bailamos el paso-doble[73] de antes?

ZEPO: Muy bien.

ZAPO: Sí, pon el disco, mamá.

(*La Sra. Tepán pone un disco. Expectación. No se oye nada.*)

SRA. TEPÁN: (*Va al gramófono.*) ¡Ah!, es que me había confundido. En vez de poner un disco, había puesto una boina.[74]

(*Pone el disco. Suena un pasadoble. Bailan, llenos de alegría, Zapo con Zepo y la Sra. Tepán con su marido. Suena el teléfono de campaña. Ninguno de los cuatro lo oye. Siguen, muy animados, bailando. El teléfono suena otra vez. Continúa el baile. Comienza de nuevo la batalla con gran ruido de bombazos, tiros y ametralladoras. Ellos no se dan cuenta de nada y continúan bailando alegremente. Una ráfaga de ametralladora los siega[75] a los cuatro. Caen al suelo, muertos. Sin duda una bala ha rozado el gramófono: el disco repite y repite, sin salir del mismo surco. Se oye durante un rato el disco rayado,[76] que continuará hasta el final de la obra. Entran, por la izquierda, los dos camilleros. Llevan la camilla vacía. Inmediatamente cae el...*)

TELÓN

---

[70] problem
[71] stamp collector
[72] suits of armor
[73] popular Spanish dance similar to the waltz
[74] beret
[75] mows down
[76] cracked

EJERCICIOS DE COMPRENSIÓN

1. Las siguientes palabras tienen que ver con la guerra. Identifíquelas en el texto, explicando su significado.

ametralladora	casco	saco de tierra
bombardeo	centinela	soldado
bombazo	espada	tanque
cabo	fusil	teléfono de campaña
camillero	maniobra	tiro
campo de batalla	pólvora	trinchera

2. ¿Qué hace Zapo para entretenerse?
   a. Afila su espada.
   b. Carga su fusil.
   c. Limpia sus botas.
   d. Teje jerseys.

3. ¿Por qué han venido los padres de Zapo a visitarle?
   a. Estaban solos en casa.
   b. Era domingo, día de visita.
   c. Temían que estuviera muerto o herido.
   d. Pensaban que estaría aburrido de tanta guerra.

4. ¿Cómo llegaron los Sres. Tepán al frente de batalla?
   a. a caballo   b. en motocicleta   c. en tanque   d. en jeep

5. ¿De qué color es el traje de Zepo?
   a. gris   b. verde   c. azul   d. rojo

6. ¿Cuántos soldados ha matado Zapo?
   a. muchos   b. casi ninguno   c. pocos   d. no se sabe

7. ¿Por qué están tan disgustados los camilleros?
   a. No han encontrado ni muertos ni heridos.
   b. Han encontrado muchos muertos y heridos.
   c. La única herida es la Sra. Tepán.
   d. Tienen un trabajo muy aburrido.

8. ¿Qué estaba haciendo Zapo cuando vino un señor a buscarle para llevarle a la guerra? ¿Qué estaba haciendo Zepo?

9. ¿Qué pasó durante el picnic de la semana pasada?
   a. Una vaca se comió la comida.
   b. No llegaron los Sres. Tepán a la guerra.
   c. Comieron natillas.
   d. Olvidaron las servilletas.

10. ¿Cómo piensan Zepo y Zapo terminar la guerra?
    a. Dando panoplias a los generales.
    b. Diciendo a sus amigos que los soldados enemigos no quieren pelear más.
    c. Matando a los políticos que empezaron la guerra.
    d. Reuniéndose todos los domingos para comer con el enemigo.

CONSIDERACIONES

1. Haga una lista de las incongruencias más absurdas que Ud. haya encontrado en el drama.
2. Busque ejemplos de situaciones y de lenguaje provenientes de la niñez o de juegos: por ejemplo, «árbitro» y «pan y tomate». ¿Cuál será la razón de su inclusión en el drama?
3. ¿Cuál será la razón de haber creado a Zapo y a Zepo exactamente iguales?
4. Con la primera llegada de los aviones, ¿qué piensa Ud. que va a suceder en el drama?
5. Comente detalladamente las circunstancias de la venida de Zapo y Zepo a la guerra. ¿Por qué se incluye esta relación?
6. Comente el significado de la entrada de los camilleros al final de *Pic-nic*. Según Ud., ¿indica el fin de las guerras o la continuación de ellas?
7. ¿Qué idea de la guerra — y de la muerte que ésta trae — tienen en realidad los personajes de *Pic-nic*?

CAMILO JOSÉ CELA

«El sentido de la responsabilidad o un reloj despertador con la campana de color marrón»

Se llamaba Braulio y era *Made in Germany*, pero como no había tenido suerte en esta vida, se había quedado, incluso con[1] una elegante resignación, esa es la verdad, en despertador de fonda de pueblo.[2] Después

[1] *incluso... even with*
[2] *en... the town tavern's alarm clock*

«El sentido de la responsabilidad o un reloj despertador con la campana de color marrón» · 241

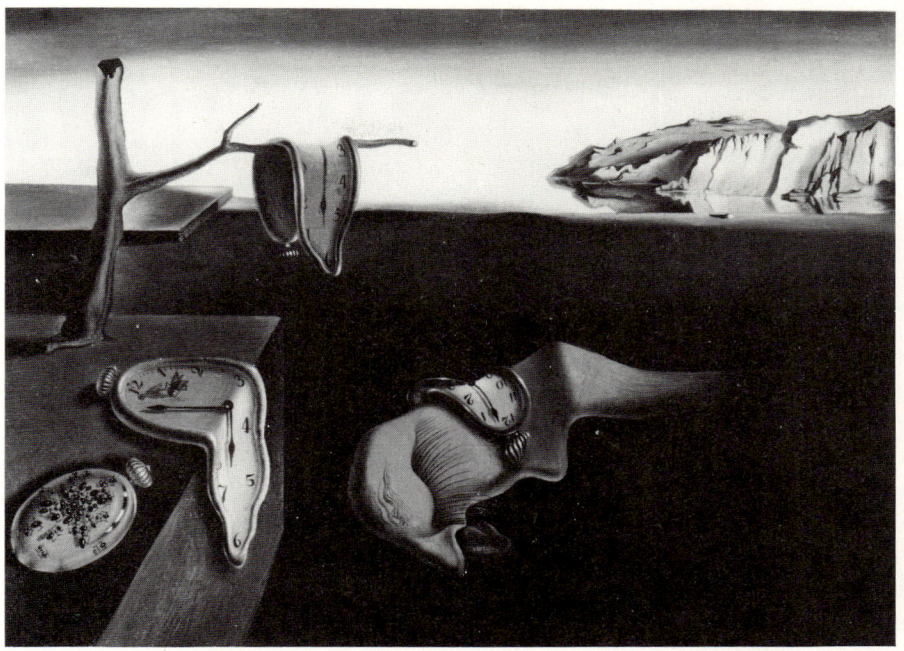

"The Persistence of Memory," by Salvador Dalí (1904–   ). *Time in Dalí's famous painting is an organic, malleable object that stretches, bends, grows, and is eaten by ants. In our rational daylight world, time ticks in seconds. In Dalí's surrealistic vision, it is free of the calculating control of reason and convention and displays aspects of the unconscious, that fantasy world of dreams and hallucinations. There, timepieces think, talk, and fall in love.*

    de todo — pensaba Braulio — , los hay que están peor. Braulio se
5 refería sin duda a los despertadores de las monjas de clausura,[3] de los enfermos crónicos y de los condenados a muerte.

    Braulio tenía forma de sopera[4] y, todo hay que decirlo, estaba crecido[5] y bastante bien proporcionado. Sus tripas — eso que la gente llama, tan imprecisamente, la máquina — se conservaban bastante
10 bien para la edad que tenía; su esfera,[6] que en tiempos fue de brillo, aún aparentaba cierto empaque[7] a pesar de que el 6 y el 7 estaban casi borrados, y su campana, ¡ay, su campana!, pintada de color marrón, como las sillas del juzgado, retumbaba, cada mañana, con unos alegres pujos[8] de esperanza, con unos recios[9] sones casi militares.

15   Braulio, cuando era joven y se lucía,[10] lleno de presunción, en el escaparate[11] de la tienda de la capital, allá por el año veintitantos,[12] estuvo algo enamoriscadillo de [13] una relojita de pulsera, muy mona y arregladita,[14] con la que llegó a estar casi comprometido.[15]

    — Yo no sé si debo aspirar a tu mano — le decía Braulio, casi con
20 lágrimas en los ojos — ; tú eres de mejor familia que yo, eres mucho

[3] *monjas... cloistered nuns*
[4] *soup tureen*
[5] *large*
[6] *face*
[7] *aún... still showed a certain elegance*
[8] *attempts*
[9] *robust*
[10] *shone*
[11] *store window*
[12] *por... in the '20s*
[13] *algo... a little infatuated with*
[14] *mona... cute and tidy*
[15] *engaged*

más joven, te sobran[16] los rubíes por todas partes. Yo no sé si debo aspirar a tu mano...

Pero la relojita, que se llamaba Inés (tampoco, de pequeña que era, hubiera podido llevar un nombre más grande), le respondía, poniendo un gesto mimoso, un ademán coqueto:[17]

— No seas tonto, Braulio, ¿por qué vas a ser poco para mí? Lo que yo quiero, lo único que yo quiero, es un reloj honrado, que me quiera siempre y no me abandone nunca.

A Braulio, al oír hablar de separaciones, le daba un vuelco[18] el corazón en el pecho.

— ¡Pero, Inés, hija mía, querubín![19] ¿Tú no sabes que eso de la separación es algo que no depende de nosotros? ¡Qué más quisiera yo, chatita mía, que no apartarme de tu lado por jamás de los jamases![20]

Inés siempre tenía la vaga esperanza de que la separación no habría de producirse nunca.

— Bueno, ya veremos; por ahora, ¡no estamos separados!

Una vez — era un día de invierno frío y neblinoso, acatarrado y tosedor[21] — un hombre estuvo mirando, durante un largo rato, para el escaparate.

— ¿A quién mira? — preguntó Inés.

Braulio, rojo de celos, tuvo que templar la voz para responder.

— A ti, hija, a ti. ¿A quién va a mirar?

El señor, después de pensarlo mucho, entró en la tienda.

— Buenos días. Mire usted, yo quisiera regalarle algo a mi mujer; dentro de unos días va a ser su santo.[22]

El tendero,[23] con un gesto muy de entendido, miró para los ojos al señor.

— Bien. ¿Le parecería a usted bien un relojito de pulsera?

(Sabido es, aunque nunca viene mal repetirlo,[24] que los relojeros no distinguen, sino después de haber estudiado mucho, el sexo de los relojes.)

— Pues, hombre, ¡si no es muy caro!

El tendero se acercó al escaparate y limpió a Inés en la bocamanga.[25] Después la mostró, cogiéndola con dos dedos, como si fuera un lagarto.[26]

— Vea usted, una verdadera ganga.[27]

El tendero y el señor regatearon[28] un poco y, al final, metieron a Inés en una cajita de cartón, entre algodones y sujeta con una goma de estirar.[29]

El pobre Braulio, hecho un mar de lágrimas, veía, sin resignación ninguna, llegar el temido instante de la separación.

— ¡Bueno, qué le vamos a hacer! ¡Es la ley de vida, fatal ley de vida! Después de todo, tampoco íbamos a estar, ahí en el escaparate, por los siglos de los siglos.

[16] te... *you have in abundance*
[17] poniendo... *putting on a pampered expression, a flirting gesture*
[18] le... *skipped a beat*
[19] *angel*
[20] por... *for ever and ever*
[21] acatarrado... *cold-catching and coughing*
[22] *saint's day*
[23] *storekeeper*
[24] aunque... *although it's always worth repeating*
[25] *cuff*
[26] *lizard*
[27] *bargain*
[28] *argued about the price*
[29] goma... *rubber band*

Las palabras que se decía Braulio eran mentira, una mentira atroz. Braulio estaba desconsolado, pero se predicaba en voz alta para darse ánimos.[30]

El señor que quería regalarle algo a su mujer, por el día de su santo, estando ya con Inés en el bolsillo y casi en la puerta de la tienda, se volvió.

—Oiga usted, ¿y un despertador? ¿No tendría usted por ahí un despertador que fuera bueno y que no resultase muy caro?

Braulio creyó estar soñando y apretó los ojos con fuerza, para no caer desmayado[31] al suelo. Lo que hablaron el señor y el tendero no pudo recordarlo, pero al cabo de un rato estaba envuelto y en otro de los bolsillos del señor.

—No, en ese bolsillo, no; podría aplastarme[32] al relojito. Póngamelo usted en este otro.

En el pueblo, en casa del señor que los había comprado, Braulio vivía sobre la mesa de noche del dueño, e Inés, que era más presentable, iba a misa con la señora, y de visitas por las tardes, y al cine, alguna vez que otra, por las noches.

Braulio e Inés, aunque se veían poco, aunque pasaban días enteros sin poder ni saludarse, eran felices sabiéndose bajo un techo común.

Pero una tarde, ¡ay, aquella tarde! Una tarde aciaga,[33] la dueña de Inés, que se llamaba doña Raúla y era viciosa, lenguaraz y entrometida,[34] se puso a jugar a la brisca[35] y perdió hasta la respiración.

—Mire usted, amiga María Saturia —le decía doña Raúla a su acreedora—, pagarle en pesetas, no puedo, porque entre todas ustedes me han desplumado,[36] pero si usted quiere cobrarse con mi relojito... Anda bastante bien.

Doña María Saturia dijo que sí y doña Raúla se quitó su relojito y se lo dio. Después, a doña Raúla, lo único que se le ocurrió fue decir:

—¡Por Dios, amiga María Saturia, que no se entere[37] mi marido!

—Descuide, descuide...

Braulio, que era un despertador con un gran sentido de la responsabilidad, cuando se dio cuenta de que algo raro pasaba, empezó a protestar para ver si el tonto del dueño se daba cuenta. Pero el tonto del dueño, que casi nunca se enteraba de nada, se limitó a comentar:

—¿Qué le pasará a ese endiablado despertador, que está todo el día sonando sin venir a cuento?[38] Como siga así, no va a haber más remedio que llevarlo al relojero.

Braulio, en vista de que el dueño no le entendía, volvió otra vez a sonar a sus horas. ¡Qué remedio!

Después, con eso de la tristeza, se le fue poniendo la campana, poco a poco, de color marrón.

[30] darse.... keep his spirits up
[31] passed out
[32] crush
[33] fateful
[34] era... was addicted to gambling, slanderous, and meddlesome
[35] card game similar to Hearts
[36] "skinned"
[37] se... find out
[38] sin... without any reason

EJERCICIOS DE COMPRENSIÓN

1. ¿Que es Braulio?
   a. el reloj de pared de una clausura
   b. el reloj pulsera de un condenado a muerte
   c. el reloj despertador de una taberna
   d. el reloj despertador de un enfermo crónico

2. ¿Qué tiene Inés que le hace de mejor familia que Braulio?
   a. Tiene más joyas y es más joven.
   b. Es una relojita de pulsera.
   c. Es del sexo femenino.
   d. Es más pequeña que Braulio.

3. ¿Por qué Braulio no puede prometerle a Inés no separarse nunca?
   a. Los relojes son máquinas.
   b. Los relojes no controlan sus vidas.
   c. Los relojes no pueden casarse.
   d. Los relojes se rompen con demasiada frecuencia.

4. ¿Cómo son los dueños de Braulio e Inés?
   a. buenos y considerados
   b. muy conscientes de la vida individual de sus posesiones
   c. atentos y responsables
   d. inconscientes de la vida individual de sus posesiones

5. ¿Por qué se volvió de color marrón la campana de Braulio?
   a. El dueño la pintó así.
   b. La campana se oxidó.
   c. Por la tristeza de Braulio.
   d. Por la falta de uso, al irse Inés.

CONSIDERACIONES

1. Haga una descripción completa del aspecto físico de Braulio.

2. Usando las observaciones presentadas en la introducción titulada **Modern Fiction,** explique cómo es que Braulio es un típico héroe existencialista.

3. Compare esta fábula con el ejemplo de don Juan Manuel en cuanto a su contenido educativo y doctrinal. ¿Cuál, por ejemplo, es la moraleja de cada uno de los cuentos? ¿Reflejan las moralejas los valores de su época?

4. ¿Por qué hace Cela que Braulio e Inés, dos objetos mecánicos, sean más reales, creíbles y sentimentales que los seres humanos de este cuento?

PREGUNTAS GENERALES

1. Describa la actitud pesimista hacia España expresada por muchos de estos escritores del siglo XX, dando ejemplos tomados de la literatura.

2. Compare la «nueva» actitud realista de los escritores contemporáneos, como Matute y Aleixandre, con el realismo social del último tercio del siglo XIX.

3. Compare la presentación en esta literatura del siglo XX de los siguientes grupos de personas con la presentación de los mismos en la literatura de épocas anteriores.

   el soldado   el labrador
   el clérigo   el señor feudal
                            (condes, duques, marqueses)

4. Piense en todas las obras que Ud. ha leído en este libro y trate de describir el desarrollo de las clases bajas de la sociedad española: desde un estado de casi no existencia, pasando por el de una de mera presencia objetiva, hasta llegar al de protagonista y hasta creador de la literatura. ¿Puede dar ejemplos específicos de esta progresión?

5. Examine las características generales de la literatura hispánica presentadas en la sección titulada **Introduction to Spanish Literature,** y escoja entre las obras presentadas en este libro por lo menos dos ejemplos de cada una de esas características.

6. Examine el papel de la mujer en la literatura presentada en este libro. ¿Ve Ud. cambios importantes en la forma en que se la presenta o en su participación?

VOCABULARY

This vocabulary contains all words that appear in the text with the exception of (1) idiomatic expressions and words explained in the footnotes; (2) articles, numerals, possessives, demonstratives, personal pronouns, days of the week, months, and other words that an average student of intermediate Spanish would be expected to know; (3) very close or exact cognates; (4) conjugated verb forms.

Gender has not been indicated for masculine nouns ending in **-o** or **-dor**, nor for feminine nouns ending in **-a**, **-dad**, **-ión**, **-tad**, or **-tud**. Adjectives and most nouns are given in the masculine form only. When a verb has a radical stem change, the change is indicated in parentheses.

Abbreviations

adj.	adjective	*n.*	noun
adv.	adverb	*pl.*	plural
coll.	colloquial	*p.p.*	past participle
conj.	conjunction	*prep.*	preposition
f.	feminine	*pron.*	pronoun
inf.	infinitive	*sing.*	singular
m.	masculine	*v.*	verb

A

abad m. abbot
abajo below, down below
abarcar to cover
abasto: no dar abasto to cope, be able to handle life's necessities
abatido disheartened
abatimiento dejection, low spirits
abencerraje m. Moorish nobleman
abierto adj. open; p.p. opened
abismo abyss, pit
abono payment
abrasador adj. burning
abrazar to embrace
abrazo embrace, hug
abrenuntio (Latin) "I renounce"
abrigo overcoat; protection
abrir to open
abroquelar to defend
abruptamente suddenly
absorto absorbed, engrossed
abstener (ie) to abstain
abuelo grandfather
aburrir to bore; to annoy
acá here
acabar to end, finish
acaecer to happen
acallar to quiet, silence
acariciar to caress
acaso n. chance; adv. perhaps
acatarrado sick (with a cold)
acechando lying in wait
aceituna olive
acentuar to accent
acequia irrigation ditch
acerbo bitter
acercarse to draw near, approach
acero steel
acertar (ie) to get right
aciago unlucky
aclimatarse to become accustomed
acoger to seek cover
acometer to attack
acomodarse to get comfortable
acongojarse to be distressed
aconsejar to give advice
acontecer to happen
acontecimiento event
acordar (ue) to remember
acostarse (ue) to go to bed
acostumbrarse to become accustomed
acrecentar (ie) to increase
acreditar to give credit to
acreedor creditor
actual contemporary
actuar to act
acuchillar to stab
acudir to help, come to (someone's) aid
acuerdo agreement
acumular to gather
acurrucarse to curl up
achaque m. matter, subject
achatado flattened
achicador bailing scoop, bailer
adalid m. leader
adarga shield
adarve m. parapet walk
adelantado n. province governor; adv. in advance
adelantarse to go forward
adelante in front
adelgazarse to become thin
ademán m. expression
además moreover
adentrarse to go inside
adentro inside
adherido adj. stuck
adiestrarse to train
adivinar to foretell
administrador (estate) manager
admirado surprised
adonde where
adormecido deadened
adquirir (ie) to buy; to acquire
aduendado bewitched
adulación flattery
adusto austere
advertimiento warning
advertir (ie, i) to warn
afable pleasant
afán m. zeal
afanoso zealous
afecto fondness
aficionado (a) enthusiastic; fond (of)
afilar to sharpen
afincado burdened; rooted
afinidad likeness, affinity
afligir to distress
afluido adj. flowing
afrancesado French sympathizer
afrenta insult
afrentarse to be ashamed
afrontado surprised
afuera outside
agacharse to bend over
agarrar to grab
agitar to shake; to upset; to excite
agolparse to crowd
agotado used up
agradable pleasant
agradar to please
agradecer to thank
agravio insult
agrio bitter
agrupar to group
agua f. (but: **el agua**) water; **agua llovediza** rainwater
aguardar to wait for
agudo sharp
águila eagle f. (but: **el águila**)
aguja needle
ahí there
ahijar to attribute
ahincar hurry
ahogar to drown; to suffocate
ahorros savings
airado angry
airón m. panache; feathered crest
ajarse to fade; to wither
ajeno belonging to another
ajustar cuentas to settle accounts
ala f. (but: **el ala**) wing
alabar to praise
alamares m. fringes, tassels
alambrada barbed wire fence
alambre m. wire
álamo poplar (tree)
alargar to lengthen; to go away
alarido yell, scream
alarmado surprised
alba f. (but: **el alba**) dawn
albarazado whitish; mottled
albergar to house
albergue m. hostel, inn
albor m. dawn
albornoz m. hooded cloak
alborotar to stir up
alcaide m. governor
alcalde m. mayor
alcance m. reach
alcanzar to reach
alcázar m. palace, fortress
alcores m. hills
alcurnia ancestry, lineage
aldea village
aldeano villager
alegrarse to become happy
alegre happy
alegría happiness

alejarse to go away
aleta fin
aleve treacherous
alforja saddlebag
algarabía Arabic (language); *coll.* babble, gibberish
algas seaweed
algazara racket, din
algo something
algodón *m.* cotton plant; cotton
alguno *pron.* someone; *adj.* some
alhelí *m.* wallflower
aliento breath
alimanas vermin, pests
alimentar to feed
alimento food
alindado made up, adorned
aliviado relieved
alma *f.* (*but:* **el alma**) soul
almena battlement
almidón *m.* starch
almohada pillow
alojado *n.* person lodged in a home; *p.p.* lodged
alojamiento accommodations, lodging
alojar to board, lodge
alquiler *m.* rent
alrededor de *prep.* around
alteración disturbance, commotion
alterarse to become disturbed
alternativamente one at a time
alteza highness
alto tall; high
altozanos hills
altramuces *m.* lupin plants
altura height
alubias kidney beans
alumbrado *n.* lighting
alumbrar to illuminate
alusión reference
alzar to raise
allá there
allende de *prep.* beyond; in addition to; **de allende** from far away
amable friendly
amado loved one
amador *m.* lover
amainar to take in, lower (*sails*)
amancillado in ruins
amanecer to dawn
amante *m./f.* lover
amar to love
amargar to make bitter

amargo bitterness
amarillento yellowish
amarillo yellow
amasado massaged
ámbar *m.* delicate perfume
ámbito environment, atmosphere
ambos both
amedrentar to frighten
amenaza threat
amenazar to threaten
ametralladora machine gun
amistad friendship
amo master
amor *m.* love
amoroso loving, affectionate
amotinado *n.* insurgent
amparo help, protection
amplio ample, full
amplitud fullness
ancianía old age
anciano former
áncora *f.* (*but:* **el áncora**) anchor
ancho wide
anchuroso wide; large
andar to walk; **andar a caza** to go hunting
andrajos rags
andrajoso ragged
anfitrión *m.* host
anguila eel
ángulo angle
angustia anguish
ánima *f.* (*but:* **el ánima**) soul
animado lively
animar to give life to; to urge on
ánimo courage
anoche last night
anotar to take note of
ansia *f.* (*but:* **el ansia**) anxiety
ansioso anxious
ante before
ante omnia (*Latin*) before all else
antecámara antechamber, outer chamber
antepasado forefather
anterior earlier
antesala anteroom
anticuado antiquated
antiguallas ancient history
antiguo ancient
antipatía dislike
antípoda on opposite parts of the globe
antorcha torch

anzuelo fishhook
añadidura: por añadidura furthermore
añadir to add
año year
apacentar (ie) to calm down
apacible peaceful
apaciguador peacemaker
apagado dead; burned out
apagar to turn off
apaleado beaten with a stick
apañar to patch, mend
aparcero sharecropper
aparecer to appear
aparejar to prepare
aparejo equipment
aparentar (ie) to pretend, feign
apartado remote
apartamiento separation
apartar to move away
aparte *n.* aside (*remark*); *adv.* to one side
apasionado passionate
apearse to dismount
apedrear to stone
apelotonar to gather; to rush
apellido last name
apenas hardly
apercibir to get ready
apetito appetite
apiadar to move; to pity
aplastar to crush
aplicar to apply
aporrear to club, beat
aposento room
apostar (ue) to bet
apoyar to hold up, suppport
aprecio esteem
apremiar to urge
aprender to learn
apresar to seize
apresuradamente hastily
apretar (ie) to press
aprieto tight spot
aprisa quickly
aprobación approval
apropiado correct, proper
aprovechar to take advantage of
aproximarse to move nearer
apuntar to point (out)
apuñar to squeeze
apurar to empty
aquilón north wind
arabesco arabesque; intricate design

arado plow
arañar to scratch
árbitro umpire
árbol m. tree
arboleda sing. woods
arca ark, chest
arcadas pl. vomiting
arder to burn
ardiente adj. burning
arena sand
argüir to argue
armamentos weapons
armar to arm
armas weapons
armonía harmony
armonioso harmonious
arnés m. harness
arpa f. (but: **el arpa**) harp
arquero archer
arrabal m. outskirts; borderline
arrancar to pull up; to tear out
arrasarse to fill oneself
arrastrar to pull; to haul
arrayán m. myrtle (tree)
arrebatar to snatch away
arrebol m. red glow
arregazar to lift up
arreglar to arrange, fix
arreglarse to be arranged; to dress oneself
arremeter to attack
arremolinar to whirl
arrepentimiento regret
arrepentir (ie, i) to repent
arriba up
arriero mule driver
arrimar to lean against; to support
arroba 11.5 kilograms
arrodillar to kneel
arrojar to throw
arropar to wrap up (with clothes)
arroyo stream
arrullar to sing to sleep; to coo (at)
artesano artisan
artificio skill
asaltar to attack
asalto assault
ascendiente m. ancestor
asear to clean
asegurarse to make sure
asentado seated
asesinato murder
asesino assassin
asestar to stab

asfixiado suffocated
así thus
asiento chair, seat
asilo asylum, sanctuary
asir to seize
asistir to attend
asociado connected, associated
asomar to show, appear
asombroso amazing, astonishing
asomo appearance
asonancia assonance, harmony
aspecto look, appearance
aspereza harshness
áspero harsh
aspirar to aspire
astro star
astucia cleverness
astuto smart
asunto subject, theme; issue
asustar to frighten
atacar to attack
atajar to cut off, intercept
ataque m. attack
atar to tie
atasco obstruction; traffic jam
atavío adornment
atender (ie) to serve
aterrar to terrify; to knock down
aterrorizar to terrify
atestiguar to testify
atisbar to spy on
atizar coll. to give; to deal; to strike
atolondrado confused
atónito astonished
atormentar to torment
atraer to attract
atrás behind
atrasado backward
atrasos back payments
atravesar (ie) to cross
atreverse to dare
atronar (ue) to thunder
atropellar to trample on
atroz atrocious
atún m. tuna (fish)
aturdirse to try to forget
atusado cut short
audaz bold
augusto grand, august
aumentar to increase
aumento increase
aun even
aún still, yet
aunque although

aureola halo
ausencia absence
ausente absent
auxilio help
avanzar to advance
ave f. (but: **el ave**) bird
avenido: mal avenido irreconcilable
avenirse (ie, i) to adapt to
aventurar to risk
avergonzarse (ue) to become ashamed
avería breakdown
averiguar to verify
avión m. airplane
avisar to advise; to warn
aviso n. warning
avivar to arouse
ayer yesterday
ayuda help
ayudar to help
ayuno n. fasting
ayuntamiento town council
azada hoe
azar m. chance, luck
azogue m. quicksilver
azote m. lash of a whip
azucena lily
azufre m. sulfur
azul blue

B

báculo cane, staff
bahía bay
bailador dancer
bailar to dance
bailarín, bailarina dancer
baile m. dance
bajar to go down; to lower
bajel m. ship
bajíos sandbanks
bajo low, short; small
bala bullet
balbucear to stammer
balbuciente adj. stammering
balcón m. balcony
balde: en balde in vain
baldón m. insult
baluarte m. bulwark, bastion
balumba bulky bundle, parcel
ballesta crossbow
ballestero crossbowman
bambolear to swing

banasta hamper
banco bank; bench
banda side
bandadas schools (*of fish*)
bandera flag
bando faction, party
bañar to bathe
bañista *m./f.* bather
barba beard
barbacana fortified wall
barca ship, boat
barcelonesa from Barcelona
barco ship, boat
barraca hut, cottage
barrer to sweep
barrera barrier
barrio neighborhood
barro mud, clay
barroco Baroque
barruntar to guess, surmise
basar to base
base *f.* base
bastante enough
bastar to be enough; **¡basta!** stop!
bastón *m.* cane
batalla battle
batallar to battle
batir to beat
beber to drink
bellaco *n.* rogue; *adj.* sly
belleza beauty
bello beautiful
bellota acorn
bendecir (i, i) to bless
bendición blessing
bendito holy
beneficiado church beneficiary
benéfico charitable
benigno benign, kindly
bergantín *m.* ship
berrinche *m.* temper tantrum
besar to kiss
beso kiss
bestia animal, beast
bichero boat hook
bienes *m.* goods
bienhechor beneficent
bienquisto well-liked
bigote *m.* mustache
birrete *m.* cap
bizarría bravery
blanco white
blancura whiteness
blando soft

blasfemar to curse
blasón *m.* coat of arms
boca mouth
bocadillo sandwich
bocado snack
bocamanga cuff
boda wedding
bodega wine cellar
bogar to row
boina beret
bolillo bobbin (*used in making lace*)
bolsillo pocket
bombardear to bombard
bombardeo *n.* bombing
bombazo explosion
bondad goodness
bondadoso good
bonito cute
boquera sore, crack (*at corner of mouth*)
boquete *m.* narrow opening
borda gunwale, rail
bordadas: correr bordadas to tack a ship
bordado bordered
bordaduras embroidery
borde *m.* edge
borlones *m.* large tassels
borracho drunk
borrar to erase
borrascoso stormy
botarate *m. coll.* fool
botas boots
bote *m.* tin can
botella bottle
botica pharmacy
boticario pharmacist
bóveda vaulted roof
bragado *coll.* tough, resolute
bramar to roar
bravío wild
bravo brave, fierce
bravura bravery, fierceness
brazo arm
breve short, brief
brevedad brevity, briefness
brial *m.* short overskirt (*worn by soldiers*)
bribón *m.* rogue, rascal
bridas reins
brillar to shine
brillo shine
brindar to toast
brindis *m.* toast

brío energy, spirit
brisca card game like bridge
brizna blade (of grass)
brocado brocade
bronce *m.* brass; bronze
brotar to sprout
brumoso misty
bruñido polished
brusco abrupt
bueno good
buey *m.* ox
buitre *m.* vulture
bullir to boil
burbujas bubbles
burla trick, joke; **ser de burlas** to be joking
burlar to make fun of; to trick
buscar to look for; **en busca de** searching for
butaca armchair

C

caballería knighthood; cavalry
caballero knight; gentleman
caballo horse
cabe *prep.* (*poetic*) beside
cabecear to lurch, pitch
cabellera hair
cabello hair
caber to be room for; **no cabe duda** there's no doubt
cabeza head
cabezón *m.* head opening (*of a garment*)
cabildo chapter meeting
cabizbajo crestfallen
cabo corporal; **al cabo** in the end; **al cabo de** after
cabra goat
cacique *m.* local political boss
cacharros dishes
cada each
cadena chain
cadera hip
caer to fall
caja box
cala ship's hold
calandria lark (bird)
calar to soak
calcáreo containing calcium
calceta: hacer calceta to knit
calcular to calculate

caldeado heated up
calidad quality
caliente hot
calor *m.* heat
calva bald spot
calzas breeches
callar to be quiet
calle *f.* street
calleja alley
cama bed
camafeo cameo
cámara room, bed chamber
cambiar to change
cambio change; **a cambio de** in exchange for; **en cambio** on the other hand
camilla cot
camillero stretcher bearer
caminar to walk
camino road
camisa shirt
campana bell
campanada ring of a bell
campanario bell tower
campanillas bluebells (*flowers*)
campar to stand out
campechano good-natured
campeón *m.* champion
campesino peasant
campo countryside
canalla mob, rabble
canción song
candil *m.* oil lamp
cansancio tiredness
cansar to tire
cansino weary
cantar *v.* to sing; *n.* song
cantidad amount
canto song
caña reed, stem
cañón *m.* cannon
capataz *m.* overseer
capaz capable
capazo shopping basket
capricho whim
capturar to capture
cara face
carabela fast sailing ship
caracola conch; large seashell
caracterizarse to be characterized
carátula mask
carbón *m.* coal
carbonam: *in carbonam* (*Latin*) in the wallet

cárdeno purplish
carencia shortage
carga load
cargar to load
cargo responsibility; **tener a cargo** to be in charge
caricativo charitable
caricia caress
caridad charity
cariño affection
carmesí *m.* crimson
carne *f.* flesh
carnicero butcher
carnoso fleshy
caro expensive
carpe diem (*Latin*) "enjoy today"
carrera race
carretera highway
carta letter
cartón *m.* cardboard
cartucho paper cone
casa house
casar to marry off; **casarse (con)** to get married (to)
cascada cracked
cascarrabias *m./f.* grumpy person
casco helmet
casería group of houses
casero landlord
caserón *m.* big rambling house
casi almost
caso case, event; **hacer caso de** to take notice of
casona big rambling house
casta type, sect
castañetas castanets
castaño chestnut tree
castigar to punish
castigo punishment
castillo castle
casualidad luck
casucha hut
catar to perceive
cauce *m.* river bed
caudal *adj.* flowing
causar to cause
cautela caution
cautivar to capture
cautivo prisoner
cavar to dig
caverna cavern
cayado shepherd's staff
caza hunt; **andar a caza** to go hunting

cazador hunter
cebar to feed
cebo bait
ceder to yield, give away
cedro cedar tree
céfiro Zephyr
ceja eyebrow
celada ambush
celda cell
celebrar celebrate
celos *pl.* jealousy
cena dinner, supper
cenar to eat supper
centellear to flash
centinela *m./f.* sentry, guard
ceño brow; scowl
cepillo brush
cerca de *prep.* close by, near
cercano *adj.* close, near
cercar to besiege; to surround
cerco siege
cerdo pig
cerrar (ie) to close
cerro hilltop
certeza certainty
certificado assured, notified
cerveza beer
cerviz *f.* nape of the neck
cesar to cease
césped *m.* grass; turf
cesta basket
ciego blind; **a ciegas** blindly
cielo heaven
cierto certain
cigarra cicada, locust
cimera helmet crest
cimitarra scimitar
cintillo hatband
cintura waist
cinturón *m.* belt
circular to circulate
círculo circle
cirujano surgeon
cita quote, quotation
cítola millclapper
ciudad city
clamor *m.* din, noise
claridad clarity, truth
claro *adj.* clear; light; famous; *adv.* of course; **de claro** through
clase *f.* social class
clausura cloister
clavar to nail; to pierce
clavel *m.* carnation

clérigo priest
cobarde *m./f.* coward
cobrar to collect, gather
cocina kitchen
coche *m.* car
codicia greed
codicioso greedy
codo elbow
cofrade *m.* member (*of a brotherhood*)
coger to catch; to gather up
cohechar to bribe
cojín *m.* cushion
cola tail
colérico quick to anger
coleto jerkin
colgadura tapestry
colgar (ue) to hang (up)
colina hill
colmar to fill
colmenero: oso colmenero honey bear
colmo height
colocación position
colocar to place
colodrillo back of the head
comadreja weasel
comandante *m.* commander
comedor dining room
comentar to comment
comentario commentary
comenzar (ie) to begin
comer to eat
comerciante *m./f.* merchant
cometer to commit
comida dinner
comisionado committee member; commissioner
comodidad comfort
compadecer to sympathize with
compadre *m.* godfather
compatriota *m./f.* fellow countryman
competir (i, i) to compete
complacer to please
componer to compose, arrange
comprar to buy
comprender to understand
comprensión *n.* understanding
comprensivo *adj.* understanding
comprobar (ue) to check, verify
comprometer to compromise; to jeopardize
compromiso compromise, obligation
compuesto dressed up

conceder to grant
concejo council
concertado prearranged
concesión granting, concession
conciencia conscience, awareness
concluir to end, conclude
condenar to condemn
condestable *m.* constable
conducir to lead
confeso converted Jew
confianza confidence
confiar to confide; to entrust; to have confidence
confín *m.* border
conforme (con) content (with)
confundir to confuse; to blur
confuso confused
congoja anguish, grief
congosto depth
conjetura surmise
conjuración plot, conspiracy
conjurar to exorcise
conmovedor *adj.* touching
conmoverse (ue) to be shaken
conocer to know; to recognize
conquistar to conquer
consciente aware
conseguir (i, i) to manage to; to achieve
consejero advisor
consejo (piece of) advice
consentir (ie, i) to agree
conservar to preserve
considerar to consider, think about
consistir (en) to consist (of)
consolar (ue) to console, comfort
constar: me consta I am certain
consuelo solace, consolation
consuetudinario customary
consultar to consult
consumir to consume, eat up
contagiado infected
contagio infection
contaminar to contaminate
contar (ue) to tell; **contar con** to count on
contenido content
contentamiento contentment
contertulio fellow partygoer
contestar to answer
continente *m.* countenance
continuación: a continuación following, next
contorno outline; district

contra against
contracción contraction
contraerse to contract
contratista *m./f.* contractor
convencer to convince
convenirse (ie, i) to agree
convertir (ie, i) to convert
convidado guest
convidar to invite
copa crown of a tree
copiar to copy down
copioso plentiful
copla verse
coqueto *adj.* charming
corazón *m.* heart
corbata necktie
cordera lamb
corinto deep red
corneta bugle
coro chorus
corona crown
coronar to crown
corpiño bodice, upper slip
corpulento fat
corrada corral gate
corredizo: nudo corredizo slip knot
corredor passageway
corregimiento mayor's office
correo mail
correr to run; **correr bordadas** to tack a ship
cortar to cut
corte *f.* court; *m.* cut
cortejeos courting ceremonies
cortesía courtesy
corteza husk
cortina curtain
corvo curved
cosa thing
coser to sew
costa coast
costado side
costar (ue) to cost
costoso expensive
costumbre *f.* habit, custom
costurero sewing basket
cotidiano daily
coyuntura occasion, opportunity
creador creator
crear to create
crecer to increase
crecimiento growth
credo creed
creer to believe

creíble believable
cría n. rearing, raising
criado, -a servant
criar to grow; to raise
criatura baby, child
crin f. mane
crispado tense, contracted
cristal m. glass
cristalería glassware
cruce m. crossing
crudo raw
crujir to creak
cruz f. cross
cruzar to cross
cuadra large hall
cuadrillo arrow
cuadro picture
cuajadas curds (of milk); cottage cheese
cualquier whichever
cuán, cuánto how, how much
cuarto n. room; adj. fourth
cubierta cover
cubridor coverlet
cubrir to cover
cuchichear to whisper
cuchillo knife
cuello neck
cuenca (eye) socket
cuenta account; ajustar cuentas to settle accounts; darse cuenta (de) to realize
cuento story, tale
cuerda rope
cuerno horn
cuerpo body
cuervo crow
cuesta slope
cuidado care, caution
cuidar to take care of
cuita worry, anxiety
cuitado worried
culebra snake
culo rear, backside
culpa blame
cumbre f. height
cumplir to carry out; to keep (one's word); to fulfill; to be advisable; cumplir con to fulfill one's obligations to (someone)
cuna cradle
cuñado brother-in-law
cura m. priest
curar to cure; to take care of; to pay attention to
curiosidad curiosity
curva curve
cutis m. skin

CH

chapado (metal) plated
charla: estar de charla to be chatting
charlar to chat
charol m. patent leather
chatita little girl
chico boy
chinita small stone
chiquilladas childish pranks
chirrido chirp
chispa spark
chispear to give off sparks
chistoso funny
chocar to hit
chochear to be senile
chocho senile
chuleta pork chop

D

dádivas donations
dama lady
damasco damask cloth
danzar to dance
dañar to harm
daño hurt, harm
dar to give; dar gusto to please; dar palique to chat; dar la vuelta to turn around; no dar abasto to cope, be able to handle life's necessities; darse por vencido to give up
debajo beneath
deber to owe; deber + inf. must, should, ought to (do something)
decir (i, i) to say; to tell
declarar to declare
decrépito decrepit
dedo finger
defender (ie) to defend
defensa defense
defensor m. defender
definitivo final
degenerar to degenerate
degollar (ue) to behead
dehesa meadow
deidad deity
dejar to leave; to stop
delante de in front of
delantero front
deleitable delightful
deleite m. delight
delfín m. dolphin
delicadeza delicacy
delicia delight
delito crime
demás other
demasiado too; too much
demonio devil
demostrar (ue) to show
demudar to turn pale
denso thick
dentro inside
denuedo bravery
dependencia part
depender (ie) (de) to depend (on)
deprender to come about
derecha right (side); a la derecha on the right
derecho n. right; adv. derecho a straight to
derramar to shed; to spill
derredor: en derredor (de) around
derribar to knock down
derrota defeat
derrumbar to tear down, demolish
desabrochado undone
desafío challenge
desaforado boundless
desagraciado graceless; dull
desagravio atonement
desaguisado outrageous
desahucio eviction
desamparar to abandon
desaparecer to disappear
desaparición disappearance
desarrollar to develop, unfold
desarrollo development
desastrado unfortunate; wretched
desatar to untie
desavenido incompatible
desayuno breakfast
desbaratar to rout, throw into confusion
descabellado wild
descalzo barefoot
descansar to rest
descargar to ease (the conscience); to relieve
descarnado fleshless
descendencia sing. descendents
descender (ie) to come down, descend
descendiente m./f. descendent

descolgar (ue) to take down, let down
descompuesto rotten
desconfianza mistrust
desconocido unknown
desconsolado disconsolate; miserable
descontentarse to be displeased
descortesía discourtesy
describir to describe
descrito described
descubierto discovered
descubrir to discover
descuidar to neglect; **descuidarse** not to worry; to forget
desde since, from; **desde luego** of course
desdicha bad luck
desdichado unfortunate
desear to want, desire
desechar to discard
desembocar to empty, flow
desempleado unemployed
desengañar to undeceive
desenojar to calm down, soothe
desenrollar to unroll
desenvainado unsheathed
deseo desire
desesperación despair
desesperado desperate
desesperanza despair
desfallecer to weaken; to faint
desfilar to march; to parade
desgarrado torn
desgracia misfortune
desgraciado unfortunate person
desgranar to remove the grain from (*corn, etc.*)
desgreñado disheveled
deshacer to undo
deshecho violent; dissolved
deshonra dishonor
desierto desert
desistir to quit
deslizar to slide
deslumbrar to dazzle
deslustrar to tarnish
desmayar to faint
desmedido excessive
desmedrado emaciated
desmoronado worn away
desnudar to undress
desnudo naked
desobediencia disobedience
desolado desolate

desordenar to disorder, disarrange
despacio slow
despacho office
despavorido terrified
despecho spite, wrath
despedida farewell, leave-taking
despedir (i, i) to fire; **despedirse (de)** to say good-bye (to)
despeñar to throw down
despertador alarm clock
despertar (ie) to awaken
desplegar (ie) to unfold
desplomarse to topple over
desplumado plucked
despojo rubble
desposarse to get married
déspota *m.* tyrant
despreciar to scorn, despise
desprecio scorn
despreocupar to stop worrying about
desprovisto lacking
despuntar to break off the point of
desque (*poetic*) since
desquitarse to compensate, make up for
destacarse to stand out
destello flash of light
desterrado exiled
destino destiny, fate
destocar to take off one's hat
destrenzar to unbraid
destronado dethroned
destrozado destroyed
destruir to destroy
desvalido needy
desvanecido *adj.* faint
desventurado unfortunate
detalle *m.* detail
detener (ie) to stop
detenidamente closely
detrás (de) behind
deuda debt, debit
devaneo frivolity
devolver (ue) to return
devorar to devour
diablo devil
diadema crown
diapasón *m.* tuning fork
dichoso lucky
diente *m.* tooth
diestra *n.* right hand; *adj.* right
difícil difficult
difunto dead person
dignidad title of honor

digno worthy
dilación delay
dilatar to delay
diligencia care, diligence
diminuto small
dinero money
dios *m.* god
dirigirse (a) to direct (to); to go (to); to speak (to)
disco record
disculpado blameless, forgiven
discurrir to reflect; to flow
discurso speech
discutir to argue
disención disagreement
disgustarse to get angry
disgusto annoyance, anger
disimular to conceal
disipar to scatter
disparar to shoot, fire (*a gun*)
dispensar to grant
disponer(se) to get ready; **disponerse (de)** to make use of, have at one's disposal
disposición character; aptitude
dispuesto ready
distinguir to distinguish
distraer to distract; **distraerse** to have a good time
disturbio disturbance
diversión diversion; amusement
divertirse (ie, i) to have a good time
dividir to divide
divisar to distinguish
do (*abbreviated form of* **donde**) where
dobla Spanish coin
doblas zahenes gold coins
docena dozen
doliente painful
dolor *m.* pain
dominar to overlook; to dominate
dominador *adj.* dominating
dominante *adj.* dominating
doncella young girl
dorado golden
dormir (ue, u) to sleep
dormitar to doze
dormitorio bedroom
ducado Spanish coin
duda: no cabe duda there's no doubt; **sin duda** without a doubt
dudar to doubt
duelo sorrow; duel
dueña mistress
dueño master

dulce sweet
dulzor m. sweetness
durar to last
duro n. Spanish coin (five pesetas); adj. hard

E

e and (*used instead of* **y** *before words beginning with* **i** *or* **hi**)
ebrio drunk
eclipsar to outshine
echar to throw; to eject; **echar pestes de** to heap abuse on
edad age
edificación learning
edificar to build
edificio n. building
educar to educate
efecto: en efecto in effect
egoísmo selfishness
ejecución execution
ejercicio exercise
ejército army
elevarse to rise up
eliminar to eliminate
elocuencia eloquence
emanciparse to liberate oneself
embadurnar to smear
embarazo pregnancy
embargo: sin embargo nevertheless
embarrado smeared with mud
embeleco deceit
emborracharse to get drunk
embravecido furious
embriagante adj. intoxicating
embrutecer to stupefy
embuste m. lie
embustero lier
empacho bashfulness
empalizada fence
empapar to soak
emparejar to match
empeño determination, persistence
emperador emperor
emperatriz empress
empezar (ie) to begin
emplear to use; to employ
emprender to undertake
empresa undertaking; enterprise
empujar to push
empuñadura sword hilt

empuñar to seize
enagua petticoat
enajenar to transfer
enamorado n. lover; adj. amorous
enamorar to court; **enamorarse (de)** to fall in love (with)
enamoriscadillo one who's always falling in love
encalado whitewashed
encaminarse to make one's way
encantar to enchant
encañar to form stalks
encapotado cloaked
encarcelado imprisoned
encargado n. person in charge; adj. in charge
encargarse to take charge
encarnar to embody
encender (ie) to light
encerrar (ie) to enclose
encima above, on top of
encina oak tree
encogerse de hombros to shrug one's shoulders
enconado infected
encontrar (ue) to meet
encorvarse to bend
encubrir to hide
encuentro n. meeting
endiablado possessed
enemigo enemy
enfermedad sickness
enfermizo sick person
enfermo sick person
enflaquecerse to lose heart
enfrente (de) in front (of)
engañar to deceive
engendrar to give birth
engolfarse to become engrossed
enhiesto erect
enjugar to dry
enjundia substance
enjuto lean
enlazado tied together
enlutado in mourning
enmudecer to silence
enojo anger
enorme enormous
enrique m. Spanish coin
enriquecer to make rich
enristrar to tilt
enrojecer to redden
ensalada salad
ensañarse to be merciless

ensartar to thread
enseñar to teach; to show
ensombrecerse to darken
entablar to begin; to establish
enteco puny
entena yard arm
entender (ie) to understand
entendimiento n. understanding
entenebrecer to darken
enterarse (de) to find out (about)
entereza integrity
entero adj. whole
enterrar (ie) to bury
entonces then
entrañas entrails, bowels
entrar to enter
entre between, among; **entre tanto** meanwhile
entreabierto half-open
entrecortado faltering
entregar to deliver, hand over
entremés m. one-act play
entretanto meanwhile
entretenerse (ie) to entertain oneself
entristecido saddened
entrometido meddlesome
enturbiarse to become cloudy
entusiasmado excited
enumerado numbered
envanecerse to become conceited
envejecer to grow old
envenenar to poison
enviar to send
envidia envy
envidiar to envy
envidioso envious
envilecer to degrade
enviudar to be widowed
envolver (ue) to wrap up
envuelto wrapped up
enzarzar to get involved
erguido lifted up
ermita hermitage
ermitaño hermit
errar to wander
esbelto slender
escalar to climb
escalera ladder; stairs
escandalizar to scandalize
escaparate m. shop window
escaramuza skirmish
escarapela emblem, trimming (*worn on the hat or helmet*)

escarmentar to teach a lesson; to punish
escarnecido mocked
escarpado steep
escaso scarce; poor
escenario stage
esclarecido illustrious
escoger to choose, select
escollera breakwater, jetty
escollo reef
esconder to hide
escondite *m.* hiding place
escopeta shotgun
escotilla hatchway
escribano village scribe
escribir to write
escritor writer
escritura writing
escrúpulos scruples
escuchar to listen
escudero squire, nobleman
escudilla wide bowl
escudo shield; coat of arms
escueto plain; unadorned
escupir to spit
escurrirse to slip off
esfera sphere
esforzado courageous
esforzarse (ue) to make an effort
esfuerzo effort
espada sword
espalda back; shoulder; **de espaldas** with one's back turned
espantar to frighten
espanto fright
espantoso frightful
esparcir to scatter
esparto esparto grass
especie *f.* species
específico specific
espectador spectator
espectro ghost
esperanza hope
esperar to wait for; to hope
espesarse to become dense
espeso thick
espina thorn
espino thorn bush
espliego lavender (*flower*)
esposa wife
esposo husband
espuma foam
espumarajos *pl.* froth
espurio illegitimate

esquila cowbell
esquilmado harvested
esquina corner
establecer to establish
establo stable
estación stopping place
estancia room
estandarte *m.* banner
estantigua ghost
estaño tin
estar: estar de charla to be chatting; **estar en lo firme** to be sure
estático static
esterilidad sterility
estimado esteemed
estimular to encourage
estío (*poetic*) summer
estirar to stretch; **goma de estirar** rubber band
estornudar to sneeze
estornudo sneeze
estrecho narrow
estrella star
estremecerse to shake; to shudder
estrépito racket
estribillo refrain
estribo stirrup
estrofa stanza
estruendo roar, din
eternidad eternity
eterno eternal
evitar to avoid
ex illis es (*Latin*) "he/she is one of those"
exceder to exceed
excelso sublime
excepción exception
excesivo excessive
exclamar to exclaim
excomulgado excommunicated
exigir to demand
éxito success
expectativa expectation
experimentar to experience
expirante dying
explicación explanation
explicar to explain
explotar to work; to exploit
expuesto (a) exposed, subject (to)
extasiado enraptured
extenso vast
extenuado exhausted
extinto extinguished

extralimitarse to overstep one's bounds
extranjero foreign
extrañado surprised
extraño strange

F

fábrica factory; building facade
fabricante *m.* manufacturer
fabricar to make
fácil easy
faena work
falda skirt
falta lack, shortage
faltar to lack; to need; to be missing
fama fame
fantasma *m.* ghost
farándula acting, theater
farmacéutico pharmacist
faro lighthouse
farsa farce
fastidiar to spoil
fatiga tiredness, fatigue
faz *f.* face
fe *f.* faith
febrido resplendent
febril feverish
fecundo fertile
felicitación congratulation
feliz happy
fementido treacherous, false
fenecer to die
feo ugly
ferocidad fierceness
feroz fierce
ferrocarril *m.* railroad
festín *m.* feast
fiambres *m.* cold cuts
fiar to guarantee; to trust
fibra fiber
fiebre *f.* fever
fiel faithful
fiero fierce
figle *m.* brass horn
figurarse to imagine
fijarse (en) to notice
fijo *adj.* fixed
filatélico stamp collector
filo edge
fin *m.* end
final *m.* end; **al final** in the end

finca country home, farm
fingir to pretend
fino delicate
firmamento firmament, heavens
firme: estar en lo firme to be sure
firmeza steadfastness
fisionomía physiognomy, (facial) features
flaco thin
flamear to burn
flamenco from Flanders (Belgium)
flaqueza weakness
fleco fringe
flecha arrow
flojo slack, loose
flor *f.* flower
florecer to flower
flota fleet
flotar to float
flote: salir a flote to get back on one's feet
fluir to flow
fonda inn, tavern
fondo bottom; **a fondo** thoroughly
forastero foreigner
forcejear to struggle
formidable huge, formidable
fornido strong
foro back, rear (*of a stage*)
fortaleza strength, fortitude
fosfórico phosphoric
fragua forge
fraile *m.* friar, monk
francés *n. m.* Frenchman; *adj.* French
fratricida fratricidal
frente *f.* forehead; front
fresco fresh; cool
frescura freshness; coolness
frío cold
frontero next to, facing
fruncido wrinkled
fuego fire
fuente *f.* fountain
fuer: a fuer de as a
fuera outside; **fuera de** beyond; **fuera de puntas** off the points of land
fuerte strong
fuerza strength
fumar to smoke
funcionar to work, function
fundado founded
fundir to merge

funebre funereal, gloomy
furgón *m.* wagon
furor *m.* fury
furrier *m.* quartermaster
fusil *m.* rifle

G

gabán *m.* overcoat
gabinete *m.* study
gafas eyeglasses
gajes *m. pl.* salary
galán *m.* gallant person
galardón *m.* reward
galas *pl.* regalia; finery
galeón *m.* large ship
galera galley (*ship*)
galopada gallop
gallardo elegant
gallego Galician
gallina hen
gamella bow (of yoke)
ganado cattle
ganapán *m.* casual odd-jobber
ganar to earn; to win; to gain
ganas *pl.* desire
gancho hook
ganga bargain
garrucha pulley
garzo (*poetic*) blue
gastar to spend; to waste
gavilán *m.* sparrow hawk
gemelos twins
gemir (i, i) to moan
gente *f. sing.* people
gentil pagan; graceful, charming
gentileza gracefulness, elegance
gentilhombre *m.* gentleman
geranio geranium (*flower*)
gesticular to grimace
gestionar to negotiate
gesto gesture
girar to turn
gitano gypsy
glotón gluttonous
gobierno government
godo Goth
golondrina swallow (*bird*)
golpe *m.* blow
golpear to hit
goma de estirar rubber band
gordo fat
gorguera neck ruff

gorrión *m.* sparrow
gota drop
gozar (de) to enjoy
grabado engraved
gracia grace, charm
gracioso funny
grado: por grado willingly
gramófono record player
grande large
grandeza greatness
granuja *m./f.* rogue
grato pleasing
gravedad seriousness, gravity
graveza seriousness, gravity
gregüescos loose breeches
greñas *pl.* tangled hair
griego Greek
grillo cricket
gris gray
gritar to shout
gritería shouting, uproar
grito shout
grueso heavy, thick
grumete *m.* cabin boy
gruñir to grunt; to grumble
guantes *m.* gloves
guapo handsome
guardia: ponerse en guardia to go on guard
guarnecido equipped
guerra war
guerrero warrior
guiar to guide
guirnalda garland
guisa: a guisa de as, in the manner of
gustar to be pleasing
gusto pleasure; **dar gusto** to please

H

haber to have (*auxiliary*); **ser habido** to be engendered
habilidad ability
habitación room
habitar to live
hábito dress, garment
hablar to speak
hacer to make; to do; **hacer a posta** to do on purpose; **hacer calceta** to knit; **hacer caso de** to take notice of; **hacer mansión** to stay; **hacer plasta** to crush; **hacer señas** to make signs

halagar to flatter
halago flattery
halaguero *adj.* flattering
halcón *m.* falcon
hallar to find
hambre *f.* hunger
hambriento hungry
harapos rags
harina flour
harto *adj.* full, replete
hazaña exploit, feat
hecho deed
helado frozen
hender (ie) to split (*the air or water*)
heno hay
heredad estate; farm
herido *n.* wound
herir (ie, i) to wound
hermana sister
hermandad brotherhood
hermano brother
hermoso beautiful
hermosura beauty
herodiana Herodian, pertaining to Herod
hervir (ie, i) to boil
hervor *m.* boiling, seething
hidalgo nobleman
hielo ice
hierático hieratic
hierba grass
hierro iron
higo fig
hija daughter
hijo son
hilo thread
himno hymn
hincha grudge
hinchar to blow up
hiriente offensive
hogar *m.* home
holgar (ue) to be pleased
hollar (ue) to tread on
hombre *m.* man
hombro shoulder; **encogerse de hombros** to shrug one's shoulders
hondo *n.* bottom; *adj.* deep
honra honor
horizonte *m.* horizon
horno oven; bakery
horrendo horrible
hosco dark
hospedar to lodge
hospitalario hospitable

hoyo hole
hueco gap
huérfano orphan
huerta garden
huertano gardener
huerto garden
huesa grave
hueso bone
hueste *f.* army, host
huir to flee
humildad humility
humo smoke
humoradas good-humored poems
hundir to sink
huracán *m.* hurricane
huraño unsociable
hurtadillas: a hurtadillas on the sly; stolen
hurtar to steal

I

identificar to identify
iglesia church
ignominia disgrace
ignorar to ignore
igual equal
igualdad equality
ilegitimidad illegitimacy
iluminar to illuminate
ilustrar to illustrate
ilustre illustrious
imagen *f.* image
imbecilidad imbecility
impalpable intangible
impasible impassive
impedir (i, i) to prevent
impelido driven
impensado unexpected
imperio empire
imperioso overbearing
imponer to impose
importar to be important; **no importar un pito** to not give a damn
importuno ill-timed
impropio unsuited
improviso: de improviso improvised
impugnable challengeable
impulsar to drive forward
impulsos: a impulsos de driven by
inaudito unheard-of
incandescente intensely bright

incendio fire
inclinar to bow
incluir to include
inconcuso unquestionable
incontinente immediately
incorporarse to join
incrédulo unbelieving
indecible unspeakable
indeciso undecided
indignado indignant
indignar to anger
inesperado unexpected
infame infamous
infancia childhood
infante *m.* child of a monarch
infeliz unhappy
infiel unfaithful
infierno hell; inferno
inflamado set on fire
inglés *m.* Englishman; English language
ingrato ungrateful
injuria injury
injusto unjust
inmensidad vastness
inmenso immense
inmoble motionless
inmotivado unmotivated
inquieto restless
inquietud restlessness
insigne famous
insinuar to insinuate
insobornable incorruptible
insólito unusual
insombre shadowless
instancia request
instantáneo instantaneous
instruir to educate
insuperable unsurpassable
intacto untouched
intentar to try
interminable endless
interponer to interpose
interrogación question
interrogar to question
interrumpir to interrupt
intimidad intimacy
intrigar to intrigue
intruso intruder
inundar to flood
inútil useless
invasor *m.* invader
invernadero greenhouse
invierno winter

invocar to call upon, invoke
ir to go; **irse** to go away
izar to hoist
izquierda left; **a la izquierda** on the left

J

jabalí m. wild boar
jabonado slippery
jaca small mare
jacinto hyacinth
jadeante adj. panting
jadear to pant
jaeces m. harnesses, trappings
jalde deep yellow
jamás never, not ever
jamón m. ham
jarcia n. rigging
jardín m. garden
jazmín m. jasmine
jefe m. boss
jícara wire insulator
jinete m. horse rider
jornada work day
jornal m. day's wage
jornalero day worker
joven m./f. young person
joya jewel
joyel m. small jewel
judiadas dirty tricks
judío Jewish person
juego game
juez m. judge
jugar (ue) to play
juguete m. toy
juicio judgment
junco rush, bulrush; cane
juntar to join
junto adj. together; adv. next to
jurar to swear
justa joust; tournament
justamente exactly
justillo jerkin vest
juventud youth
juzgar to judge

L

labio lip
labores f. pl. sewing
labrador laborer
labrar to carve; to embroider
lado n. side; **a lado de** beside
ladrar to bark
ladrillo brick
ladrón m. thief
lagarto lizard
lágrima tear (from the eye)
laguna lagoon
lana wool
lanzar to throw
lar m. home
largarse to go away
largo long
lástima pity; compassion; sorrow
lastimero plaintive
latir to beat; to throb
lavar to wash
lazo knot
leal loyal
lealtad loyalty
lección lesson
lector m. reader
lectura n. reading
leche f. milk
lecho bed
leer to read
lejano distant
lejos far, far away
lengua tongue; language
lenguaraz talkative
lente m. lens
lento slow
leño log
lesna awl
letargo lethargy
letra letter
levantar to raise; **levantarse** to get up
Levante m. eastern Mediterranean region
leve adj. light
ley f. law
Líbano Lebanon
libertad freedom
libra pound
librar to free
libre free
libro book
licenciado lawyer; university graduate
licor m. liquor
lid f. fight
lidiar to fight
liebre f. rabbit
lienzo cloth, fabric
ligaduras bonds
ligar to bind
ligereza agility
ligero light, agile
limitarse to limit oneself
limo mud
limonero lemon tree
limosna alms
limpiar to clean
limpieza purity
linaje m. lineage
linajudo highborn
lindo beautiful
lira lyre
lirio iris
lis f. lily
listo ready
litera litter
lívido enraged
loar to praise
loco crazy
locura madness
lograr to achieve
loma hill
lomo back
lozano robust
lucero bright star
lucirse to shine
lucha fight; struggle
luchar to fight; to struggle
luego then, afterward; **desde luego** of course
lugar m. place
lúgubre dismal
lumbre f. fire, light
luna moon
luto n. mourning
luz f. light

LL

llaga wound
llama flame
llamar to call; **llamarse** to be named
llano plain
llanto n. weeping
llave f. key
llegar to arrive
llenar to fill
lleno adj. full
llevar to carry; to take away; to wear
llorar to cry
lloroso tearful
llovediza: agua llovediza rainwater

llover (ue) to rain
llovista *m.* rainmaker
lluvia rain

M

machacado crushed
machista manly
macho manly
madeja skein of wool
madrastra stepmother
madreselva honeysuckle
madrugar to get up at dawn
maduro mature
maestre *m.* master
maestro teacher
maíz *m.* corn
majestuoso majestic
mal *n. m.* evil; sickness; *adj.* bad; *adv.* badly; **mal avenido** irreconcilable
maldad evil
maldecir (i, i) to curse
maldito cursed
malecón *m.* jetty
malhumorado ill-humored
malparir to miscarry
maltratar to mistreat
mamarracho clown
mampara screen
manada flock
mancebo young man
mancha stain
manchar to stain
mandar to order; to send
manejar to handle
manifestar (ie) to show
maniobras maneuvers
manjar *m.* rich food
mano *f.* hand
manojo handful
mansamente gently
mansión: hacer mansión to stay
manta blanket
mantellín *m.* small shawl
mantenerse (ie) take care of oneself
manto cloak
manzana apple
maña skill
mañana morning
máquina machine
mar *m./f.* sea
marasmo apathy
marco frame

marchitar to wither
marea tide
marfil *m.* ivory
margen del río *m./f.* riverbanks
marido husband
marinero seaman
mariposa butterfly
marlota Moorish gown
marrón brown
marta sable, marten
mascullar to mutter, mumble
mastil *m.* mast
mastín *m.* large dog
matar to kill
matrona matron
mayor older; greater
mayorazgo primogeniture (exclusive right of first-born to inherit)
mecer to rock
medallón *m.* medallion
mediano middle-sized
mediar to be in the middle of; to intercede; to be between
médico doctor
medida size
medio half; **en medio de** in the middle of
mediodía noon; south
medrados: medrados estamos we're in a fine mess
medroso fearful
mejilla cheek
mejorar to better, improve
mencionar to mention
mendigo beggar
mendrugo crust, crumb of bread
menear to shake
menester *m.* need; **ser menester** to be necessary
mengua poverty
menor smaller
menos less
menosprecio scorn
mensaje *m.* message, meaning
mente *f.* mind
mentira lie
mentiroso liar
menudear to repeat endlessly
menudo small
mercader merchant
mercado market
merced *f.* grace, favor
mercenario mercenary
merecer to merit, deserve
merienda snack

merino sheep
mes *m.* month
mesa table
mesón *m.* inn
meter to put, place; **meterse con** to pick a quarrel with
metro subway
mezclar to mix
mezquino stingy
miedo fear
miedoso fearful
miel *f.* honey
mientras while, meanwhile
miga crumb (of bread)
milagroso miraculous
mimo *n.* pampering
mimoso pampered
mirada look
mirar to look (at)
misántropo hater of mankind
mismo same, -self
mitad *f.* half
mocedad youth
modo manner, way
mohino sulky
mojar to wet
molde: de molde just right
molido *p.p.* ground up
molusco mollusk
momia mummy
monaguillo altar boy
moneda coin
monja nun
mono cute
monstruo monster
montaña mountain
montaraz wild
monte *m.* mountain
montón *m.* heap
montura mount
morada abode
moraleja moral
morar to reside
morder (ue) to bite
mordisco bite
moreno brown
moribundo near death
morir (ue, u) to die
moro Moor, Arab from North Africa
morralla small fish
mortecino dying
mosca fly
mosquero fly swatter
mostrar (ue) to show
motín *m.* mutiny

mozo young person
muchedumbre f. crowd
mudanza change
mudar to change; **mudarse** to move
mudo dumb, speechless
mueble m. piece of furniture
muelle m. dock
muerte f. death
mujer f. woman
mundanal worldly
muñeca wrist
muralla wall
muro wall
musa muse
muslo thigh
muy a recaudo with great care

N

nácar m. mother-of-pearl
nacer to be born
nacimiento birth
nada nothing
nadar to swim
nadie no one
napolitano Neapolitan
naranjo orange tree
nardo spikenard
nariz f. nose
natillas pl. custard
naturaleza nature
náufrago shipwrecked person
nave f. ship
navegar to sail
navío ship
neblinoso foggy
necesitar to need
necio foolish
negar (ie) to deny
negocio deal, business
negro black
negruzco blackish
nene m. coll. baby; dear, darling
nido nest
niebla fog
nieto grandson
nieve f. snow
ninguno none, not any
niñera nursemaid
niño child
nobleza nobility
nocturno nocturnal
noche f. night

nombrar to name
nombre m. name
norte m. north
notar to notice
noticia news
novedad novelty; **sin novedad** nothing new
novelerías romantic ideas
novia girlfriend
novillo young bull
novio boyfriend
nubarrón m. large storm cloud
nube f. cloud
nublado clouded over, cloudy
nuca nape of the neck
nudo knot; **nudo corredizo** slip knot
nuevas news
nuevo new
numen m. deity
número number
nunca never
nutrido nourished

O

obispo bishop
oblea wafer
obligar to compel, force
obra work
obrar to work
obrero worker
obtener (ie) to get, obtain
ocaso sunset
ocultar to hide
ocupar to take up; to occupy
ocurrir to happen, occur
ochavos pieces of eight
oda ode, poem
odiar to hate
odio hate
oficio job, office
ofrecer to offer
ofuscar to dazzle
oído ear
oír to hear
ojo eye
ojuelos large eyes
olas waves
oler (ue) to smell
olfato sense of smell
olor m. smell
olvidar to forget
olvido forgetfulness

omnia; **ante** *omnia* (*Latin*) before all else
ondas waves
ondear to undulate
ondular to undulate
onza ounce
opinar to think
opio opium
oponer to oppose
oprimir to oppress, tyrannize
opuesto (a) opposed (to); opposite
oración prayer
orador preacher
ordenanza order, command
oreja ear
orgía orgy
orgullo pride
orgulloso proud
oriente m. east
orilla shore
orlado bordered
ornar to adorn
oro gold
osar to dare
oscuro obscure
oso bear; **oso colmenero** honey bear
ostentar to show off, flaunt
ostentosamente ostentatiously
otoño fall
otorgar to grant
otro other; another
óxido rust

P

pacer to graze
pacífico peaceful
padecer to suffer
Padrenuestro Lord's prayer
padrino godfather
pagar to pay
página page
país m. country
paja straw
pájaro bird
paje m. page (*of a king, knight, etc.*)
pajizo straw-colored
palabra word
paletada shovelful
pálido pale
palique: dar palique to chat
palmera palm tree
palo pole, stick

palpar to feel
palpitar to throb
palurdo country bumpkin
pamema nonsense
pan *m.* bread
panoplia suit of armor
pantera panther
panza belly
paño woolen cloth
pañuelo handkerchief
papa *m.* pope
papel *m.* paper; role
par, *m.* pair; **a par de** equal to; **de par en par** wide open
paraguas *m.* umbrella
paraje *m.* place
paramentos decorations
parar to stop
pardo brown
parecer to seem; **parecerse** to look like
pared *f.* wall
pareja pair
pariente *m./f.* relative
parpadear to blink
párpado eyelid
parque *m.* park
parricidio patricide
parroquia parish
partida game of cards
partido (political) party; side; match, game
partir to divide; to go away
parto childbirth
parturiente *f.* mother in childbirth
pasado past
pasajero *n.* passenger; *adj.* fleeting
pasar to pass; to spend (time); to happen
pasatiempo pastime
paseo walk, stroll
pasillo corridor
pasmado astounded
paso step
pasodoble *m.* Spanish dance
pasta grass
pastar to graze
pastel *m.* cake
pasto pasture, grass
patán *m.* country bumpkin
patria homeland
patrón *m.* landlord
pausado calm
pava: pelar la pava to court

pavoroso frightful
paz *f.* peace
pecado sin
pechera shirt front
pecho chest
pedazo piece
pedir (i, i) to ask for
pedregal *m.* rocky ground
pegar to hit, beat
pelar to peel; **pelar la pava** to court
pelea fight
pelear to fight
peligro danger
peligroso dangerous
pelo hair
pellizcar to pinch
pena pain, sorrow
pendencia fight
pender to hang
pendón *m.* banner
penetrar to enter; to penetrate
penitenciario confessor
penoso painful
pensamiento thought
pensar (ie) to think
penumbroso shadowy
penuria poverty
peña rock
peñascal *m.* rocky terrain
peñasco rocky height, crag
peor worse
pequeño small
pera pear
perder (ie) to lose; **perderse** to get lost
perdiz *f.* partridge
perdurable eternal
perecedero perishable
perecer to perish
peregrino *n.* pilgrim; *adj.* strange
perenne perennial
perezoso lazy
perfeccionar to perfect
pérfido treacherous
perfil *m.* profile
periódico newspaper
peripatético ridiculous
perlesía palsy
permanecer to remain
permiso permission
perpetuo constant
perplejo puzzled
perro dog
perseguido persecuted

pertenecer to belong
pesadamente heavily
pesadumbre *f.* bother
pesantez *f.* (physical) gravity
pesar *v.* to weigh; to regret; *m.* sorrow; **a pesar de** in spite of
pesca fishing
pescado fish
pescador fisherman
pescar to fish
peseta Spanish monetary unit
pesia a in spite of
peso weight
pestes: echar pestes de to heap abuse on
petulancia arrogance
pez *m.* fish
picar to bite; to pierce
picardía despicable action
pie *m.* foot
piedad piety
piedra stone
piel *f.* skin
pierna leg
pieza piece; trophy
pillete *m.* little rascal
pino pine tree
pintar to paint
Pirineos Pyrenees
pisada footstep
pisador high-stepping horse
piso floor
pito: no importar un pito to not give a damn
placa plate
placentero pleasant
placer *v.* to give pleasure; *n. m.* pleasure
plácido calm, placid
plancha iron
plasta: hacer plasta to crush
plata silver
plateado silvered
plática talk
playa beach
plebeyo common
plegar (ie) to bow; to pray
plegaria prayer
pluma feather
población town
poblar (ue) to populate
pobre poor
pobreza poverty
poco little

poder (ue) *v.* to be able to; *n. m.* power
poderío power
poderoso powerful
poesía poetry
polvito snuff
polvo dust
pólvora gunpowder
ponderoso heavy
poner to put (on; down); to place
ponerse: ponerse a to begin to; **ponerse en guardia** to go on guard
popa rear, stern (*of ship*)
porcelana porcelain
poroso porous
porrazo blow
portarse to behave
portillo little doorway
pos: en pos (de) behind; in pursuit (of)
posadero landlord
posar to settle
poseer to possess
poseído possessed
posta: hacer a posta to do on purpose
poste *m.* post
potencia power
potra (horse) filly
pozo well
pradera meadow
pradería meadow
prado meadow
prao (*Asturian*) meadow
preceder to precede
preceptor *m.* tutor
preciarse (de) to boast (of)
precio price
precioso precious
precocidad precocity
predicar to preach
predilección partiality
predilecto favorite
preferir (ie, i) to prefer
pregón *m.* public announcement
pregunta question
preguntar to ask
prelado prelate
premio prize
prenda pledge
prender to seize
preocupación worry
preocuparse to worry

presa prize, booty
presentimiento foreshadowing
preso *n.* prisoner; *adj.* imprisoned
presto rapidly
presumir to presume, conjecture
presunción conceit
presuroso quick, speedy
pretender (ie) to seek; to be a suitor for
pretendiente *m.* suitor
prevenirse (ie, i) to try to; to prepare oneself
primavera spring
primero first
primo cousin
primoroso exquisite
principio *n.* principle
prisa quickness; **de prisa** quickly
privado "in the king's favor"
pro: en pro de on behalf of
proa prow
probar (ue) el vado to test the water
proceder *n. m.* conduct; *v.* to proceed
procrear to give birth
procurar to try to; to get
profanación desecration
prófugo fugitive
profundidad depths
profundo deep
prohibir to forbid
prometer to promise
pronto quickly
propagar to propagate
propalar to proclaim; to reveal
propicio favorable
propiedad property
propio one's own
proponer to propose, suggest
propósito intention
prorrumpir to burst out
proseguir (i, i) to proceed
prosperado prosperous
prosperidad prosperity
proteger to protect
provecho profit
proveer to provide
provenir (ie, i) de to come, originate from
provocador provoker
provocar to provoke
próximo next

prueba test
pueblo town; people
puente *m.* bridge
pueril childish
puerta door
puerto port
pues well, then
puesto *n.* position; *conj.* **puesto que** since
pujo urge
pulcro neat
pulga flea
pulsera: reloj de pulsera wristwatch
punta tip, end; **puntas** *pl.* needlepoint lace; **fuera de puntas** off the points of land
puntiagudo sharp
punto point; needlepoint; **a punto (de)** ready (to); **en punto** exactly
puñada blow
puñadito little handful
puñal *m.* dagger
puñetazo punch, blow
puño fist; cuff
purgatorio Purgatory
purificar to purify
púrpura purple
puta prostitute

Q

quebrar (ie) to break
quedar to remain
quejar to complain
quejido groan, moan
quejoso *adj.* complaining
quemar to burn
querella quarrel
querer (ie) to want, desire
querido loved one, dear
querubín *m.* cherubim (angel)
quiebra crack
quien who
quienquiera whoever
quijotesco quixotic; romantically idealistic; impractical
quinta villa
quinto fifth
Quirinal *m.* presidential palace in Rome
quitar to take off; to take away
quizá(s) perhaps

R

rabia rage
rabioso *adj.* raging
ráfaga gust
rama branch
ramaje *m.* branches
ramo bouquet
rampante rampant
rancio stale
randa lace trimming
rapado close-cut
rapaz *m.* youngster
rapé *m.* snuff
rapidez *f.* swiftness
rascarse to scratch
rasgar to tear
raso satin
rato while, moment
ratón *m.* mouse
rayado scratched
raza race (*of people*)
razón *f.* reason
real royal; real
reanudar to renew
reaparecer to reappear
rebosar to overflow
rebramante *adj.* howling
rebramar to howl
recado message
recamado *n.* embroidery; *adj.* and *p.p.* overlaid with embroidery
recaudo: muy a recaudo with great care
recelo mistrust
recental *m.* suckling calf
recibimiento reception
recibir to receive
recién, reciente recent
recio strong
reclamar to claim
recluta *m.* recruit
recobrar to recover
recogido withdrawn
reconciliar to bring together
reconfortar to comfort
reconocer to recognize
recordar (ue) to remember
recorrer to travel
recorte *m.* piece
recreo recreation
recuerdo memory, recollection
red *f.* net

redentor *m.* redeemer
redondo round
reemplazar to replace
reflejar to reflect
reflejo reflection
reforzar (ue) to reinforce
refrenar to check, restrain
refresco: de refresco anew, again
refugiarse to take refuge
refunfuñar to grumble
regalar to give
regalo gift
regar (ie) to water
regatear to haggle over
regato stream
regazo lap
regidor *m.* town councilor
regio regal
regla rule
regocijarse to be happy
regocijo happiness
regresar to return
reguero trail
rehusar to refuse
reina queen
reírse (i, i) to laugh
rejón *m.* lance
relámpago lightning
reloj *m.* clock; watch; **reloj de pulsera** wristwatch
reluciente *adj.* shining
relumbrar to shine
rematante *m.* highest bidder
remediar to remedy
remedio remedy
remo oar
remolcar to tow
remolino swirl
remolque: a remolque in tow
remontar to raise
remover (ue) to move
renacer to be reborn
rencor *m.* resentment
rendir (i, i) to surrender
renglón *m.* line (of words)
renombre *m.* fame
renovar (ue) to renew
reñir (i, i) to scold
reo criminal
reparar to notice
reparo reservation, misgiving
repartir to share
repasar to go over

repente: de repente suddenly
repentino sudden
repercutir to resound
repetir (i, i) to repeat
reponer to replace
reposar to rest
repostero curtain
reprimenda reprimand
reprobativo reprobative
repuesto: de repuesto spare, extra part
requerir (ie, i) to require
res *f.* animal; cattle
resbalar to slide
rescate *m.* recovery, rescue
resfriar to cool
residir to live
resignarse to resign oneself
resonar (ue) to resound
resorte *m.* (*mechanical*) spring
respaldo back
respetar to respect
respirador air vent, ventilation shaft
respirar to breathe
respiro breath
resplandor brightness
respuesta answer, reply
resuelto resolved
resultar to turn out
resumen *m.* summary
retablo series of paintings or carvings representing a story or an event
retener (ie) to hold
retorcerse (ue) to twist
retrato portrait
retumbar to resound
reventar (ie) to burst
revolcar (ue) to knock down
revolverse (ue) to turn over
rey *m.* king
rezar to pray
ribera river bank
rico rich
riego irrigation
rielar (*poetic*) to glimmer, flicker
rienda reins; **a rienda suelta** at full speed
rincón *m.* corner
río river; **margen del río** *m./f.* riverbank
riqueza riches
risa laughter
ritmo rhythm

rizar to curl
roble *m.* oak tree
rocío dew
rodar (ue) to roll
rodear to surround
rodilla knee
rogar (ue) to beg
rojo red
romance *m.* ballad
romero rosemary (*spice*)
romper to break
ronco hoarse, harsh
ronda watch, tour of duty
rondar to prowl
ronquido *n.* snoring
ropa *sing.* clothes
roqueda rocky place
rosal *m.* rosebush
rosario rosary
rostro face
rovel *m.* small fish
rozamiento brush
rozar to graze; to rub against
ruano roan horse
rubio blond
rubor *m.* blush
rueda wheel
ruego request
rugir to roar
ruido noise
ruin miserable, despicable
ruiseñor *m.* nightingale
rumbo direction; ostentation, show; **rumbo a** in the direction of
rumiar to ruminate
rumor *m.* noise
rumorosamente noisily

S

sábana sheet
sabandija louse; despicable person
saber to know
sabio *n.* wise person; *adj.* wise
sable *m.* saber, cutlass
sabor *m.* taste
sabroso tasty
sacar to stick out; to take out
saco sack
sacudir to shake
sádico sadistic
sagrado sacred
sala room
salir to leave; to go out; **salir a flote** to get back on one's feet
salón *m.* lounge
saltar to jump
salto jump, leap
salud *f.* health
saludar to greet
saludo *n.* greeting
salvador savior
salvaje *m./f.* savage
salvar to save
salvo except
sangrar to bleed
sangre *f.* blood
sano healthy
sañoso furious
sartén *f.* frying pan
satisfecho satisfied
saya skirt; petticoat
sazón: a la sazón at that time
secar to dry
secas: a secas simply
seco dry
sed *f.* thirst
seda silk
seducir to seduce
segar (ie) to reap
seguir (i, i) to follow
según according to
segundo second
segur *f.* sickle
seguramente surely
seguridad security
seguro sure
semblante *m.* visage, face; look
sencillo simple
senectud *f.* old age
seno breast
sentarse (ie) to sit
sentido sense
sentirse (ie, i) to feel
señal *f.* sign
señalar to signal
señas: hacer señas to make signs
señuelo lure, decoy
sepulcral sepulchral
sepultura sepulcher, grave
séquito entourage
ser: ser de burlas to be joking; **ser habido** to be engendered; **ser menester** to be necessary
serafín *m.* seraph (*angel*)
serio serious
serpear to snake along

serrezuela small mountain range
servicial *adj.* obliging
servidumbre *f.* staff of servants
servilleta napkin
seso brain; sense
setentona seventy-year-old woman
seto hedge
siempre always
sierra mountain range
siesta nap
siglo century
significado significance; meaning
siguiente *adj.* following
silbar to whistle
silbido whistle
silla chair
simpático nice
simular to feign
sin without; **sin duda** without a doubt; **sin embargo** nevertheless; **sin novedad** nothing new
siniestro sinister
sino but (rather)
sinrazón *f.* wrong, injustice
sinvergüenza shamelessness
siquiera *conj.* even though; *adv.* at least
sirviente *m.* servant
sitio site, place
situado located
soberano sovereign
soberbio proud
sobra excess, surplus; **de sobra** more than enough
sobrado abundant; rich
sobrar to have left over
sobre above, upon; about, concerning; **sobre todo** above all
sobrenatural supernatural
sobrepuesto appliqué work
sobresaliente *adj.* outstanding
sobresalto sudden fright
sobrevivir to survive
sobrino nephew
socorro help
sofisma *m.* sophism; pretext
sofocado out of breath
sol *m.* sun
solamente only
solar *m.* plot of land; lineage
soldado soldier
soledad solitude
soler (ue) to be in the habit of, be accustomed to

solícito *adj.* obliging
solicitud care
solo alone
sólo only
soltar (ue) to release
solterón *m.* bachelor
sollozar to sob
sollozo sob
sombra shadow
sombrero hat
sombrío somber
someter to subdue
son *m.* sound
sonar (ue) to sound
sonreír (i, i) to smile
sonrisa smile
sopa soup
sopera soup bowl
soplo gust of wind
sordo deaf
sorprendente *adj.* surprising
sorpresa surprise
sosegar (ie) to calm
soslayo: en soslayo sideways
sospecha suspicion
sospechar to be suspicious; to suspect
sostener (ie) to support
suave smooth, soft
subir to go up; to rise
súbito sudden
subrayar to underline
suceder to happen
suceso event; outcome
sucio dirty
suculento succulent
sucumbir to succumb
sudor *m.* sweat
sudoroso sweaty
suegro father-in-law
suelo floor; ground
suelta: a rienda suelta at full speed
suelto loose
sueño dream; sleep
suerte *f.* luck, fate
sufrir to suffer
suicidarse to commit suicide
sujeto *n.* subject; *adj.* held in place
sumar to add
superficie *f.* surface
suplicar to beg
suponer to suppose
surco furrow, groove
surgir to appear

suspirar to sigh
suspiro sigh
sustantivo noun
sustentar to nourish
sustento sustenance, support
susurrar to whisper
susurro whisper

T

tabardo short coat
taberna tavern
tabique *m.* wall
tabla plank, board
tablero table top
taciturno silent
tacto sense of touch
tajo cut; gorge
tal *adj.* such (a); *adv.* so
talante *m.* humor, mood
tamaño size
tambalearse to stagger
tampoco either, neither
tan so, such
tanto *adj.* and *adv.* so much; **en tanto que** while; **entretanto** meanwhile
tañer to play
tañido sound; peal of a bell
tapete *m.* rug
tapia mud wall
tapiz *m.* tapestry
tardanza delay
tardar to take time
tarde *n. f.* afternoon; *adv.* late
techo roof
techumbre *m.* roof
tedio boredom
tejer to weave
tejido fabric
tela cloth
telón *m.* curtain
tema *m.* theme
temblar (ie) to tremble
temblor *m.* tremor
temer to fear
temeroso fearful
temible fearsome
temido feared
temor *m.* fear
templado temperate
templar to temper
temporada season
temporal temporary

temprano early
tenaz tenacious
tender (ie) to spread
tendero shopkeeper
tenebroso dark
tener (ie) to have; to hold; **tener a cargo** to be in charge; **tener tirria a** to have a grudge against
teñir (i, i) to dye
tercer third
terceto three-line stanza
tercio third
terminar to end
término term; end
ternerillo little calf
ternura tenderness
terrero earthly
terrestre earthly
tertulia regular gathering of friends
tertuliano person who attends a tertulia
tesón *m.* firmness
tesoro treasure
testamentaría estate
testarazos: a testarazos butting heads
testarudo stubborn
testigo witness
testuz *m.* forehead (*of animal*)
tez *f.* complexion
tía aunt
tibio lukewarm
tiempo time; weather
tienda store
tierra earth
tieso stiff
tiesto flower pot
timbre *m.* bell; ring; family crest
timón *m.* rudder
tinieblas *pl.* darkness
tino skill
tinta ink
tintán *m.* jingle
tintero inkwell
tinto red (wine)
tintorro rough red wine
tiñoso mean, niggardly
tío uncle
tirano tyrant
tirante tight
tirar to throw
tiro gunshot
tirón *m.* pull
tirria: tener tirria a to have a grudge against

tocar to touch
todavía still, yet
todo all, every
todopoderoso almighty
toisón *m.* fleece
tolerar to tolerate
tomar to take
tomillo thyme plant
tonel *m.* barrel, cask
tonterías *pl.* foolishness
tonto fool
topar to meet; to bump into
torcer (ue) to twist; to turn
tormento storm
tornar to return
tornasol *m.* sunflower
torneo tournament
torno: en torno around
toro bull
torpe awkward
torpeza awkwardness
torre *f.* tower
torreado towered
tortilla omelet
torzal twisted
tosedor cougher
tostado toasted
trabajar to work
trabar to lock; to fasten
traer to bring
tragaluz *m.* skylight
tragar to swallow; to put up with
trago drink
traición treachery
traidor traitor
traje *m.* suit; dress
tramoya stage trick
trance *m.* critical moment; tight spot
transcurrir to pass
transponer to put away
trapo rag
tras behind
trascordado absent-minded
trasero back, rear
trasladar to move
trasnochar to stay up all night
tratar (de) to deal with; to discuss; to try to
trato treatment
través: a través de across
trazar to sketch; to plan
trecho distance
tregua truce
trepar to climb

tresillista *m./f.* a **tresillo** player
tresillo Spanish card game
trigo wheat
trillar to thresh
trinchera trench
tripa stomach, gut
tripulante *m.* crew member; *pl.* crew
triste sad
tristeza sadness
triunfar to win
trocar (ue) to switch; to exchange
tropel *m.* mob
tropezar (ie) to stumble
tropiezo stumbling block
trovar *m.* act of writing poetry
trueco: a trueco de in exchange for
trueno thunder
truncado truncated
tudesco German
tufillo foul smell
tumba grave
tumbado stretched out
tunante *m.* rascal
tunecí from Tunisia
tupido thick
turbar to disturb
turbio cloudy

U

ubre *f.* udder
ufano proud
últimamente lately
último last
umbrío shady
unánime unanimous
ungüento ointment
único only
útil useful

V

vaca cow
vaciar to empty
vacilar to hesitate
vacío empty
vado river crossing; **probar (ue) el vado** to test the water
vago vague
vajilla (set of) dishes
valentía valor
valer *v.* to be worth; *n. m.* value
valeroso valiant

vals *m.* waltz
valle *m.* valley
vapor *m.* steam
varón *m.* male
varonil manly
vaso glass
vecindad neighborhood
vecino neighbor
vega fertile plain
veintitantos twenty-odd
vejez *f.* old age
vela sail
velar to keep watch
velero sailboat
velludo velvet
vencedor winner
vencer to win; to conquer
vencido: darse por vencido to give up
vender to sell
veneno poison
venganza vengeance
vengar to avenge
venir (ie, i) to come
venta sale
ventaja advantage
ventana window
ventanuco small window
ventrudo potbellied
ventura happiness; good fortune
venturoso fortunate
ver to see
veraneante *m./f.* summer vacationer
veraneo summer holidays
verano summer
veras: de veras truly, seriously
verdad *f.* truth
verdadero true, real
verde *n. m. and adj.* green
verdugo executioner
verdura greenery; *pl.* greens
veredilla path
vergüenza shame
verónica music played during the **verónica** of a bullfight
vertiginoso vertiginous, giddy
verter (ie) to pour out
vespertino evening
vestido dress
vestirse (i, i) to get dressed
vez *f.* time; **en vez de** instead of; **otra vez** again; **una vez** once
vía way
viaje *m.* trip

vicioso vicious
vida life
viejecita little old woman
viejo n. old person; adj. old
viento wind
vientre m. stomach
villa village
villano villain
vino wine
viola violet
violeta violet
virar to tack; to turn
visaje m. grimace
viscoso viscuous, sticky
visera visor (*of a helmet*)
vislumbrar to glimpse
vista sight
vistoso colorful
¡vítor! hurrah!
vitorear to cheer
viudo widower
vivienda home
viviente m. living being
vivificador life-giving
vivir to live
vociferar to shout
volar (ue) to fly
voluntad will
voluntariamente willingly
volver (ue) to turn; to return
votar to swear
voto vow
voz f. voice
vuelo flight
vuelta return; **dar la vuelta** to turn around

Y

yacer to be lying
yedra ivy
yerba grass
yermo wilderness
yerno son-in-law
yerro error
yugo yoke
yunta team of oxen

Z

zafio uncouth person
zahenes: doblas zahenes gold coins
zapato shoe
zarabanda Spanish dance
zarza blackberry bush
zarzamora blackberry (*fruit*)
zozobra anguish
zozobrar to capsize
zumbar to buzz
zumbido n. buzzing, purring

ABOUT THE AUTHOR

David H. Darst is Professor of Spanish and Associate Director of the Program in the Humanities at Florida State University in Tallahassee, where he has taught since 1970. He received his B.A., M.A., and Ph.D. from the University of the South, the University of North Carolina, and the University of Kentucky, respectively. Professor Darst has worked extensively with high school teachers of Spanish in intensive summer programs and has also published widely on Golden Age literature, including books on Juan Boscán, Diego Hurtado de Mendoza, Tirso de Molina, and the concept of imitation during the seventeenth century.